权威·前沿·原创

皮书系列为
"十二五""十三五"国家重点图书出版规划项目

社会建设蓝皮书

BLUE BOOK
OF SOCIETY-BUILDING

2011年
北京社会建设分析报告

主 编/陆学艺 唐军 张荆
副主编/刘金伟 宋国恺 李君甫 胡建国

ANNUAL REPORT ON ANALYSIS OF BEIJING
SOCIETY-BUILDING(2011)

社会科学文献出版社
SOCIAL SCIENCES ACADEMIC PRESS (CHINA)

图书在版编目(CIP)数据

2011年北京社会建设分析报告/陆学艺,唐军,张荆主编.
—北京:社会科学文献出版社,2011.7(2017.9重印)
(社会建设蓝皮书)
ISBN 978-7-5097-2483-5

Ⅰ.①2… Ⅱ.①陆… ②唐… ③张… Ⅲ.①社会发展-研究报告-北京市-2011 Ⅳ.①D671

中国版本图书馆CIP数据核字(2011)第120175号

社会建设蓝皮书
2011年北京社会建设分析报告

主　编／陆学艺　唐军　张荆
副主编／刘金伟　宋国恺　李君甫　胡建国

出版人／谢寿光
项目统筹／邓泳红　吴丹
责任编辑／吴丹

出　　版／社会科学文献出版社·皮书出版分社 (010)59367127
　　　　　地址:北京市北三环中路甲29号院华龙大厦　邮编:100029
　　　　　网址:www.ssap.com.cn
发　　行／市场营销中心 (010)59367081　59367018
印　　装／北京京华虎彩印刷有限公司
规　　格／开本:787mm×1092mm　1/16
　　　　　印张:16　字数:272千字
版　　次／2011年7月第1版　2017年9月第2次印刷
书　　号／ISBN 978-7-5097-2483-5
定　　价／59.00元

本书如有印装质量问题,请与读者服务中心(010-59367028)联系

▲ 版权所有 翻印必究

《2011年北京社会建设分析报告》编撰人员名单

编委会主任 陆学艺

编委会副主任 钱伟量 杨茹 唐军 李东松

编委会成员 曹飞廉 丁云 高峰 胡建国 鞠春彦
李东松 李君甫 李晓婷 刘金伟 陆学艺
钱伟量 宋国恺 唐军 杨桂宏 杨荣
杨茹 张荆 赵卫华 朱涛

主　　编 陆学艺 唐军 张荆

副 主 编 刘金伟 宋国恺 李君甫 胡建国

撰 稿 人 白素霞 薄钢 范文 鞠春彦 李大经
李君甫 李晓壮 李晓婷 刘金伟 沈自友
宋国恺 王丽珂 杨荣 尹志刚 岳金柱
张荆 张宗林 赵卫华 周艳 朱涛

主要编撰者简介

陆学艺 男,江苏无锡人,研究员,教授。曾任中国社会学会会长,中国社会科学院社会学研究所所长,第八、第九届全国人民代表大会代表。现任北京工业大学人文社会科学学院院长,中国社会科学院荣誉学部委员,中国农村社会学研究会会长。主要研究领域为社会学理论、社会结构研究和农村发展理论研究。曾就农村实行家庭联产承包责任制、农村改革和发展问题发表了大量的论文、调查报告和著作,主要有《农业发展的黄金时代》、《联产责任制研究》、《当代中国农村与当代农民》、《三农论》、《转型中的中国社会》、《中国社会结构变迁》等。主编了《社会主义初级阶段中的社会学》、《社会学》、《中国社会发展报告》、《中国社会形势分析与预测》、《当代中国社会阶层研究报告》、《当代中国社会流动》和《当代中国社会结构》等著作。曾获国家和省部级奖多次,主持多项国家社会科学基金重大和重点课题研究,包括国家社科重点课题"中国国情丛书——百村经济社会调查"、"中国社会思想史研究"等。

唐 军 男,湖北人,博士,教授。北京工业大学人文社会科学学院副院长,社会学学科部主任兼社会学系主任和社会学研究所所长;中国社会学会理事,北京市社科院社会管理研究中心专家组成员。主要研究方向为社会学理论、发展社会学、劳工研究、家族研究。主持的研究课题有教育部人文社会科学研究项目"村民自治后的家族问题"、法国国家科学研究中心(CNRS)"国际合作计划"(PICS)资助项目"失业工人:欧洲与中国工业省份的调查研究"、北京市教委人文社会科学重点项目"资本再造与身份重构:对改制国企中转岗职工的社会学研究"等;代表性成果有《蛰伏与绵延——当代华北村落家族生长的历程》、《历史上最具影响力的社会学名著20种》以及《仪式性的消减与事件性的加强——当代华北村落家族生长的理性化》(《中国社会科学》)、《对村民自治制度下家族问题的理论反思》(《社会学研究》)、《生存资源剥夺与传统体制依赖：当代中国工人集体行动的逻辑》(《江苏社会科学》)、"Du licenciement au chômage : l'évolution de l'exclusion sociale que les salariés licenciés subissent en Chine aujourd'hui." SANTÉ, SOCIÉTÉ ET SOLIDARITÉ。

张　荆　男，北京市海淀区人，博士，教授，北京工业大学人文社会科学学院社会学学科部副主任、北京经济社会发展研究院人力资源研究中心执行主任。主要研究领域：法社会学、刑事政策学、人力资源管理。主要研究成果：《现代社会的文化冲突与犯罪》、《国家行政效率之本——中日公务员制度比较研究》(合著)、《国际化背景下的首都人才机制研究》(执行主编)、《在日外国人犯罪》(日文版)、《金色的忧虑》(合著)等著作。2005年1月《在日外国人犯罪》一书荣获第六届日本菊田犯罪学奖。主持国家社会科学基金项目"社区矫正制度建设研究"、北京市社会科学基金项目"北京市社区矫正模式研究"、北京市教委重点项目"北京市高校近五年来引进人才的使用情况的社会学研究"、"专业技术人员的收入与社会地位"等。

刘金伟　男，山东枣庄人，博士，副教授。主要研究领域：社会发展与社会管理、社会政策、医学社会学。主要研究成果：《当代中国农村卫生公平问题研究》(专著)、《改革的步伐》(副主编)、《经济与社会协调发展研究》(副主编)、《晋江模式新发展》(参编)、《北京社会建设60年》(参编)、《中国社会进步与可持续发展》(参编)、《推进社会科学研究方法创新的新视角——基于复杂性研究的思考》(论文)、《城乡卫生资源配置的倒三角模式及其原因分析》(论文)、《西方自由主义公平观评述》(论文)、《利用定性资料测量健康分布的公平性》(论文)、《四川省大邑县乡镇卫生院现状调查与分析》(论文)等。

宋国恺　男，甘肃靖远人，博士，副教授，北京工业大学人文社会科学学院社会工作系副主任。主要研究领域：发展社会学、农村社会学、社会结构。主要研究成果：《从身份农民到职业农民》、《当代中国社会结构》(合著)、《晋江模式新发展》(合著)、《历史上最具影响力的社会学名著20种》(合著)等。主编《新时期新型农民自我教育系列丛书》。主持国家社会科学基金项目"流动人口中自雇佣者社区融合研究"、北京市委组织部优秀人才计划项目"外来流动人口社会融合研究——以建外街道为例"等。

李君甫 男,陕西蓝田人,博士,副教授,北京工业大学人文社会科学学院社会学系副主任。主要研究领域:城乡社会发展、劳动与就业、社会政策、社会项目评估与管理。主要研究成果:《农民的非农就业与职业教育研究》、《中国社会进步与可持续发展》(合著)、《经济与社会协调发展研究——发达地区的经验与教训》(合著)、《中国新农村建设报告》(合著)等。论文有《走向终结的村落——山区人口流失、社会衰微与扶贫政策思考》、《北京住房政策变迁的经验与教训》等。主持"国际计划第二个五年战略规划基线调研"、"中欧天然林管理项目——森林工人再就业培训跟踪研究"、"科技进步与北京住房的社会学研究"、"新农村建设背景下的大学生村官政策研究"等研究项目。

胡建国 男,山东青岛人,博士,北京工业大学人文社会科学学院副教授、硕士研究生导师、院长助理。主要研究领域:社会分层与社会流动、劳动社会学、社会建设与管理。主持的研究课题有国家社科基金项目、北京市哲学社会科学规划项目、北京市教育科学"十一五"规划项目等。出版专著两部,在《人民论坛》、《中国党政干部论坛》、《红旗文稿》、《人文杂志》等刊物上发表论文40余篇,多篇被《人大复印报刊资料》等刊物转载,参加《当代中国社会结构》、《晋江模式新发展:中国县域现代化探索》等书的编著。中国社会科学院"当代中国社会结构变迁研究"课题组成员。被北京市人力资源和社会保障局表彰为"北京市博士后杰出英才"。

摘 要

本报告是北京工业大学"北京社会建设分析报告"课题组2011年年度分析报告。

本报告主要利用北京市政府和相关部门发布的权威数据，结合课题组成员的观察和调研，全面总结了"十一五"期间特别是2010年北京社会建设取得的主要成就，分析了未来五年北京社会建设面临的主要问题和挑战，并结合北京市政府的"十二五"规划，对北京未来社会建设的趋势进行了展望。

经过"十一五"期间的快速发展，2010年北京人均GDP超过10000美元，第三产业的比重达到75%，城市化率超过70%，这些指标标志着北京达到世界中上等国家、地区的城市发展水平。

"十一五"期间，北京在就业、教育、医疗、社保、住房、交通等民生事业领域取得重大成就。社会结构调整取得重大进展，城乡一体化建设快速推进；结合北京实际，形成了具有首都特色的社会管理创新模式；在社会体制改革方面，随着北京市社会工作委员会（简称社工委）的成立，北京逐渐探寻出了一条具有时代特征、中国特色、首都特点的社会建设新路子。这些重大成就的取得，是北京市贯彻落实科学发展观的结果，也标志着首都社会建设进入了一个新的历史阶段。

"十二五"期间北京将进入社会矛盾的多发期，社会建设面临多方面的挑战，其中人口问题是北京社会建设面临的关键问题，是引发其他社会问题的总根源；社会公平问题引发的社会矛盾增多，需要在体制上实现突破以进行疏导和化解；老百姓最关心的民生问题，例如交通、住房、物价上涨等，解决的难度加大；随着北京提出建设世界城市的目标，现有的社会管理手段难以适应现代城市社会的复杂性，亟须进行社会管理体制的创新；等等。

"十二五"期间，北京对人口总量调控将更加严格，管理手段趋向多样化；随着一系列调控政策的出台，交通拥堵和住房难的问题有望得到一定程度的缓解；社会管理将更加系统化、科学化，大量现代管理手段将进入城市和农村社区；北京市政府将对现有的收入分配格局进行调整，注重社会公平正义和共享发展成果；城乡一体化工作在现有的基础上将向更深层次逐步推进。

关键词： 社会建设　社会管理　社会结构　社会事业

Abstract

This is the annual 2011 report from the Research Group on "Analysis of Beijing Society-building".

The members of the Research Group report on deep social survey, overall research analysis and statistitcal data released by local government and related department. The report focuses on the achievements obtained by Beijing society-building during "The Eleventh Five Year Plan", analyzes the important problems and challenges Beijing society-building will face in next five years, and prospects the future trends of Beijing society-building according to "The Twelfth Five Year Plan".

With the fast development during "The Eleventh Five Year Plan", average per person GDP of Beijing broke through 10000 US dollars, the tertiary industry is 75%, and urbanization rate is more than 70%, which means that Beijing has achieved development standard of the middle-up country.

During "The Eleventh Five Year Plan" period, Beijing has obtained significant achievements in civil affairs, like employment, education, medical care, social security, housing, traffic and etc.. The adjustment of social structure obtained great improvement, and the urban-rural integration promoted acceleratively. The new model of social management innovation with the capital characteristics has formed. As for the social system reform, with the setting-up of the Beijing Social-work Committee and Society-building Office, Beijing has explored a society-building new way with the era, China, and capital characteristics. The significant achievements Beijing got are the results of scientific development view, and marked that the capital society-building has entered a new historic period.

During "The Twelfth Five Year Plan" period, Beijing will enter a high frequency period of social contradictions. The society-building is facing the challenges from different aspects, and population issue is the key problem and the source of other social problems. Social justice problem leads to the social contradiction increases, and needs to be solved on systematic level. The civil issues like traffic, housing, and price are more difficult to be solved. With the world city goal, the social management ways are difficult to adapt the difficulties of modern urban society, and need the social management system innovation urgently.

During "The Twelfth Five Year Plan" period, the adjustion to population will be more strict, and the management ways tend to diversities. With a series adjustion policies, the traffic and housing issues can be alleviated. Social management will become more systematic and scientific, and a lot of modern management styles will be introduced to urban and rural communities. Beijing government will adjust the income distribution pattern and pay attention to the social equality and justice. The urban rural integration will move into a deeper level.

Key Words: Society Building; Social Management; Social Structure; Social Undertaking

前　言

本书是中共北京市委社会工作委员会与北京工业大学合作建立的北京社会建设研究院的又一研究成果，是北京社会建设蓝皮书系列的第二本，是对北京市2010年度社会建设工作的回顾与总结。

2010年我们推出了第一本北京社会建设蓝皮书，总体认为近年来北京在经济领域取得巨大成就的同时，更加注重经济社会的协调发展，明显加大了社会建设的力度，北京社会建设由此进入一个新阶段。然而，北京市在社会建设方面取得显著成绩的同时，也面临许多重大挑战。因为社会建设进入新阶段后，人们对妥善解决就业、养老、教育、医疗卫生、交通住房等最为迫切的基本民生问题提出了更新更高的要求。

2011年我们推出的此本蓝皮书在前一本的基础上，集中总结了"十一五"期间北京社会建设取得的成就，分析了"十一五"期间北京社会建设存在的问题，同时重点思考了"十二五"期间北京社会建设需要着力解决的问题，尤其是人口问题、民生问题、社会管理问题、社会结构调整问题等。2011年是北京"十二五"的开局之年，北京社会建设将转入加速推进的新阶段。站在新世纪新的时间节点上，如何继续做好社会建设和社会管理这篇大文章，使广大人民共享改革发展的成果，是我们社会建设蓝皮书系列将要持续关注的大课题。

本书作者主要来自北京工业大学人文社会科学学院，也有几位作者来自北京市社工委、北京市信访办、北京行政学院等合作单位。除总报告之外，各位作者的观点只属于作者本人，既不代表课题组，也不代表作者所在单位。

本书的完成离不开北京工业大学党政领导的关心与指导，我们在此表示衷心的感谢。北京工业大学科技处及其他相关职能部处对本课题的实施提供了多方支持，我们对此表示诚挚的感谢。北京工业大学人文社会科学学院领导杨茹、钱伟

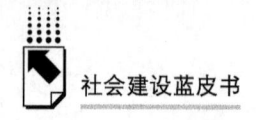

量等多次参加我们的研讨,在此对他们的鼓励和支持也表示衷心的感谢。

2011年度北京社会建设蓝皮书由刘金伟、宋国恺、李君甫和胡建国统稿,由陆学艺和唐军统一修改并定稿。社会科学文献出版社社长谢寿光及本书编辑邓泳红、吴丹等在协调、编辑等环节做了大量的工作,在此表示诚挚的谢意。

编　者

2011 年 5 月 18 日

目录

BⅠ 总报告

B.1 北京进入以社会建设为重点的新阶段
　　——北京社会建设"十一五"回顾与"十二五"展望
　　　　………………… 北京工业大学"北京社会建设分析报告"课题组
　　　　　　　　　　　　　　　　　　　执笔人：刘金伟 / 001

BⅡ 社会结构篇

B.2 北京流动人口科学管理的战略思考 ………………… 尹志刚 / 027
B.3 北京市50个重点村城乡一体化建设新进展 ………… 宋国恺 / 043
B.4 北京市社会组织发展状况研究 ……………………… 李晓壮 / 053
B.5 "十一五"期间北京、上海城镇居民消费结构
　　变化比较 ……………………………………………… 赵卫华 / 065

BⅢ 社会事业篇

B.6 "十一五"北京住房政策分析报告 …………………… 李君甫 / 075
B.7 北京市延庆县义务教育均衡发展情况考察报告 …… 李晓婷 / 087
B.8 首"堵"之困：2010年北京交通拥堵问题分析 ……… 朱　涛 / 098
B.9 北京市社会救助实施状况分析报告 ………………… 杨　荣 / 109

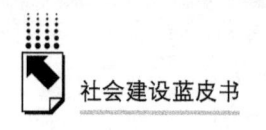

B.10 北京市家政服务员就业状况分析 ……… 白素霞 沈自友 李大经 / 122
B.11 2010年北京社区居家养老：进展、困境及对策 …………… 周 艳 / 138

BⅣ 社会管理篇

B.12 完善社会管理格局 健全社会建设体系 不断推动首都社会
建设与管理创新发展 ………………………………… 岳金柱 / 155
B.13 社会矛盾中利益受损人群的群体界限特征及其行为选择分析
——基于北京市公众的社会矛盾调查
……………………………… 薄 钢 张宗林 范 文 / 166
B.14 "十一五"期间北京信访工作的新理念与新发展 ……… 张宗林 / 186
B.15 2010年北京维稳状况分析 …………………………… 张 荆 / 195
B.16 2010年北京互联网舆情分析报告 …………………… 鞠春彦 / 214
B.17 2010年北京郊区县社会建设评估与分析 …………… 王丽珂 / 227

皮书数据库阅读使用指南

CONTENTS

B I General Report

B.1 Beijing Has Entered the New Period Focused on Society-building
—"The Eleventh Five Year Plan" Retrospect of Beijing Society-building
and "The Twelfth Five Year Plan" Prospect
Beijing University of Technology "Analysis of Beijing Society-building" Research Group   Liu Jinwei / 001

B II Reports on social structure

B.2 The Strategic Consideration for Scientific Management of the
Migrant Population *Yin Zhigang* / 027

B.3 The New Progress of 50 Key Villages Reform in Rural-urban
Fringe Zone in Beijing *Song Guokai* / 043

B.4 On the Development of Social Organizations in Beijing *Li Xiaozhuang* / 053

B.5 The Comparative Study on the Change of Urban Residents'
Consumption Structure between Beijing and Shanghai in
"the 11th Five-year Plan" Period *Zhao Weihua* / 065

B III Reports on social undertaking

B.6 The Public Housing Policy of Beijing in "the 11th
Five-year Plan" Period *Li Junfu* / 075

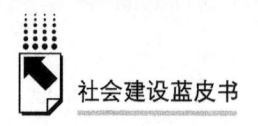

B.7 An Investigation Report on Balanced Development in
Compulsory Education in Yanqing County　　*Li Xiaoting* / 087

B.8 Analysis on the Problems of Traffic Jams in Beijing　　*Zhu Tao* / 098

B.9 On Social Subsistence of Beijing in 2011　　*Yang Rong* / 109

B.10 On Status of Employment of Domestic Servant in Beijing
　　Bai Suxia, Shen Ziyou and Li Dajing / 122

B.11 Progress, Problems and Corresponding Countermeasures of the
Community-based Housing Support of Beijing in 2010　　*Zhou Yan* / 138

BⅣ Reports on social management

B.12 Improve the Social Management Pattern, Prefect Social Development
System Push Forwowd the New Development of Capital Social
Development and Management　　*Yue Jinzhu* / 155

B.13 Analysis on the Character and Behavior Choice of the Groups
Whose Interest are Harmed in Social Contradictions
　　—Based on the Social Contradictions from Masses
　　Bo Gang, Zhang Zonglin and Fan Wen / 166

B.14 On Beijing Municipal Government of Letters and Calls
during the Period of "11th Five-Year Plan"　　*Zhang Zonglin* / 186

B.15 On Maintaining Social Stability in Beijing, 2010　　*Zhang Jing* / 195

B.16 Analysis Report on Beijing Internet Public Discourse, 2010　　*Ju Chunyan* / 214

B.17 Evaluations and Analysis on Social Development of Outskirt
Counties in Beijing, 2010　　*Wang Like* / 227

总报告
General Report

B.1
北京进入以社会建设为重点的新阶段
——北京社会建设"十一五"回顾与"十二五"展望

北京工业大学"北京社会建设分析报告"课题组

执笔人：刘金伟

一 "十一五"期间北京社会建设的主要成就

"十一五"时期是北京经济社会建设取得重大进展的时期，"十一五"期间北京经济总量由6970亿元增加到1.3万亿元，人均GDP突破10000美元大关，达到世界中上等国家和地区收入水平。全市三大产业结构由2005年的1.3∶29.1∶69.6调整为2010年的0.9∶24.1∶75，提前4年完成"十一五"规划中提出的"第三产业增加值比重达到72%左右"的目标。"十一五"期间，政府财政对教育、医疗和社保的支出分别比"十五"期间增长了1.8倍、1.7倍和1.6倍，在全国率先实现了城乡就业服务和社会保障制度全覆盖，建立了基本公共服务体系，基本

公共服务均等化程度明显提高。① 这些重大成就的取得,是贯彻落实科学发展观的结果,也标志着首都社会建设进入了一个新的历史阶段。

(一) 社会结构:从城乡分割向城乡一体转化

"十一五"期间,北京市在加快经济发展的同时,注重社会结构的调整,特别是在城乡结构调整方面走在了全国前列,一些做法在全国具有典型意义。"十一五"期间,北京市城乡居民的收入差距虽然还保持在2倍以上,但这种差距基本上反映的是一种职业差距,是个人文化水平、教育程度、行业性质等因素造成的。城乡之间由于体制不同造成的收入差距出现了明显扭转。更为重要的是,北京市在城乡关系的界定上打破了原来城乡分隔的理念,开始走向城乡一体化。从此,城市和农村不再是两种不同体制的区域,而是承担不同功能的区域。

2004年,北京市委、市政府出台了生态建设与农民增收相结合的山区生态林补偿机制,此举被誉为北京统筹城乡发展的发轫,从此郊区生态功能被认知和发掘,拉近了城区和郊区的距离。2005年,北京市56个部门推出了108项关于新农村建设的"折子工程",到目前已经累计完成了520项。2006年底,北京市出台了《北京市"十一五"时期功能区域发展规划》,对各个区县未来5年的发展进行了定位分工,摒弃了过去城区、郊区的划分方法。北京整个区域分成首都功能核心区、城市功能拓展区、城市发展新区和生态涵养发展区四大各具特色的城市功能区。在全国率先实现区县功能定位,城市四类功能区差异化发展格局初步形成。

2008年12月,中共北京市委十届五次全会讨论并提出《中共北京市委关于率先形成城乡经济社会发展一体化新格局的意见》(以下简称《意见》)。制定了北京城乡一体化目标,提出加快建立城乡统一的建设用地市场,保障符合规划的农村集体建设土地与国有土地享有"平等"权益;"同步"加强城镇化和新农村建设"双轮"驱动的城乡统筹思路;实现城乡教育、文化、卫生等基本公共服务"均等化";加快社会保障体系和社会管理的"城乡衔接"等建议。同时,《意见》还突出强调了对改革创新的鼓励,如鼓励在绿化隔离带建设、土地使用

---

① 本文所引用的"十一五"数据,来自北京市2010年暨"十一五"期间国民经济和社会发展统计公报,下文不再一一说明。

制度、社会保障、管理体制等重点领域大胆探索、先行试验。这标志着北京从机制、体制上全面走上了城乡一体化的道路。

"十一五"期间，北京市大力推进城乡统筹和城乡一体化工作，取得了明显成效。北京市农村社会建设取得很大成就，农民生活水平比"十五"期间明显提高，农村的生活环境得到极大改善。城乡一体化在就业、养老、医疗保障等领域实现了比较大的突破。

五年来，京郊农民收入持续快速增长，生活质量不断提高。2010年，全市农民人均纯收入达到13262元，比2005年的7860元增加了68.7%，扣除物价因素，年均实际增长达9%以上；同时，农民的收入结构也发生了可喜变化，工资性收入保持在60%以上。截至2010年底，乡村集体经济产权制度改革已完成2484家，全市181.9万农民成为股东，越来越多的农民变成了拥有集体股份的新农民。

五年来，北京市大力推进新农村建设，使农村发生了由表及里的变化。据统计，五年来各级政府累计投资200多亿元（平均每个行政村500万元），集中完善和改造农村基础设施，实现了本市所有行政村全覆盖。共硬化街坊路7600万平方米，改造老化供水管网8000余千米，从而全面解决了农村安全饮水问题，建设污水处理设施600余处，改造户厕70余万座，由此彻底改变了农村的环境面貌。

农村基层就业服务体系实现了全覆盖，在所有乡镇建立了社保所，所有行政村建立了就业服务站。实行农民转移就业登记制度，将有转移就业愿望的农村劳动力全部纳入城乡统一的就业管理服务范围。通过实施再就业援助制度，2009年全年累计转移就业10.3万人，完成全年任务的172%。

城乡医疗卫生逐步一体化，2009年实施了"新四统一"的基本医疗卫生制度，即全市统一规范"特殊病种"门诊补偿范围、统一试行乡镇卫生院"零起付"补偿政策、统一住院补偿"封顶线"18万元、统一推行"出院即报和随诊随报"。从2004年至2010年，278.53万人参加了农村新型合作医疗保险，农民"参合率"由74.69%提高到96.7%，人均筹资标准由102元增长到520元，门诊补偿率由6%提高到40%，住院补偿率由29%提高到60%左右。

城乡养老保障制度基本实现一体化，如今农民在北京领取退休金正在成为现实。2009年1月启动了《北京市城乡居民养老保险办法》，新制度打破了城乡户

籍界限，将符合参保条件的本市城镇和农村居民统一纳入城乡居民养老保险制度之中，并实现了缴费、待遇等标准上的城乡一致，在全国率先实现了养老保障制度的城乡全覆盖和一体化。参保率由2007年底的36.6%提高到90%，累计参保人数达到153万人，人均养老金水平由2007年底的100元左右提高到400元左右。

（二）民生事业：从次级发展向优先发展转变

"十一五"期间是贯彻落实科学发展观、实现全面建设小康社会的关键时期，北京市在经济发展进入工业化中后期阶段后，把发展的重点开始向以提高人民生活水平为目的的民生事业建设转移。特别是党的"十七大"以后，以民生为重点的社会建设逐渐成为北京市政府每年的重点工作。政府财政支出逐渐向社会公共服务领域倾斜，就业、教育、医疗、社保、住房、交通等与人民日常生活紧密联系的民生事业获得比较快的发展，社会事业建设继续走在全国前列。

就业是民生之本，是改善人民生活的重要途径。北京市在"十一五"期间面临巨大的就业压力，一方面随着产业结构的加快调整，大量传统产业的工人面临着转岗、转工甚至失业的压力；另一方面随着城市化的加快推进，大量农村人口从郊区和周边省份进入北京就业，北京也是我国高等院校最为集中的地区，每年有大量大学毕业生需要就业。"十一五"期间北京市政府通过各种手段促进就业，并建立了失业预警机制。就业促进工作卓有成效，城镇登记失业率控制在2%以内，完成了"十一五"制定的控制在3.5%以内的目标，2010年城镇失业率仅为1.64%。全市从业人员比2005年增加了100万人以上，从业人员平均受教育年限超过12年。"十一五"期间在毕业生总量逐年增加的情况下，北京高校毕业生就业率保持在较高的水平，平均是93%以上。2010年全员初次就业率达到了95.9%，为国家和首都经济社会发展输送了大量的人才。

"十一五"期间，北京市加大了对教育的投资力度，财政对教育支出总量达到1467.1亿元，比"十五"时期增长1.8倍。面对近几年北京市出现的幼儿园"入园难"的问题，2009年市财政投入3000万元在全市幼儿园扩班300个。在满足本市户籍适龄幼儿入园需求的基础上，进一步将普及口径扩展为常住人口。义务教育均衡化成效显著，组织实施了初中建设和小学规范化工程、农村义务教育工程、师资队伍建设"三大工程"。每年新增教育经费的70%用于农村教育，在山区新建、改建了123所寄宿制中小学，山区小学由500所合并为357所。在11个远郊区建设了24所名校分校。投入20亿元加强信息化建设。来京务工人员随迁子女就学环境显著改善，截至2010年10月，北京市义务教育阶段来京务工人员子女共有43.3万人，其中70%在公办中小学就读。

不断创新高等教育改革模式，2010年全市高等教育毛入学率已达59%，比2005年的50%高出9个百分点，比全国的23.3%高35.7个百分点，这标志着首都高等教育在全国率先进入了普及化阶段。2010年北京市高校招生录取率创纪录地达到84.6%，比2009年提高近5个百分点，北京已成为世界上高等教育聚集程度最高的几个地区之一。

"十一五"时期，北京市新一轮深化医药卫生体制改革全面展开，覆盖城乡的医药卫生服务体系逐步完善，疾病防治能力迅速提高，基本医疗保障制度稳固发展，卫生投入逐年增加，人民群众健康水平逐步提高。2009年底，全市卫生机构达到6603家（不含部队卫生机构及村卫生室），其中医疗机构6450家，相对于2005年的4818家增加了33.9%。全市卫生人员数达20.8万人，其中卫生技术人员16.0万人，比2005年增长了33.8%；全市医疗机构编制床位总数93962张，比2005年增加11033张，增长了13.3%。平均期望寿命2009年达到80.47岁，比2005年增长了0.36岁。孕产妇死亡率从2005年的15.91人/10万人下降到2010年的12.1人/10万人，婴儿死亡率从2005年的4.35‰下降到2010年的3.29‰。居民健康总体水平处于发达国家前列，和纽约、伦敦、巴黎等国际大都市相当。

2009年北京地区卫生总费用占GDP比重为6.0%，同期全国平均水平为5.5%，世界卫生组织2010~2015年亚太地区的筹资战略目标为4%~5%，北京已超过上述目标。在2009年北京地区卫生总费用筹资中，政府、社会、个人筹资分别占29.1%、44.7%、26.2%。与2007年相比，政府、社会卫生支出分别增长2.3个和2.0个百分点，个人现金支出下降4.3个百分点。北京地区已提前实现我国政府提出的"十二五"将个人现金支出控制在30%以内的卫生筹资战略目标。①

医疗体制改革取得重大突破，成立北京市"医改"领导小组和首都医药卫

---

① 王君平：《北京卫生总费用占GDP 6%》，2011年1月20日《人民日报》。

生协调委员会，统筹协调中央、军队、高校和北京市等的医药卫生资源。研究制定了以医院成本核算为基础的新型财政补偿机制。探索和推进医师多点执业、民营医疗机构发展政策、医院法人治理结构等方面的专题研究。开展了医疗服务付费机制改革以及公立医院绩效考核试点。全市二级以上非营利性医疗机构药品实现统一招标采购和同城同价。积极推进预约挂号工作，全市三级医院已把预约挂号作为预约诊疗的基本制度建立起来。基层卫生机构公益性得到回归，政府举办的社区卫生服务机构全部实行收支两条线管理，实施基本药物制度，全部实行零差率销售。北京市在医疗体制改革上进行了积极探索，并取得了非常宝贵的经验。

五年前，北京的政策性住房形态只有经济适用房和廉租房两类，只能满足部分低收入家庭的需求。"十一五"期间，限价房、公共租赁房、中小套型普通商品房等多种政策性住房形态不断推出，确保不同需求的困难家庭能够在住房方面得到政策覆盖。"十一五"期间保障性住房开发完成投资1035亿元，是"十五"期间的2.7倍。"十一五"期间，政策性住房建设开工规模不断被刷新，2007年规划建设530万平方米，2008年800万平方米，2009年850万平方米，2010年13.6万套，5年间总计达到30余万套。城市人均住房面积由2005年的20.13平方米增加到2009年的21.61平方米，市民居住环境进一步得到改善。

北京市在全国率先实现社会保障制度全覆盖。2007年在全国率先创建了"一老一小"大病医疗的保障制度。2010年末，全市参加基本养老、基本医疗、失业、工伤保险人数分别为982.5万人、1063.7万人、774.2万人和823.8万人，比2005年末净增462.5万人、488.9万人、379.6万人和494.9万人。2010年末，农村居民参加养老保险人数为159.3万人，参保率为92%；参加新型农村合作医疗的人数达到278.5万人，"参合率"为96.7%，高于2005年末16.4个百分点。全市享受城市最低生活保障的居民为13.7万人，享受农村最低生活保障的农民为8.2万人。

社会保障相关待遇标准有所提高。失业保险金最低标准由2005年的382元/月提高到2010年的632元/月；城市居民最低生活保障标准由2005年的300元/月提高到2010年的430元/月；职工最低工资标准由2005年的580元/月提高到2010年的960元/月；基本养老金平均增加水平由2005年的120元提高到2010年的200元。2010年末，全市各类收养性社会福利单位418家，床位6.8万张，收养各类人员3万人。城镇建立各种社区服务设施3689个，其中社区服务中心175个。"十一五"期间，北京市出台多项政策，从多方面为老年人的生活提供便利，特别是2009年初推出的"九养政策"给老年人的生活提供了多重保障。

（三）社会管理：从传统模式向现代模式转型

"十一五"期间是北京外来人口增长快、城市化发展迅速、大型活动较多和政治任务较重的时期。在经济社会急速转型的过程中，社会矛盾和社会问题也比较多。因此，社会管理的任务非常重，面临的压力也比较大。北京市结合实际，在社会管理模式上进行了大量创新，"十一五"期间基本实现了社会和谐、稳定、有序发展。

"十一五"期间北京市重点完善具有首都特色的治安防控模式，提高社会防范水平。北京市总结奥运安保、国庆60周年庆典安保中形成的治安防控工作有效机制和模式，不断扩大内涵、拓展领域、提升层次，在更高水平上构建全方位、全覆盖、立体化的社会治安防控体系。北京市把化解社会矛盾作为推动社会建设与管理的重要任务，建立了重大决策风险评估制度，建立健全了人民调解、行政调解、司法调节和社会力量调节相互衔接的"大调解"工作格局。目前，北京市已经在全市324个街乡全部建成"综治"维稳中心，在企事业单位、大型商场等建立区域性、行业性人民调解组织113个。这些举措保证了首都社会治安状况的基本稳定，2005年，北京市刑事案件立案数为10.80万起，2010年刑事案件立案数与2005年基本持平。

人口管理特别是针对外来人口的管理是北京市社会管理的一项重点任务。"十一五"期间，北京市积极总结提升基层探索实践的流动人口和出租房屋服务管理工作经验，形成了适应新形势下首都流动人口服务管理工作六大模式，即网格管理模式、集中公寓模式、村企联管模式、集约经营模式、契约共治模式和互助自管模式。通过运用六大服务管理创新模式，流动人口的服务管理工作更具针对性，服务更加到位、管理更加规范，整体提升了流动人口服务管理工作水平，推动了首都社会的和谐稳定。

城乡结合部的农村社区是北京市外来人口比较集中的地区，也是社会治安形势比较严峻的地区。2009年以来，北京市总结推广大兴区农村社区化管理经验，在外来人口与本地人口比例"倒挂"的农村村庄推行社区化管理模式。以村庄社区化管理为载体融服务于管理之中,坚持"党委政府领导、综治部门牵头、公安机关指导、部门广泛参与、属地组织落实、体现村民自治"的原则,建立融合"三站一室"功能的村综治工作中心(站),配齐配强巡防队及流动人口和出租房屋管理员队伍,建立健全实有人口和出租房电子台账等措施,对村落人口进出实行登记管理,规范行政事务、社会保障、司法救助、医疗卫生等便民服务,增加社区文化、教育、体育设施和场所,不断提高农村的公共服务管理水平,努力实现农村治安秩序标准化、社会管理标准化、社区服务标准化、村民自治管理规范化。

在城市社区试点推行网格化管理。所谓网格化管理,是将一个管辖的地域划分成若干网格状的单元,分专人在网格范围内对社区实施24小时动态监管的全方位管理。小到社区环境卫生、居民矛盾化解,大到社区党建、社会治安维护等,都可以做到网格内就地办理和解决。一旦有突发情况,负责网格管理的人会第一时间到现场处理。通过这种模式,推动了社会服务管理模式转变,由部件、事件等网格化的城市管理模式,转向人、地、物、事、组织、事态全部纳入网格化管理的新模式。2010年下半年,北京市在东城区、朝阳区、顺义区3个区进行试点。从东城区3个街道的试点情况看,取得了良好成效。通过"网格"收集社情民意信息8400多条,化解矛盾纷争630余起,排除案件隐患800余起,为民服务做实事6700余件,同期信访总量和集体访量"双下降",万人和百户发案率均保持全市最低水平。①

2010年7月,北京市召开社会服务管理创新推进大会,正式启动《北京市社会服务管理创新行动方案》,并确定东城、朝阳、顺义等3个区为北京市社会服务管理创新综合试点区。北京市在全市全面展开社会管理创新试点工作,通过总结成功经验,在全市进行推广,探索出了一条具有首都特色的社会管理创新道路,为建设中国特色世界城市营造了和谐稳定的社会治安环境。

(四)社会体制:围绕社会建设,形成北京特色

党的"十七大"强调加强以改善民生为重点的社会建设,作出了构建经济、政治、文化、社会建设"四位一体"新格局的战略部署,提出了健全"党委领

---

① 郭超:《北京网格管理现成效,试点街道发案率全市最低》,2011年3月3日《新京报》。

导、政府负责、社会协同、公众参与"的社会管理体制的新要求。近年来，北京市委、市政府深入贯彻落实科学发展观，创新体制机制，社会建设不断有新突破，走出了一条具有首都特色的新路。

2007年12月，北京市率先在全国组建社会工作委员会、社会建设办公室，构建社会公共服务体系、社区管理体系、社会组织管理体系、社会工作运行体系、社会领域党建工作体系，初步形成北京社会建设体系新格局的基本框架。

2008年，市委、市政府印发了《北京市加强社会建设实施纲要》等"1+4"文件，明确了全市社会建设的体制机制、目标任务和基本要求。2009年以来，北京市又围绕社会基本公共服务体系建设、社区建设、社会组织建设、社会工作队伍建设、志愿者工作、社会领域党建工作，研究制定了一系列配套文件，形成了北京市社会建设"1+4+X"的政策体系框架。

有了政策的保障，北京市进一步改革和创新社会建设的组织体系和工作机制。按照整体规划、分步实施、突出重点、稳步推进的原则，北京市建立健全了社会建设工作领导小组及其办公室协调机制、区县社会建设工作协调机制、"枢纽型"社会组织协调机制、社会建设信息工作协调机制、社会建设研究基地协调机制，初步形成了市—区县—街道（乡镇）—社区（村）纵向到底和"两新"组织横向到边的工作网络。

体制机制创新加快了北京市社会建设的步伐，在社区建设方面，初步形成社区党委、社区居委会、社区服务站"三位一体"、各负其责的社区建设规范化模式。北京市委、市政府把改善社区办公服务用房当做改善城市基础设施来对待。两年来，北京市2633个城市社区，已有1600个社区，按照7个方面26项重点、近100项指标的要求，达到规范化标准。

在社会组织建设方面，初步形成分类规范、以社管社、党建业务一起抓的"枢纽型"社会组织管理模式。2009年，确认了10家人民团体为首批市级"枢纽型"社会组织，2010年和2011年再确认15家左右的"枢纽型"社会组织，全市85%左右的社会组织将纳入"枢纽型"社会组织管理服务范围。

在社会工作队伍建设方面，特别是社区工作者队伍建设方面，初步形成专业化、职业化模式。通过面向高校、大学生"村官"、社会的选聘及社区"两委"换届等措施，北京市社区工作者中具有大专以上学历的比例由原来的26%提高

到70%以上，平均年龄下降到40岁。三年来，共有5600多人获得全国社会工作师资格考试证书。社会工作者队伍专业化水平明显提高。在志愿服务方面，通过总结奥运经验、转化奥运成果，初步形成重大活动志愿服务、应对突发事件志愿服务与经常性志愿服务相结合的长效化工作模式。

在社会领域党建工作方面，初步形成社区党建区域化模式、在"枢纽型"社会组织建立社会组织工作党委模式、新经济组织商务楼宇党建模式，北京市141个街道全部建立街道社会工作党委；在"枢纽型"社会组织建立社会组织联合党委试点工作启动，到2012年底，基本实现社会组织党建工作全覆盖；全市1249座商务楼宇中已经建立1128个党建工作站（社会工作站），计划在2011年底实现全覆盖，2012年底实现社会工作站、党建工作站、工会工作站、团委工作站、妇联工作站"五站"建设全覆盖。

经过社工委成立后3年多的实践，北京探寻出了一条具有时代特征、中国特色、首都特点的社会建设新路子，走在全国社会建设的前列，为推动科学发展、促进社会和谐作出了新的贡献。

二 "十二五"时期北京社会建设面临的主要挑战

"十二五"期间，北京将进入以社会建设为重点的新时期，随着经济发展水平的进一步提高，北京市将不断加强以改善民生为重点的社会建设，更加重视社会管理创新和社会结构的调整，社会体制的改革也将进一步深入。同样，北京社会建设在"十二五"期间不可避免地会遇到一些难题，这些难题有些是世界大城市现代化过程中普遍遇到的，有些是中国特有的，只有解决好这些问题，北京的社会建设才能在"十一五"的基础上迈上新台阶。

（一）人口问题是北京社会建设面临的关键问题

人口问题是北京最大的问题之一。人口问题已成为制约首都全面协调可持续发展的重大问题。目前北京面临的能源、交通、就医、就学、就业、居住、治安等突出问题，无不与人口规模、结构、分布及人口管理密切相关。

人口调控是"十二五"时期北京市的重要议题，对北京未来社会建设的成效意义重大。根据国务院2003年批复的《北京城市总体规划（2004～2020

年)》,到 2020 年,北京总人口规模规划控制在 1800 万左右。然而,2010 年 11 月进行的第六次人口普查数据显示,北京市常住人口达到 1961.2 万人,按照近年来北京常住人口年均增长 60 万人的速度,未来 5 年北京市人口规模将达到 2260 万人。正在朝着世界城市目标迈步前行的北京,遭遇了所有特大城市普遍棘手的人口问题。交通、就业、入学等一系列难题,或多或少都与人口问题有联系。北京的人口问题不仅表现为人口总量大,而且人口的结构、分布等方面也存在严重的问题。

从人口的区域分布来看,目前北京 61.5% 的常住人口集中在"城六区","城六区"人口密度为每平方千米 7837 人,超过了世界上以人口密集著称的大伦敦(每平方千米 5437 人)和东京(每平方千米 5984 人)。而在首都功能核心区,人口密度更高达每平方千米 2.2 万人。整个市域,北京的人口密度仅为每平方千米 995 人,跟其他国际城市比较并不算高。[①] 北京市人口的集中实际上反映的是城市功能的集中,由于城市中心区过多地集中了经济、政治、文化、社会服务等功能,吸引了大量人口就业、购物、休闲、办理公务等,而人口过度集中是造成北京交通拥堵等问题的根源。

从北京市人口的年龄结构看,根据第六次人口普查的数据,北京 60 岁及以上人口 246 万人,占常住人口的 12.5%,由于外来人口因素的影响,与 2000 年第五次全国人口普查结果相比,增加 75.9 万人,比重没有变化。据预测,2010 年以后北京市人口老龄化的速度将会逐渐加快,并于 2015 年以后进入迅速发展时期。因此,"十二五"期间首都人口老龄化的加速发展,必然会给经济、社会和文化等方面带来前所未有的压力。

北京市总人口中,外来人口的比例占 1/3,从目前调查的情况看,外来人口的总体素质不高,大专学历以上的外来人口比例不及 12%,这种受教育水平决定了他们的就业范围非常狭窄且处于底层。北京市的外来人口 88% 从事体力劳动,主要集中在建筑业和服务业,即从事低酬劳、高危险、高强度的工作。由于制度上的原因,外来人口享受不到北京市民所享受的福利,不平等待遇造成他们心理落差极大,既不利于充分发挥他们的积极性,也不利于对他们进行管理。

---

① 中国网,http://www.chinadaily.com.cn/hqpl/zggc/2011-01-24/content_1635270.html。

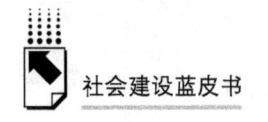

（二）社会公平问题引发的社会矛盾增多

从国际上来看，人均 GDP 达到 1000~3000 美元时将进入矛盾的多发期，这个研究结论是在 20 世纪六七十年代的经济背景下提出的，根据汇率和物价的变化，当时的 3000 美元大约相当于目前北京的经济发展阶段。由此，我们可以预测未来 5~10 年北京将进入社会矛盾的多发期，能不能顺利地度过这段时期，对北京未来的发展极其重要。未来几年，随着北京经济发展水平的进一步提高，社会发展的主要任务将由原来的以经济为中心，变成经济建设与社会建设并重，由原来重视做大蛋糕变为更加重视分好蛋糕，搞好社会公平问题，从而避免大量社会矛盾的发生。

未来几年北京调整收入分配的压力将逐渐加大，"十一五"期间北京市地区生产总值年均增长 11.4%，而居民人均可支配收入年均实际增长大约为 9%，低于 GDP 的增长速度。在消费中，居民的消费占比下降，政府的消费占比上升。这说明过去 5 年北京居民收入在整个国民收入的比重中是下降的。从北京和上海两地的比较来看，"十一五"期间北京居民的人均可支配收入与上海的距离进一步拉大。目前由于物价特别是房价、食品价格、劳动服务价格、能源和原材料价格等不断上涨，北京中等收入以下的市民普遍感觉压力过大，由于生活压力大、负担重，居民的幸福感降低，幸福指数创新低，对社会的不满情绪加大，容易引起社会冲突。

在收入分配中，不同群体、行业、区域之间差距不断扩大。近几年，北京城乡居民的收入差距虽然有所缩小，城乡收入比从 2005 年的 2.25∶1 下降到 2010 年的 2.19∶1，但随着北京城市化的推进，城乡之间由于土地利益产生的矛盾逐渐增多，政府每年通过出让土地获得的收益达到几百亿元，与此同时，由于征地拆迁造成的矛盾和冲突不断加剧。在北京的生态涵养区，当地为了保护北京的环境在一定程度上制约了自己的发展，北京市政府虽然每年都对这些区县提供财政补贴，但对提高农民的整体生活水平帮助有限。

不同群体、不同行业之间的收入差距也在扩大，2010 年北京市职工年平均工资 50415 元。职工年平均工资最高的三个行业分别是金融业，信息传输、计算机服务和软件业，电力、燃气及水的生产和供应业，职工年平均工资分别为 192139 元、86164 元和 81014 元。职工年平均工资最低的三个行业分别是居民服务和其他服务业，住宿和餐饮业，农、林、牧、渔业，职工年平均工资分别为22689元、25827元和27387元。①最高和最低两者相差169450元。不同行业之间职工收入差距的扩大，不是市场经济条件下自由竞争的结果，也不能反映劳动价值的高低，很多行业，如金融、石油、电信、电力、燃气等靠权力、垄断、不合理的制度享有隐形特权，这必然会引起整个社会的不满，以至于对政府信任度降低。

社会不公平还表现在教育、就业等领域的机会不公平。以教育为例，作为首善之区，北京拥有全中国最优秀的教育资源，却也面临着从小学就开始的最残酷的竞争。由于优质教育资源在城乡之间、区域之间、学校之间分配不公平，为了自己的孩子能够进入好的学校，不同群体之间展开了激烈的竞争，择校之风盛行，垄断部门利用自己的资源与优质学校结为共建单位，保证自己的孩子优先进入好学校；富人采用缴纳巨额赞助费的形式将自己孩子送入好学校。北京市虽然规定外来务工人员的子女可以进入当地的公办学校，与当地孩子享受同等的待遇，但索要赞助费的情况依然存在，且就地参加高考的大门对他们依旧关闭。随着人们权利意识的增强，这些不公平的社会现象必然会对社会稳定造成影响。

（三）老百姓最关心的民生问题的解决难度加大

公众目前除了对医疗、教育、就业等"老难题"保持关注外，近年又开始对交通、住房、物价上涨等新民生问题表达较多的关切。这些问题将成为北京市"十二五"期间需要重点解决的问题，并且解决的难度很大。

交通拥堵问题是所有特大型城市共同面临的一个课题，也是一个世界性难题。交通拥堵是重大的民生问题，它妨碍市民正常出行，降低了市民生活质量。根据中国科学院发布的《2010中国新型城市化报告》对北京等50座城市上班花费时间进行的调查，有17个城市的居民上班花费的平均时间超过30分钟，其中北京市上班平均花费的时间最长，达52分钟，其次为广州48分钟、上海47分钟、深圳46分钟。②零点研究咨询集团公布的"居民生活机动性指数"调查结

---

① 北京市统计局网站：http：//www.bjstats.gov.cn/sjjd/jjxs/201105/t20110506_201587.htm。
② 陈仁泽：《上班的路怎么越来越长？让人身心俱疲》，2010年12月23日《人民日报》。

果显示，2009年北京居民的拥堵经济成本已经达到每月335.6元，以1961万人口计算，每月造成的经济损失高达65.8亿元。[①] 现阶段交通拥堵现状表面看是人多、车多、公交系统不完善、道路设计不合理等造成的，实际上是个结构问题，是城市功能过度集中的结果。因此，单靠限制买车、限行等手段来治理交通拥堵问题，只能治标，不能治本。

住房问题是个经济问题，也是个社会问题和政治问题。住房问题解决得好，人民安居乐业，社会稳定；住房问题解决不好，社会满意度会下降，无家可归、露宿街头者会增加，贫民窟会扩大，寻衅滋事、违法犯罪的现象也会增加，严重的情况将导致社会不稳和政治动荡。北京的住房问题集中表现在房价过高，超过了一般居民的购买能力。2010年北京市政府采取多种手段限制房价的上涨，但实际效果有限。根据北京市2010年国民经济和社会发展统计公报，2010年全年房屋销售价格比上年上涨11.5%，其中新建住宅上涨18%，二手住宅上涨5%。2011年2月21日北京市又出台了严厉的限购令，并加大了保障房建设的力度。在未来的几年，在人口不断增加的情况下，政府如何能够保证北京房价不再继续上涨，弱势群体和中产阶层都住有所居，这对北京市政府来说是一个挑战。

物价上涨的问题也是北京市政府未来面对的重大民生问题。2010年12月27日央行营业管理部发布的北京储户问卷调查结果显示，第四季度北京居民物价满意指数为18，创调查以来新低，66.2%的受调查居民认为当前物价水平"高，难以接受"，较上季度上升4.3个百分点；认为"可以接受"的居民比例为31.6%，较上季度下降5.5个百分点，物价连续三年成为北京居民最关注的话题。[②] 物价上涨对北京居民特别是中低收入群体的生活产生了严重影响。受农产品价格上涨的影响，2005年以来，北京城镇居民的恩格尔系数有所上升，从2005年的31.8%上升到2009年的33.2%。未来北京市居民对物价上涨预期增强，在农村劳动力成本提高、流通成本增加、农资价格上涨的压力下，农产品价格上涨的压力很大。生活必需品中的水、电、气等能源的价格也面临上涨的压力。通胀压力很有可能是未来3～5年的常态。

---

① 陈仁泽：《上班的路怎么越来越长？让人身心俱疲》，2010年12月23日《人民日报》。
② 苏曼丽：《央行问卷调查：北京居民物价上涨预期增强》，2010年12月28日《新京报》。

（四）现有的社会管理手段难以适应现代社会的复杂性

北京未来的定位是世界城市，在北京向世界城市迈进的过程中，城市社会管理面临的压力很大。现代社会是个复杂社会，表现为多元化、流动快、偶然性、突发性等特点。现代社会的特点决定了用传统的手段对现代社会进行管理存在很大的局限性。北京市目前的社会管理体制，虽然进行了改革和创新，有些方面还走在了全国的前面，但面对现代社会还存在很多不足。

社会管理领导体制和工作机制与新形势的要求不适应。社会管理的各个职能部门的配合不够紧密，跨部门协作机制没有形成。在问题比较突出的社会管理领域，如流动人口管理与服务、城乡结合部管理体制等方面的工作机制有待进一步创新、完善。社区管理体制不完善。居民自治组织带有浓厚的行政色彩，履行了大量乡镇和街道政府在社区的社会管理和公共服务职能。同时居民自治组织缺乏独立的资金来源和充足的自治资源，驻区单位也不与当地社区共享自身掌握的丰富资源，造成社区资源整合度不高。普通社区居民参与社区活动的积极性不高，参与度不够。

社会组织管理体制还不健全。社会组织实行登记管理机关和业务主管单位双重负责的管理体制，这就要求登记注册的社会组织必须有相应的业务主管单位，这样一来找到业务主管单位的社会组织依照法律法规可以进行登记，而找不到业务主管单位的社会组织无法进行法人登记。在双重管理体制下，业务主管单位对社会组织的干预过多，大部分社会组织与业务主管单位相关科室合署办公，或作为内设部门管理，社会组织行政化倾向严重。公益服务类社会组织发展不够，在参与社会管理和提供公共服务方面难以发挥协同作用。北京尝试以枢纽型社会组织的新机制来替代原有的双重管理体制，但是机制还不够健全，还有一些问题需要解决。社会工作队伍建设有待加强。在专业化方面，实际从事社会工作的专业人才不足。在职业化方面，缺乏统一完善的准入、认证、权利保障、评价等基本制度，专业社会工作岗位设置有限。在社会化方面，人们对社会工作的概念还很陌生，对社会工作的认知度不够。

北京市必须根据现代社会的特点进行社会管理体制的创新。但是，几十年计划经济下形成的以政府为主导，通过行政手段对社会进行管控的体制改革的难度很大，并且在改革中容易受到传统力量的牵制，在管理手段上会形成路径依赖。

三 "十二五"期间北京社会建设展望

"十二五"时期是北京经济社会转型的重要时期，也是提升城市整体水平，向建设世界城市迈进的重要时期。我们预测"十二五"期间北京市将更加注重社会建设，在很多民生领域和社会管理领域都将有一系列新举措。一些困扰北京发展的社会问题将在"十二五"期间有所改善，北京社会建设将进入一个加快发展的新时期。

（一）人口总量调控更趋严格，管理手段趋向多样化

人口问题是"十二五"期间北京市面临的首要问题。"十二五"期间按照目前每年常住人口增长60万的数字，如不采取必要的政策，未来5年北京人口还将增长300万。由于2020年把北京城市人口控制在1800万的目标已经被打破，北京市在"十二五"规划中并没有设定人口的总量目标。但从目前的形势来看，"十二五"期间北京将实行更加严格的人口管控政策。北京户籍对外地常住人口放开的空间有限，进京指标也会受到严格的控制。

"十二五"期间北京市为了控制人口的过快增长，将采取多种手段调控人口的无序流入。"十二五"期间北京市将推行人口总量调控的属地责任，把人口调控的目标责任，比如总量、结构和分布等下放到区县、部门，设置一些预期性的指标，包括中心城区人口向新城疏解等。"十二五"期间北京要通过对新建项目进行人口评估，控制人口密集型产业落户北京。还要积极总结推广顺义区"以业控人"的经验，通过产业结构的调整来调节人口的规模和结构。

北京的人口问题除了总量大以外主要还是结构问题，未来北京市需要通过调整人口的布局来加强城市人口的容纳能力。在城市的功能布局上改变目前"单中心"的布局，着力在四环、五环外部署多个新的空间载体，这些中心不是只承担居住功能的卫星城，而是自身具备城市循环功能的区域。"多中心"格局将拉大北京的城市框架，人口和部分产业功能将随之外移。

在加强人口规模控制的同时，北京市将对外来人口采取更加人性化的管理模式。在更多公共服务领域让外地人享受与本地人同等的待遇，对具备条件的外地人口实行居住证制度。以居住证为载体建立全市联网、部门联动的"实有

人口信息系统",按照"来有登记、走有核销"的基本要求加强流动人口基础信息采集,进行实时动态监控,有效提高人口管理的信息化和精细化水平。改进人口服务管理,加强计划生育管理和服务,强化劳动用工管理,加强出租房屋管理。

(二) 政府将更加注重"主要保障和改善民生"

"十二五"时期,北京将更加注重解决教育、医疗、就业、社会保障、人口老龄化等社会关注的焦点问题,使发展成果更好地惠及人民。

今后5年,北京市社会福利将实现向适度普惠型转变,切实完善保障和改善民生的各项制度与政策。根据规划未来5年有170.65亿元投资将用于建设38项民生工程,主要涉及社会福利、社区服务、社会组织、社会救助、优抚安置、殡葬设施等七大系列。其中有10个项目的投资都在5亿元以上,如区县街乡养老机构建设总投资达12亿元,社会组织发展交流中心建设投资7亿元,乡镇社区服务中心全覆盖建设总投资12亿元等。①

北京"十二五"时期将实现社会保障人群全覆盖,社会保障卡覆盖所有参保人群,稳步提高离退休人员基本养老金、居民养老保险金、失业保险金等待遇标准,健全社会保障待遇标准正常增长机制,扩大基本医疗保险报销范围并提高报销标准。推进行政事业单位退休金制度与城镇职工养老保险制度并轨,将行政事业单位工作人员纳入失业、工伤、生育保险范围,将本市自主创业、灵活就业人员纳入失业、生育保险范围,形成统一的城镇职工社会保险制度。在此基础上,逐步形成城镇职工和城乡居民（无业）两个基本社会保障体系。为了应对老龄化社会的到来,北京市今后每年将建设约1万张养老床位,到2015年末,全市养老机构床位数达到12万张。②

"十二五"期间,北京将大力开发就业岗位,推行定向就业扶持,完善公共就业服务网络,强化劳动力市场监管,为劳动者创造充分就业机会。"十二五"期间北京鼓励就近就业,并确保每个家庭至少一人就业,争取"十二五"期间

---

① 童曙泉:《北京"十二五"加大民生投入 170亿用于民政民生事业》,2011年1月19日《北京日报》。
② 陈荞:《十二五期间北京养老床位将达12万张 分不同档次》,2010年12月30日《京华时报》。

"城镇登记失业率控制在 3.5%以内"。

"十二五"时期北京将新建和改扩建 600 所幼儿园,解决幼儿入园难的问题。推进名校办分校、学区化管理、学校联盟、委托管理、对口合作等办学形式创新,继续加强薄弱学校和农村地区中小学建设,完善区域内教师和校长流动制度、城乡教师交流与合作机制,促进优质义务教育资源均衡配置,努力缩小校际、区域办学水平差距。完善来京务工人员随迁子女接受义务教育的保障体制。推进布局调整、资源整合和开发,增加优质高中教育资源。积极推进高等教育改革,高校课堂将向社会开放。

"十二五"期间,北京将提高公共卫生和基本医疗服务水平,使全市主要健康指标位居全国前列。扩大面向常住人口的基本公共卫生服务项目。区域医疗资源优化配置将得到重点推进。实现每个新城有一座高水平的医疗中心。集中解决大型居住区、定向安置房地区、边远山区、重点功能区医疗资源不足的问题。逐步提高社会资本办医疗卫生机构的占有比例,鼓励和引导社会力量举办医疗机构。在医疗体制改革方面,成立由市卫生局管理的市医院管理局,建立协调、统一、高效的公立医院管理制度。探索大医院与社区医院相互转诊机制和服务模式,继续推动大型医院与基层医疗机构转诊预约工作和药品的零差价制度,力争让市民看病更容易。全力推进公费医疗制度改革,2011 年北京市 18 个区县的 45 万名公费医疗人员,将全部纳入职工医疗保险体系。

(三) 交通拥堵和住房困难的问题有望得到一定程度的缓解

2008 年北京奥运会以来,北京市为解决交通拥堵的问题,采用了限行、错峰等不同的治堵手段,2010 年 12 月北京市公布历史上最严厉的治堵方案,从目前居民的感受来看,成效并不是很显著,今后几年北京还将面临交通拥堵的巨大压力。北京市政府已经认识到了问题的严重性,从"十二五"开始将采用多种手段,解决交通拥堵的难题,我们预测,"十二五"末北京交通拥堵的现象将有所缓解。

"十二五"期间北京市将继续大力建设轨道交通,实现地铁 1、2 号线等 5 条线路 2 分钟最小发车间隔;建成 6 号线、10 号线二期、14 号线等 10 条地铁,五环内线网密度将达每平方千米 0.51 千米,平均步行 1 千米就可到达地铁站,实现"四环内市民步行不超过 1 千米就可到达地铁站。届时,地铁日客运量将达

1000万人次。此外，北京市还将建设广渠路二期、京亮路、怀丰路等快速路300千米，建设城市主干道300余千米，建设次干路支路微循环系统400多千米。对建国门桥、十八里店桥等11处快速路节点进行改造。对于中心城区的交通问题，重点建设地面公交快速通勤系统，施划170千米公交专用道，新划的专用道将尽量把原有的专用道连在一起，真正优先保障公共交通的运营准点率，增加公交吸引力。① 2015年北京将形成"1—1—2"小时交通圈：中心城内通勤出行时间平均不超过1小时，最远新城到中心城（五环路）出行时间平均不超过1小时，北京市到环渤海经济圈中心城市出行时间平均不超过2小时。

"十二五"期间，北京将采用多种手段治理交通拥堵问题，其中包括将大力落实公交优先战略，中心城公共交通出行比例力争达到50%；用征收拥堵费、增加中心城区停车费等手段限制自驾车进入中心城区；为解决停车难的问题，建立停车场建设管理新机制，鼓励社会力量参与经营性停车场建设；通过更加科学的管理手段，实现交通信号智能控制；加快建设东西二环等重点区域地下隧道；实施小客车总量调控，保持全市各级党政机关公务用车零增长等措施改善中心城区的交通拥堵现状。

"十二五"期间北京市将全面实现广大市民住有所居的目标，根据规划，北京市新开工建设住房中，保障性住房将占到60%，公租房将占到公开配租配售保障性住房的60%。保障性住房的供应结构将从目前的"以售为主"向"租售并举、以租为主"转变。鼓励企事业单位自建商品房，对于一些产业园区和企业，政府提供相应的政策、土地方面的支持，使其能够用自有土地建设公租房，为其从外地引进的人才和外地来京务工人员提供公共租赁住房。

"十二五"时期北京将建设、收购各类政策性住房100万套，其中：公租房为30万套，限价房和经济适用房为20万套，旧城改造人口疏散和棚户区改造定向安置10万套，城乡结合部整治、重大项目拆迁定向安置房40万套，对符合保障条件的申请家庭做到应保尽保。积极推进旧城人口疏解和房屋保护性改造修缮工程，完成城市国有工矿棚户区改造任务，加大农村抗震节能房屋改造建设力度，改善城乡居民居住条件。

对于"十一五"期间房价过快增长的情况，北京将采取更加严厉的手段，

---

① 童曙泉：《5年建成"1-1-2"交通圈》，2011年1月21日《北京日报》。

控制房价的非理性增长。除了已经实施的限制外地人买房、限制本地人买房的套数、提高第二套住房首付和房贷利率等手段外,"十二五"期间,北京可能会借鉴上海、重庆等地的做法征收房产税。如果未来北京还面临房价大幅上涨的压力,不排除有更加严厉的管控措施出台。但由于北京土地、建材、人力等价格的上涨,再加上外来人口的增长,我们预测"十二五"期间北京整体房价仍将保持缓慢的上涨势头。

(四) 社会管理将更加系统化、科学化

"十二五"期间北京社会管理面临的问题将更加复杂,传统的管理手段已经难以应对复杂社会带来的挑战,这要求北京必须进行社会管理体制的创新,从管理模式到管理的理念、方法、手段等方面进行改革。目前北京市已经制定了社会管理服务创新计划,并且选择东城区、朝阳区、顺义区进行社会管理服务的创新工作。未来几年北京市社会管理创新将重点在以下几个方面展开。

维护社会稳定是"十二五"期间北京市社会管理的重点,北京是首都,维护社会稳定的任务比其他省市要重。"十二五"期间北京将进入社会矛盾的多发期,由于利益问题,比如征地、拆迁等导致的进京上访案件将继续增多,由网络或通信工具引起的群体性事件和犯罪行为增多,跨国、跨地区间的流动犯罪增多,突发性的社会不稳定事件增多,这些问题都给北京未来社会稳定工作带来很大挑战。"十二五"期间北京将继续运用奥运和国庆60周年庆典安保工作的经验,面临类似的大型活动时,还会动员大量群众和志愿者发挥"群防群治"的功能。在常态社会下,北京市将把社会稳定工作下放到基层,通过建立健全各种社会矛盾的调节制度、利益诉求和协商对话机制等把社会矛盾解决在基层。将运用各种高科技手段和科学的管理方法来预测、预防和应对各种社会不稳定事件的发生。

在城市社会管理中,"十二五"期间北京将在各领域推行"精细化"管理。"精细化"管理是针对特大型城市普遍面临的共同难题和运行特点,运用科学的管理手段把提高城市治理效能作为目的的一种社会管理模式。北京市将在城市社区中推行"网格化"管理,在试点的基础上,网格化管理模式2011年开始向全市推广,计划在"十二五"期末基本实现全覆盖。实现由部件、事件等网格化的城市管理模式,转向人、地、物、事、组织、事态全部纳入网格化管理的新模

式，实现不漏一地、不漏一人的深度管理。精细化管理还包括对外来人口、交通、城市环境、基础设施等领域的管理，使城市的日常管理变得智能化、标准化、精细化，从而提高城市社会管理的效率和水平。

农村的社会管理将推广城市社区管理的经验和模式，"十二五"期间将推广两个方面的重点工作：一是农村社区化管理，"十二五"期间将在试点的基础上，在全市农村中推广社区化管理。"十二五"期末，北京市3944个村委会管辖的3950个行政村将全部实现社区化管理，[①] 社区化管理将对北京传统的农村基层社会管理模式进行改革，居委会、物业管理等新兴的管理手段将进入农村。另一项重点工作是农村社区的标准化建设，"十二五"期间北京将在农村建立标准的社区服务站，每个农村社区服务站均按市级统一要求建设，面积不低于50平方米，设置统一形象标识，并配备电脑、打印机等办公设备，有效改善农村社区服务设施。为农村居民提供生育服务、卫生、治安、低保申请、就业、老年人和残疾人康复训练等60多项服务。通过这两项措施，真正实现社会服务的城乡一体化。

在社会管理的主体建设上，北京市将在"十二五"期间重点培养和支撑社会组织的发展。在社会组织的管理上，除了各种"枢纽型"组织为各种社会组织提供服务外，政府将在"十二五"期间放开对社会组织的登记管理。从2011年开始，北京市四大类社会组织（工商经济类、公益慈善类、社会福利类、社会服务类）登记审批将全部放开，社会组织可以到民政部门直接登记，解决"找业务主管单位难"的问题。政府还将通过政府购买社会服务等各种手段，培育社会组织的发展，对社会组织的管理也将更加标准化和科学化。

（五）强调收入分配与经济发展同步，更加注重社会公平

近年来，在通货膨胀的压力下，北京职工增加工资的呼声渐高。北京市政府公务员和事业单位已经连续多年没有通过正常的渠道增加工资，工资收入比同为直辖市的上海低很多。在高房价、高物价、高交通成本的压力下，北京中产阶层的幸福感降低。从发达国家来看，公共服务和行政管理部门大多建立了稳定的工

---

① 侯毅君：《3950个行政村将全部实现社区化》，2011年1月19日《北京青年报》。

资增长机制。与此同时，公共部门工资稳定增长机制的建立将对非公共部门的薪酬制度建立产生影响。未来几年，随着北京经济的快速发展，北京职工工资将有很大的提升空间。

北京市已经把"居民收入较快增加"列为"十二五"六大主要目标之一，根据未来5年城乡居民收入年均增长8%的目标，"十二五"期末北京居民的收入将最低实现增加一半的目标；根据国家工资倍增计划，"十二五"期末北京最高目标是实现年均增长15%的目标。在收入分配格局中，劳动收入在初次分配的比重将会提高，建立职工收入增长与企事业效益同步增长挂钩的制度。在再分配领域，将改变再分配向政府倾斜的局面，通过公车制度改革、降低行政费用、财务支出公开等制度，使政府支出更加公开化、透明化，降低政府消费在整个消费中的比重。

未来五年北京将通过"提低、扩中和限高"来进行收入分配改革。在"提低"方面，北京将采取市场机制调节、企业自主分配、平等协商、政府监督指导的原则，提高一般职工的收入水平。政府通过每年提高最低工资标准的方法，保证企业职工收入的增加，通过社区服务保障城镇低收入家庭的正常生活水平提高。"扩中"方面，通过降低税收、保障房建设、医疗、教育、社会保障制度的改革，提高中等收入群体的比重，降低他们的生活成本。在"限高"方面，在适当的时机对垄断行业和国企高管进行限薪，加强对企业高管人员收入监管政策等。

"十二五"期间北京市将根据国家的法规，调整个税起征点，发挥税收的调节作用。目前北京个税的起征点低于北京市的平均月收入，并且各个征税比例之间的差距太小。这导致个税无法区分穷人与富人，无法在事实上起到调节收入的作用。建议根据北京市的经济发展水平，提高个税的起征点，高于地区平均月收入，使得收入在平均线以下人群避开个税。与此同时，还要拉大个税不同征税比例之间的差距，利用收入累进税来调节收入差距。针对目前的高房价，建议北京市"十二五"期间征收财产税、遗产税，减少通过遗传造成的代际不公平问题。

（六）城乡一体化向更深层次逐步推进

城乡一体化是城市化发展的最高阶段，随着北京中心城区功能过度集中带来的问题越来越严重,"十二五"期间北京将把中心城区的部分功能向郊区转移,特别是在未来定位为新城的通州、房山、顺义和昌平,在"十二五"期间将得到重点建设,使其成为首都功能的新载体和区域城市群的重要节点。"十二五"期间,城乡资源的配置将更加倾向于郊区,例如"十二五"期间郊区将新增十几所"三甲"医院,使每个郊区都有一所综合性的医院,解决郊区群众"看病难"的问题。中心城区将通过在郊区办分校或整体搬迁到郊区的形式,提高城乡之间优质教育资源失衡的问题。"十二五"期间北京还将重点建设各具特色的城镇乡村,积极推进农村城市化和现代化。

未来五年,城乡结合部被确定为推动城乡一体化的先行示范区。北京计划两年改造50个重点村,城乡结合部改造工作到2015年基本完成。到时,社区管理将实现全覆盖,大批农民成为"有房屋、有资本、有社保、有工作"的新市民。"十二五"期间北京市农村户籍的人口将进一步降低,"十二五"规划末期,北京市城乡一体化发展将实现全市城镇化率达到90%,10个远郊区县城镇化率全部超过70%的目标。

在破除城乡"二元"结构体制方面"十二五"将有新突破,户籍制度改革会在北京市域内部推行,实现城乡居民身份平等和公共服务均等化。鉴于目前户籍改变与土地及集体产权等多种因素捆绑,部分农民对"农转居"不积极,建议在城镇化过程中无论是农转居,还是保留农民身份,应逐渐不分户籍形式而享受城乡同等的福利待遇,也可以考虑在条件成熟时,取消农业与非农业人口的差别,实行统一的市民户籍,把现行城镇居民政策延伸到农村居民。

"十二五"期间北京将实现社会福利制度向适度普惠型转变,显著提升各类福利和社会保障水平。首先推进城乡社会保障制度的一体化,"十二五"期间北京将在全国率先建立城乡居民养老保险制度,所有市民将全部纳入养老保障的范围当中来,打破过去市民养老保障按城镇和农村分成两类的格局,形成企业职工基本养老保险、城乡居民养老保险、机关事业单位退休金制度和老年保障制度的新格局。"十二五"期间将建立城乡居民一体化的"医保"制度,缩小城市与农村的区别。"新农合"全市统筹的最终目标是与城镇居民"医保"接轨。整合城镇居民大病"医保"制度和新农合医疗制度,建立统一的城乡居民"医保"制度。新农合的待遇水平也将向城镇居民"医保"看齐。在社会救助、社会福利、优抚安置等方面积极推进城乡一体化。完善城乡"低保"标准动态调整机制,

完善城乡一体医疗、教育、就业等专项社会救助制度。

同时,"十二五"期间北京将加快推进社会管理与服务领域的城乡衔接,通过统筹城乡社会事业发展和社会管理体制改革,加大郊区农村的投入和建设力度,推动城乡公共资源均衡配置,加快推进城乡公共服务均等化,让城乡居民共享改革发展的成果。"十二五"期末北京城乡基础设施和公共服务差距将明显缩小,城乡就业与社会保障体系全面接轨,城乡社会管理实现无缝对接,城乡一体化发展的体制机制基本建立。

四 2011年北京社会建设的几点建议

2011年是北京实施"十二五"规划的第一年,2011年北京社会建设除了抓好常规性的工作外,还要结合北京市的阶段性特征,重点解决好目前群众最关心的热点和难点问题。本报告认为,2011年北京社会建设应该在以下几个方面采取重点措施。

(一)抓紧制定社会建设的评价指标体系

社会建设虽然作为"四大建设"之一被写进党章,北京市也成立了专门负责社会建设的机构,出台了一系列社会建设的政策框架。但与经济建设相比,社会建设目前还缺乏一套有效的评价机制。包括:指标体系、奖惩办法等。要真正把社会建设推向深入,还必须结合北京实际建立一套社会建设的评价体系。每年根据评价体系,对各区县社会建设的成效进行考核,并制定一套激励办法。只有党政各级领导干部真正把社会建设重视起来,才能改变目前重经济建设轻社会建设的局面。

(二)加快培育发展各类社会组织

社会组织是社会建设的重要力量,要按照"宽审批、严监管"的原则,降低登记门槛,放开对部分社会组织的审批权限。按照"政社分离、还社于民"原则,加快社会组织的民间化步伐,还原社会组织的民间本色。政府可以通过孵化等手段加快社会组织的培育,提高政府购买社会组织服务的数量。除了政府财政拨款外,社会捐助、福利彩票、体育彩票收益等都可以作为购买社会服务的资金来源。制定对社会组织的科学考评机制，建立第三方评估机制，利用专业机构对社会组织进行评估。学习发达国家和地区的做法，探索社会企业的发展。

（三）重点解决交通拥堵问题

交通拥堵是2011年北京市面临的一项棘手问题，随着北京人口的增多，再加上居住区域的相对集中，导致北京交通拥堵严重，严重影响了北京市民的幸福感。为缓解交通拥堵问题，北京市政府已经实施了包括"限号"、"限购"、"限行"、"提高停车费"等多项措施。从实施效果看，各种措施的边际效应是递减的。本报告认为，以上措施只是治标，解决交通拥堵问题的根源在于城市功能的调整。建议2011年北京市政府下决心把集中在中心城区的行政、教育、文化、医疗等部分功能逐渐转移到周边新城。同时，在土地利用规划中，限制纯住宅土地的开发，把住宅和产业规划结合起来，就近解决就业问题。

（四）建立工资与经济增长的联动机制

2010年北京市职工年平均工资为50415元，在19个行业中，有10个行业职工的年平均工资低于全市平均工资水平。年平均工资最低的3个行业居民服务和其他服务业，住宿和餐饮业，农、林、牧、渔业，职工年平均工资只有全市职工年平均工资水平的一半。2004年北京市在公务员系统中推行"阳光工资"后，除个人职务晋升等因素外，5年没有出台工资增长方案。北京市属事业单位职工工资近几年也没有明显变化，从调查的情况看，北京市中小学和高校教师工资与生活成本相当的上海地区相比偏低。在物价不断上涨和高房价的背景下，这些群体的生活压力加大。近年来，北京市GDP的增长每年保持在8%以上，工资水平也应随着经济发展而增加。因此，制定工资增长与经济增长的联动机制非常必要。

（五）谨慎对待土地征用和房屋拆迁问题

目前，随着北京城市化的快速推进和新城区的大规模建设，北京市很多区域都面临大规模的征地、拆迁问题。征地和拆迁问题成为影响北京市社会稳定的焦点问题之一。在对待群众的切身利益问题上，要采取谨慎的态度，采用科学合理的手段和方式，避免强拆、强征引起社会矛盾激化。要建立维护百姓利益的有效

机制和制度。包括建立市场化的土地和房屋价格赔偿机制。推进乡镇农村集体经济组织的产权制度改革。在试点的基础上，对农村土地进行确权、登记、发证，使其权属明晰，并在一定的条件下可以自由流转，从而使农民利益从法律上得到保障。

（六）警惕住房价格的报复性上涨

在严格的住房价格调控政策下，2011年北京市住房交易量下降，一些区域比如通州出现大量房子的空置。北京商品房市场整体处于"有价无市"的状态，部分区域的商品房实际交易价格出现了下降。为了避免类似全球金融危机后北京住房政策放松带来的房价报复性上涨。2011年建议北京市政府继续执行限购措施，继续执行境外、外省市人员在京限制购房及贷款的政策规定，坚决抑制不合理的购房需求。在适当的时机结合北京实际研究试行征收房产税。增加住房有效供给，完成2011年北京市保障性安居工程目标任务。

总之，2011年北京社会建设面临的任务还比较艰巨，需要社会上下同心协力，把北京社会建设推进到一个新水平，为"十二五"规划的顺利实施起好步、开好头。

社会结构篇

Reports on social structure

B.2
北京流动人口科学管理的战略思考[*]

尹志刚[**]

摘 要：本文依据实证调查资料，从首都城市功能定位、产业结构调整、户籍人口结构、流动人口结构等战略视角，探索创建首都流动人口宏观调控长效机制，促进首都人口与资源环境、经济社会的全面协调可持续发展。

关键词：首都城市功能 流动人口 经济产业结构优化 人口结构调整 人口数量调控

---

[*] 本文是北京市人口研究所与北京市流动人口管理办公室合作研究课题的成果之一。文中引用了"市流管办"的调查数据，在此表示感谢。
[**] 尹志刚（1949～），男，北京市人口研究所（北京行政学院社会学教研部）教授。研究方向：人口问题与人口政策。

一 首都北京人口无序流入、长期滞留进而形成流动梗阻的功能结构分析

（一）首都行政区位优势与人口无序流动和滞留

1. 首都独有的行政区位优势具有永恒的人口流入引力

北京作为中国首都、文化历史名城，聚集了各种高端金融、市场、商业、教育、科研、医疗、网络传媒等其他大城市无法比拟的区位优势，众多资源的聚集在市场化和城市化催生的聚变效应下，将会转化为倍增的资本升值。北京在全国独有的行政区位优势形成人口流入的强大的永恒磁力。在这个强磁场作用下，取得北京市民户籍、在北京生活工作，是许多国人流动的首选，一旦在北京站稳脚跟进而拿到户籍后，几乎没有人自愿流出北京，形成人口流动的梗阻。

2. 首都与周边地区发展的极化效应与人口无序流入和滞留

发展经济学和非均衡发展理论揭示，在市场自然催化下，势必出现周边地区的各种资源不断向发达地区聚集和聚化的极化效应，导致两极分化的极化效应。现阶段，北京的经济和人口发展正在呈现这种极化效应。问题是，在北京独有的行政框制下，市场催生的极化效应，期限超长，强度超强。相反，随后应当出现的涓滴效应，即发达地区的资源和机会向周边渗透，却超弱、超迟。有人把这种超常的极化效应称为"黑洞"效应。现在要控制落后地区人口向北京的无序流动，必须通过市场机制特别是政府行政机制，把北京的发展资源和机会向周边相对落后地区涓滴渗透，使人口向外流出，才能化解北京致命的人口流动梗阻。

（二）北京城市功能、产业结构与人口无序流入和滞留

1. 北京市城市功能庞杂、集聚、过载与人口无序流入和滞留

任何一个城市的功能都是有限且明确的，如果无限拓展城市功能，必然导致功能过载。北京城市功能过载是历史形成的，是人口无序流入、无口流出、数量膨胀和局面失控的根本原因。减少首都城市功能超载，把部分功能及相关组织外迁，是分流和减少人口（包括户籍和流动人口）的根本战略。

2. 北京产业结构与人口无序流入和滞留

（1）三次产业结构调整的困境。常态下的三次产业的从业人口结构是：二产占40%左右，一产和三产共占60%左右。如果三产从业人口比例增加，一产从业人口比例势必降低。三次产业从业人口调整模式是：二产制造业的发展需要第三产业为其提供衍生的生产性服务；二产结构的提升将降低就业弹性系数，减少从业人口；一产（以农业为主）的科技、资本投入及规模化生产经营，将大量减少从业人口。一产流出的人口将进入二产和三产领域。在三次产业中，从事为二产提供服务的金融、信息、销售、物流、仓储等行业的人口，属于生产服务型高端三产人口；从事餐饮等日常生活服务的人口，属于纯消费型低端三产人口。首都生产型高端三产必须打破行政区隔，向全国和全世界辐射，否则，势必陷入高端三产发展无市场空间、低端三产发展低滥乱黑的困境。

（2）第三产业结构的失衡。首都城市功能定位限制低、中端二产发展，导致三产内部结构失衡，即缺乏为二产服务的高端生产型三产的发展空间，急速膨胀的是服务于机关、户籍人口和流动人口的纯消费型三产。与从业于二产和生产型服务三产人口的经济效益相比，纯消费型三产从业人口的效益是低的。有关调查显示，GDP增加一个百分点，所需流动人口的数量北京要高于苏州。北京近年来滋生大量的纯消费型三产，吸纳了数以百万计的流动人口，对首都经济社会发展、地方税收、城市文明进步的贡献率不大，局部综合贡献率（如"五小"①、"七黑"② 等地下黑经济）甚至是负值。

3. 北京流动人口生活成本低与无序流入和滞留

（1）流动人口的城市生活成本低。就业成本低。低端岗位对从业人口的素质要求不高，工资待遇很低；雇主压低工资，不为雇员缴纳劳动保险金，受雇农民也不愿上缴保险，众多因素促成就业成本低。住房交通成本低。一是货币成本（房租、水电气和通勤等费用）低；二是时间成本（每日外出耗用的时间和精力）。农民各种违章建房和出租房、北京不断改善的交通网络和廉价公交，使

---

① "五小"，指无营业执照的小餐饮店、小浴室、小网吧、小歌舞厅、小旅馆等。
② "七黑"场所是指没有营业执照，非法经营的黑歌厅、黑洗浴中心、黑废品收购站、黑二手手机收购站、黑电子游艺厅、黑发廊和黑饭店。

流动人口住房和交通成本低。三是日常生活成本低，包括食品、穿衣等日常生活成本低。

（2）流动人口城市生活成本与人力资本"双低"的不良循环。城市生活成本过低，导致流动人口素质、职业低端化，且缺乏提升人力资本的压力，形成成本低、素质低的不良循环。提升经济和产业发展水平，提升职业岗位人力资本含量、工资待遇及劳动保险水平，提升生活消费水平，是阻断低端人口盲目流入并长期滞留北京、调控人口结构和数量的重要举措。

（三）首都北京人口结构与人口无序流入和滞留

1. 北京市户籍人口无序迁入与数量膨胀

（1）中央党、政、军及其企事业单位机构及人员编制膨胀导致户籍迁入失控、迁出梗阻。中央党、政、军及其企事业单位的人员面向全国招聘，其机构编制越大，平均每年通过退休抵补名额招聘的人员就越多。在京外招聘1人，随其户籍入京的配偶、子女和父母平均要增加5人，但央属单位退休人员却很少有人离京，形成有进无出的人口流动梗阻。据测算，每年中央单位要增加30万~40万人。国有部门的编制膨胀是新中国成立以来北京户籍和常住人口持续膨胀的重要原因，也是最难治理的顽症。

（2）高校各类毕业生大量落户北京，带来户籍和流动人口无序涌入。北京各类高校云集，近年不断扩大招生，在校生和教职工人口膨胀。大学教职工近10年增加了25%，2009年达到13万人。每年大学毕业生接近20万人，大部分留在了北京，大多进入政府部门、国有企业和事业单位，其中各类科研机构的人员编制膨胀得最快。

根据有关调查，边远农村大学毕业生留京获得稳定工作并站稳脚跟后，会带来一大批移民，先是配偶和子女，随后是兄弟姐妹、亲戚朋友和老乡，以及这些人的社会关系。暂时找不到工作的，回到家乡和离京就业的极少，大多成为没有稳定职业和社会保障的"蚁族"。

2. 户籍就业人口与流动人口的结构失衡

北京产业结构急剧的跳跃式升级，导致原来二产人口的职业链断裂，即原有的机械、冶金、纺织、采矿等产业急剧衰落，原从业人员无法进入金融、IT、传媒等新兴产业，出现难以再就业的低端户籍人群（以"40"、"50"失业人员为代表)①,需要马路市场、地摊餐饮等低端服务。流动人口为该人群提供廉价商品和服务,并为自身提供衍生式或内卷化②的经济和生活方式。

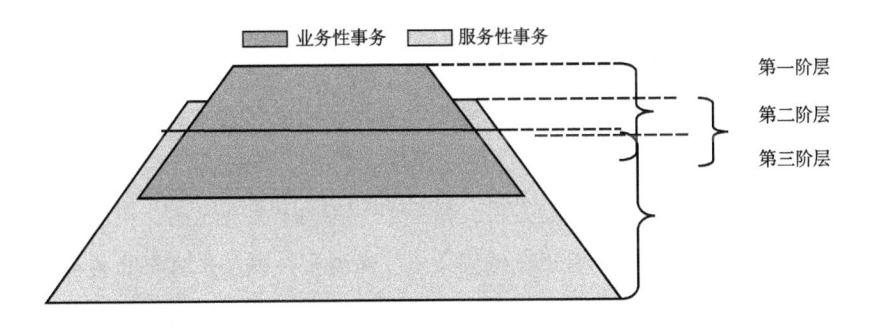

图 1　社会不同阶层分工协作图

注:为清晰表达,将每个阶层都需要从事的日常生活事务略去。
资料来源:侯佳伟:《北京市流动人口聚集地:趋势、模式与影响因素》,光明日报出版社,2010,第 147 页。

3. 城乡户籍人口老龄化发展迅猛与人口无序流入和长期滞留

北京老年人口比例将从 1995 年的 12.7% 增长到 2005 年的 15.4%。2005 年以后,人口老龄化速度将会逐渐加快,2010 年以后则将进入迅速发展时期。预计从 2005~2025 年的 20 年时间里,北京市老年人口比例将会增加一倍,达到 30% 左右。预计到 2025 年,总人口中会有 30% 左右的人是 60 岁及以上的老年人,1/5 以上的人是 65 岁以上的老年人。③

北京城乡人口老龄化发展迅猛,需要年轻流动人口从事家政、家庭和医院护理、社区照料等服务。由于北京独有的医疗卫生保健资源,越来越多的外地退休老人或通过购房,或通过在京子女移居到北京养老,而北京户籍老年人口几乎没人愿意离京异地养老,结果依然是只进不出的流动梗阻。更为严重的是,年轻时流入北京,常年定居北京,将来年老后也难以流出北京。

---

① 不是北京没有就业岗位,而是户籍人口拒绝从事现在流动人口从事的低端服务岗位。
② 内卷化一词源于美国人类学家吉尔茨(Chifford Geertz)《农业内卷化》(Agricultural Involution)。根据吉尔茨的定义,"内卷化"是指一种社会或文化模式在某一发展阶段达到一种确定的形式后,便停滞不前或无法转化为另一种高级模式的现象。内卷化经济生活方式是指没有质的提升,仅有量的扩展的低端重复性的经济活动和生活方式,以聚集区流动人口的经济和生活方式为代表。
③ 杜鹏:《北京市人口老龄化发展趋势及其社会经济影响》,《人口与经济》1999 年第 1 期。

4. 流动人口的结构失衡与流动无序

（1）不同流动动机人口的流动无序与结构失衡。从流入动机看，来京流动人口大致可以分为五种类型：①创业人口。分为投资型人口和个人事业型两种人口，均属于人力资源市场急需且稀缺的人口。②就业人口。分为四种：一是高端经营管理型人才，市场极为稀缺；二是中端有专业知识和技能的技师和工人，市场较为稀缺；三是低端无专业知识和技能的熟练工人，稀缺度取决于市场供求，总体上不稀缺；四是底端糊口型人口，常处于失业和半失业状态，市场上供过于求。③培训人口。大学毕业后想继续读硕士、考博士，以及来京参加各种培训的人口。④待机人口。指从各类学校毕业后，在京长期失业或半失业，不愿到外地二、三线城市就业、发展的学生。⑤消费人口。分为高端、中端和低端三种①。

（2）不同流动轨迹人口的流动无序与结构失衡。①城—乡环流人口。大多属于低端流动人口，他们的人力资本低且没有大幅度提升的可能。部分人到婚嫁年龄或中老年后，会返回原籍生活。同样的环流是，只要北京有就业需求和收益空间，农村年轻人口还会循环往复地流入、流回。鉴于城—乡环流人口大多来自落后地区，流入北京后大多不愿返乡，城—乡环流呈现流入远远多于流出的无序状态。②城—城环流人口。大多属于中端流动人口，他们在京大多缺少向上职业流动、购房和长期定居的可能。如果其他城市有适宜的发展机会，他们会流出北京。同样会有其他城市的人口到北京寻求发展机会。鉴于北京独有的发展优势和机会及周边城市发展水平大大低于北京，所以城—城环流同样呈现流入远远多于流出的无序状态。

二 对首都北京流动人口问题的深层思考

（一）农业人口向城市迁移是经济社会发展不可逾越的历史阶段

1. 农村人口向城市聚集是现阶段人口迁移的基本特征

（1）城市化就是减少农民和农民进城的进程。2001年诺贝尔经济学奖获得

---

① 一是高端消费群体，如全国（甚至境外、国外）的有钱人在北京买房居住，享受高水平的物质、医疗、文化、信息等服务；二是中端消费群体，如离退休费较高的返京人员，家庭收入较高者的无业眷属；三是低端消费群体，如退休金微薄的返京和投亲靠友人员、流动人口的眷属等。

者斯蒂格利茨提出："中国的城市化将是区域经济增长的火车头,并将产生最重要的经济利益"。城市化的核心载体在于城市规模的扩大与城市交易效率的不断上升①,而其终极目标在于实现城乡一体化、社会整体经济效率的提升。中国社会现代化是人类历史上最伟大、最深刻的工业化和城市化的社会转型。从一个角度看,城市化就是减少农民和农民进城的进程。从另一个角度看,"三农"问题的最终解决,同样是减少农民并富裕农民的进程,是农民接受城市文化进而成为新市民的进程。

(2) 农民保留土地,进城务工经商,是有中国特色的城市化的道路。西方的城市化走的是一条通过"圈地"等暴力手段,迫使农民失去土地、进城成为雇佣劳动者的道路。我国选择了保留农民土地并支持鼓励农民进城务工经商的非暴力的、渐进的道路。一方面,国家和社会不断地减少社会排斥特别是制度性排斥,增进社会融合,尽快消除城乡二元结构的壁垒,实现公共服务均等化和农民的市民化;另一方面,通过土地流转等途径,保留进城农民的土地收益,实现包容性的农民城市化进程。从这种意义上说,一个城市吸纳农民进城的数量,进而把农民城市化、市民化的程度,体现着这个城市对中国城市化的贡献程度。

2. 流动人口既是重大经济问题,也是重大政治和社会问题

(1) 人口流动是市场化和城市化共同催生资本和资源的聚集化、规模化效应。人口流动是经济保持活力和快速发展的重要因素,也是市场经济条件下人才和劳动力资源合理配置的重要途径和必然结果。哪里的资金、资源、信息及其他市场资源聚集化程度高,哪里的资本投入和收益率就高,哪里就成为各种资源的聚集地,流动人口就多。从一定意义上看,流动人口是原有计划经济体制外的人群,他们的市场意识最强,无论是出于货币资本还是人力资本的投资及收益,人口流动都是比较效益最佳的选择。

(2) 农民进城及城市化,是最终消灭城市二元结构、工农和城乡差别的根本制度变革。建立以城乡户籍分割为核心的二元结构及其相关制度的初衷,是限制农民进城,通过保持城市对农村、工业对农业的剥夺,实现快速工业化。该制度衍生的一个主要负功能是城市与农村发展的隔绝,城市发展缺乏竞争和活力。

---

① 杨小凯、Fujita 和 Krugman、赵红军以及孙楚仁等学者的研究文献中指出,交易效率与工业化、城市化之间存在一种内生的正相关性。

农民进城为我国改革开放增添了动力，为城乡建设增加了活力，为市场竞争力增加了张力，同时也为最终消灭城乡二元结构、工农差别和城乡差别奠定了基础。

（3）对流动人口的制度性排斥将导致严重的社会裂痕甚至对抗。随着经济的快速发展，我国社会结构正在发生深刻变革，各种社会利益群体共存，各种社会问题相互交织。由于城乡二元结构及其附带的诸多制度性排斥，导致进城农民虽然在北京生活、工作，却无法获得与北京市民一样的均等公共服务，进而形成了我国大城市特有的社会"三元结构"——农民、农民工和城市市民，农民工成为一个被严重边缘化的庞大群体。如果党和政府不从制度和政策上加强社会融合，将导致严重的社会分裂甚至对抗。

（4）促进人口有序流动和农民工城市化是构建和谐社会的重大政治议题。稳定是压倒一切的。对稳定威胁最大的是社会动乱，其发生的隐患主要有三个：一是农民等弱势群体的温饱没有保障；二是资本对劳工的压榨愈演愈烈，社会两极分化日益严重，达到多数社会成员无法容忍的地步；三是社会制度性排斥导致生存和发展机会不均等，农民等弱势群体不管如何努力，也无法改变身处底层的命运。以上三个隐患都与城市对农村、市民对农民的制度性排斥密切相关。大力推进人口有序流动和社会融合，是一个亟待正视和解决的严峻政治议题。

（二）加强人口有序流动是首都社会建设和城市管理的重要基础性工作

1. 全市流动人口总量持续膨胀，如不采取有效措施还将大量增加

当前，全市实有人口总量超过北京人口规划确定的 2020 年常住人口总量控制在 1800 万人的目标。2000 年以来，全市流动人口总量一直呈现高速增长的势头，年均增长 70 万。未来北京市流动人口持续增长的势头可能还将延续至少 20 年。北京市急剧膨胀的流动人口规模，将给北京市经济社会资源环境带来严峻挑战，现阶段北京人口规模调控已刻不容缓。

2. 人口无序流入致使城市管理和建设难以科学规划和运行

首都北京流动人口的无序流动造成了城市秩序混乱，公共资源不足，交通压力明显，治安形势严峻。流动人口的无序居住造成了房屋租赁市场混乱，城乡结合部流动人口聚集问题严重，违章建设大量存在。流动人口的无序就业造成了城市就业市场低端化，经营秩序混乱，无照、违法经营问题增多。

3. 聚居区是流动人口问题最集中的地区

随着流动人口总量的不断增加，在北京市城乡结合部形成了大量流动人口聚居区。聚集区内和周边环境脏乱、秩序混乱、刑事治安案件高发多发、各种安全隐患问题突出等问题在流动人口聚集区普遍存在。对流动人口聚集区的管理体制不顺、管理力量不足、市政基础设施建设滞后、公共服务资源配置不足等是流动人口问题在城乡结合部集中的主要原因。

三 首都北京流动人口科学发展的思路、政策与制度建设

（一）流动人口科学调控与发展的大思路

1. "跳出"北京看北京、"跳出"人口析人口，打开调控首都人口的新眼界

以往人口调控是就北京说北京，就人口说人口，结果是剪不断、理还乱。人口不单是北京自己的问题，而是事关北京在全国的城市化进程、功能区定位、产业结构升级和转移、经济社会发展平衡度等重大问题中的结构功能定位。人口也不仅仅是其自身可以说清的，每一个具体人的背后都蕴涵着生存、教育、就业、住房、婚嫁、医疗、保障、护理直至死亡等一系列重大经济社会问题，而每个具体问题又蕴涵着一级、二级直至N级的次生或衍生问题。更为复杂的是，几乎是数不清的所有与人口相关的问题，又是互为因果、相互关联的难以言表和计量的复合集成。只有跳出北京、跳出人口分析北京人口，才可能理出个头绪。

2. "实有人口"是人口科学调控和发展的核心理念

随着流动人口总量的增加，登记流动人口占全市实有人口的比重已经达到了40%，有些流动人口重点地区甚至出现户籍人口和流动人口倒挂。大量流动人口不仅保持相对稳定，而且长期定居的倾向更加明显，已成为实际意义上的北京市民。以户籍人口为主要对象和参照的人口调控思路和模式，难以适应人口结构及发展变化的要求。必须用实有人口的理念统领首都人口发展战略、管理服务模式、各项规划、各种政策和措施的制定和实施。

北京的实有人口，是指一定时间内在北京行政辖区内生活、工作、居住并消

耗各种资源的所有人口。根据居住或滞留时间分为：①永住人口，从现实和可能上都没有流出北京并将永远在京居住生活的人口；②常住人口，在京居住半年以上的户籍和非户籍人口；③短住人口，滞留1~6个月的人口；④暂住人口，滞留1个月以内的人口，如来京探亲访友、看病的人口；⑤过往人口，在京滞留1周以内的人口，如来京旅游、购物以及交通换乘等人口。

3. 紧扣首都北京城市功能定位，向外疏解不符功能，是化解人口流动梗阻的战略方向

首都北京城市功能超载是人口困境的根本原因。必须梳理与首都城市功能定位不符的功能及组织。把中低端制造业、低端批发市场、部分院校（特别是民办大学）、部分医院（特别是传染病医院）和部分不必在京的党政军机构疏散出北京地区。只有这些功能及机构实现外迁，为之服务的常住和流动人口随之外迁，才能从根本上缓解首都人口压力。

梳理并外迁与首都功能定位不符的机构，必须有中央政府的支持和组织保障。建议成立包括中央党、政、军主要机构领导和北京市领导的"首都委员会"，统筹规划、调控首都的功能及人口。

4. 扭住经济、产业、人口结构的调控和优化，进而实现人口规模调控，是调控首都人口的战略思路

在战略思路上摒弃一味强调数量调控的观念，建立人口调控的新理念，即在树立实有人口理念的基础上，摒弃一味追求数量调控的旧思路，建立立足城市功能结构、经济结构、产业结构的调整，实现人口结构的调整和优化，最终实现人口数量的调控的新思路。

5. 树立服务与管理结合，寓管理于服务之中；"疏"、"堵"结合，以"疏"为主的战略目标

在战略目标上摒弃一味强调管理的方式，建立服务与管理结合的目标，以服务为主，通过服务实现积极有效的管理；在战略措施上，摒弃一味"堵"的方法，健全"疏"、"堵"结合，以"疏"为主的政策体系。

6. 加强流动人口信息化建设，是调控首都人口的基本平台

信息化建设是加强对流动人口服务管理的基础性工作。要建立流动人口主动登记信息、基层主动收集采集信息的激励和约束机制。创新城市人口网格化管理模式，加强信息化条件下的人口服务管理。加快构建社会服务管理信息化平台，打造"全面覆盖、动态跟踪、联通共享、功能齐全"的社会服务管理综合信息系统。

（二）创新社会管理，促进流动人口有序居住、就业和生活

1. 推进户籍制度改革，改进户籍审批准入制度，尽快建立居住证制度

鉴于北京发展和行政区划附加的区位优势，如户口的高含金量，几乎每一个流动人口都想获得北京户口，因而北京市难以完全放开进京户口。但不能因此而排斥流动人口在京定居。

对北京市户籍审批实行"政策加指标"原则，控制总量，优化结构。改变过去户籍审批多头审批、多头管理的局面，建立进京户籍统一审批制度。加强进京户口审批监测，建立进京指标使用预警机制。

探索研究适应首都经济社会发展的户籍政策，对在京工作一定年限、有固定住所和职业、为北京市作出突出贡献的流动人口办理进北京市户籍的相关衔接政策。

建立实行流动人口居住证制度，积极推进居住证制度的立法工作，研究制定流动人口居住登记制度的相关政策法规。探索建立流动人口办理居住证和优秀人才办理进京户籍的激励机制和保障机制，提高流动人口办证积极性，加大北京市户籍对优秀人才的吸引力度。①

2. 创新"以业控人、以产引人"模式，调控人口结构和规模

以区域功能定位和发展方向为出发点，创新"以业控人、以产引人"模式，着力促进本地劳动力充分就业，促进人口结构与产业层次相适应，与就业岗位相协调，控制人口规模快速增长。

（1）加强行业监管，铲除地下"黑色经济"，使"灰色经济"浮出地面。"地下经济"（Underground Economy）一般是指逃避政府的管制、税收和监察，未向政府申报和纳税，其产值和收入未纳入国民生产总值的所有经济活动。表

---

① 对居住一定年限、有完整的纳税记录、没有任何违法记录的人口，给予城市居住证，享受与户籍人口同等的公共服务。鉴于首都的特殊性，领证标准会高于其他大城市。对于短时期内难以获得居住证的移民型流动人口，只要依法经营、就业和缴税，就应当让他们获得与户籍人口均等的基本公共服务。对没有纳税记录的人口，只能给予基本的公民服务。对于从事地下黑经济、有犯罪记录者，应限制乃至取消其在京居住生活的权利。

现形态分为两类：一是所谓"灰色经济"，指未经工商登记、逃避纳税的个体经济；二是所谓"黑色经济"，指抗税抗法的犯罪经济。据工商部门调查，目前全市共有从事无照经营的人员约 30 万人，其中约 66% 为流动人口。① 现代城市是社会之网的"网结"，其网线延伸到周边地区的各个角落。地下黑经济的销售、服务之网就是从北京这样的大城市的网结，渗透、辐射到周边的中小城市及农村，成为社会的毒瘤。出台法律，捣毁窝点，切断销售网络，遣散从业人口，加强市场监管，才能使"灰色经济"浮出地面，成为合法的地上经济。

（2）规范行业标准，提升开业门槛，加速低端服务业升级，调控流动人口结构和数量。据工商部门统计，目前全市共有个体工商户 62.6 万户，从业人员 108.6 万人；其中流动人口经营的个体工商户 22.6 万户，从业人员 52.1 万人，分别占总数的 36.1% 和 48%，主要集中在城乡结合部地区，且档次较低，许多都在违法建设的出租房中经营。② 制定小餐饮商店的行业标准，规范行业标准，提升开业门槛；取消马路游商，入店进铺；规模经营，把小餐饮转化为连锁式经营的大餐饮，以减少从业人口。出台政策，特别是用房政策，鼓励大中型超市进驻社区，提供新鲜蔬菜和食品；通过连锁规模经营，降低成本，把低端"大棚"和马路摊点挤出市场，以减少从业人口。加强行业规范、准入制度，促进行业、产业和企业的规模聚集，实现各类批发和零售市场的规模效益，以减少从业人口。加强再生资源回收的行业监管。再生资源捡拾可以放开让社会人员从事，但再生资源回收应当由政府批准的专业公司经营。通过减少垃圾进京量和垃圾分类等举措，减少垃圾总量，以减少捡拾的人工成本和从业人口。提升再生资源回收行业的机械化水平和规模经济效益，减少从业人员。③

（3）加强岗位培训，持证上岗，提升流动人口的人力资本和职业结构。对

---

① 引自北京市流动人口管理办公室《关于我市流动人口规模调控问题的调研报告》，2010 年 1 月。
② 引自北京市流动人口管理办公室《关于我市流动人口规模调控问题的调研报告》，2010 年 1 月。
③ 目前全市共有登记备案的再生资源回收经营户 1529 家，回收站点 7770 个，从业人员 1.3 万人。全市再生资源回收行业实际容纳的人员至少应在 20 万人以上，其中走街串巷的再生资源回收人员不少于 7 万人，捡拾垃圾的拾荒人员保守估计也应在 10 万人左右（引自北京市流动人口管理办公室《关于我市流动人口规模调控问题的调研报告》，2010 年 1 月）。

在机关、企事业单位、物业公司从业的保安、物业及其他服务人员，要加强职业知识、技能和体能的培训。同时，用人单位对这一群体要实行统一住宿管理。对家政、装修、医院护工等行业的流动人口，要加强职能培训及持证上岗等行业规范，提升从业人员的素质和服务质量，以减少低端从业人员。对电梯工、停车收费等特殊岗位的从业人员，要有年龄或性别等从业限制，这些是安置需要特殊照顾人群（如残疾人、中老年就业困难者）就业的岗位。需要指出的是，以上这些行业规范，对流动人口和户籍人口同样适用。

3. 建立城市流动人口住房保障体系，依法强化房屋租赁和居住的服务管理

（1）将流动人口纳入城镇住房保障体系。政府主导，建立覆盖面更广泛、价格和服务适合流动人口需求的城市住房保障体系。规划设计适宜高、中、低流动人口消费人群的足够数量公租房。把在城市稳定就业、居住一定年限的农民工纳入公租房、限价商品房政策享受范围，或者出台针对性强的农民工公寓建设的支持政策。

（2）城乡统筹，解决流动人口的住房。政府应鼓励北京户籍农民按照城市规划，依法设计，集资建房、租房，获得房产投资和经营收益。这既是一条户籍农民城市化的道路，也是解决部分流动人口住房的一个途径。

（3）完善流动人口和出租房屋管理办法。修改《北京市房屋租赁管理若干规定》，研究制定出租房屋管理的地方性法规，对出租房屋最低人均面积、安全条件等方面作出严格规定。全面推进出租房屋租赁合同登记、治安、安全、计生等综合管理责任制度。加强地下空间管理，规范租住行为。禁止人防工程用于出租和商业行为。

（4）加强市场监管，规范房屋租赁中介服务。加强房屋中介市场管理，规范租赁价格和服务，保护出租人和承租人双方的合法权益。要建立政府授权并委托的房屋租赁中介服务组织，为出租和承租双方提供合法、周到的服务，降低交易双方的风险，并代缴租金税款。同时，要打击违法房屋出租行为。

在社区，建立以村（居）民委员会自治组织为主体，以村（居）委会民规民约为规范，以村（居）民自治为动力，以出租人和承租人为服务对象的房屋出租契约化制度。提高承租人、出租人的参与性和自律性，强化"以房管人"各项制度和措施的扎实落地。

（三）保障合法权益，促进流动人口的有序融入

1. 在流动人口服务管理中实践"以人为本"的科学发展观

中央对流动人口工作的指导方针是："公平对待、服务至上、合理引导、完善管理"。强调把服务放在至关重要的位置抓紧抓好，注重通过服务完善管理。北京市各级政府及相关各部门要树立"实有人口"的理念，制定各项政策措施，要充分考虑流动人口群体需求。

2. 保障流动人口享有均等的基本公共服务

维护流动人口特别是农业流动人口的合法权益，首要的工作是实现基本公共服务均等化。所有流动人口都需要的基本公共服务主要是：基础文化和职业教育培训的权益；与劳动就业相关的基本公共服务，如职业教育和就业培训，包括就业登记、职业介绍、就业指导，以及维护劳动权益等；劳动及就业服务、职业安全及保护、劳动保险及其他社会保障的权益；政府扶持创业的各种权益；依法纳税的义务及相应的权益；等等。

上述权利和义务对于不同流动人口群体的权重是不同的。对于城—乡、城—城环流型流动人口，最重要的是就业、劳动保护、劳动保险及制度性接续。移民型人口，除上述基本权利外，还包括子女在京获得从小学到大学的连续教育的权利，与居住相关的租房、购房及物业服务的权利，以及其他与户籍市民一样的均等的公共服务权利。

3. 探索建立覆盖流动人口的社会保障体系

以流动人口从业为主的个体工商户中，签订劳动合同的比例仅有15%，参加基本养老保险的比例仅有36%，参加基本医疗保险和失业保险的比例不足20%，各项比例均远低于全市平均水平。①

对收入较高、有能力缴纳与城市接轨的劳动保险金的企业主、个体商贩、自由职业者等人群，应把他们视同北京市的个体工商户。通过加强宣传教育，使他们认识到参加劳动保险的意义及重要性，同时给他们设计不同险种、分级缴纳额度及便捷的缴纳方式，增加他们的劳动保险金缴纳比例。

---

① 引自北京市流动人口管理办公室《关于我市流动人口规模调控问题的调研报告》，2010年1月。

对收入较低、难以与城市劳动保险制度接轨的人群，要权衡各种保险对他们的利害关系，引导他们参加，实现递进式的接轨。首要的是工伤保险，要采取实名制，由雇主为每一雇员缴纳；其次是医疗保险，大多数农民工最急需的可能是大病统筹保险，在制度设计上要考虑与农村"新农合"制度对接；最后是养老保险，其缴费和享有时效最长，要设计出他们可以承受的缴费数额和缴纳方式，并保证返乡后的制度接续。

可供参考的制度设计还有，创新一种适合农民工的城市劳动保险，像新加坡式的强制储蓄性、完全个人账户型的基金制度，雇主和雇员按比例共同缴纳，基金有较为宽泛的用途，如看病、购房或养老。当基金积累到一定程度时，依据个人选择，实现与城市职工社会保险制度续接。

积极探索将长期在京居住的流动人口纳入城市最低生活保障制度。

4. 规范劳动用工行为，加强劳动监察，保障流动人口劳动权益

要进一步规范流动人口工资管理，严格执行最低工资制度和小时最低工资标准，逐步改变农民工工资偏低、同工不同酬的状况。要从制度机制上杜绝拖欠和克扣工资的现象，广泛建立工资支付监控制度和工资保证金制度，做到农民工工资发放月清月结或按劳动合同约定执行，切实加大对拖欠农民工工资的用人单位的处罚力度。有关部门要切实履行职业安全和劳动保护监管职责，依法加强对用人单位订立和履行劳动合同的指导与监督，依法监督企业必须按规定配备安全生产和职业病防护措施，强化用人单位职业安全卫生的主体责任。依法保障在京就业流动人口的休息权和休假权，监督用人单位严格执行国家关于职工休息休假的规定，对于延长工时和占用休息日、法定假日工作的，必须依法支付加班工资。严格执行工伤、失业、大病、养老等社会保险制度。要多渠道改善流动人口居住条件，保证流动人口居住场所符合基本的卫生和安全标准。

5. 积极保障流动人口子女教育权益，促进城市融合

保障流动人口子女平等接受义务教育权益，稳步推进将流动人口子女义务教育经费纳入北京市财政预算体系中。加强流动人口子弟学校校舍安全检查防范工作机制建设。切实关心新生代农民工和流动人口第二代群体的教育和成长，帮助他们全方位融入城市。

The Strategic Consideration for Scientific Management of the Migrant Population

Yin Zhigang

Abstract: The paper discuss the prolonged mechanism of forming a macro population regulation, and result in population, resource environment, economic and social development in comprehensive, balanced and sustainable way, according to the strategic perspective of the function position, industries structure, migrant population structure in Beijing.

Key Words: City Function in Capital; the Migrant Population; Industries Structure Optimized; Population Structure Regulation; Population Regulation

B.3 北京市50个重点村城乡一体化建设新进展[*]

宋国恺[**]

摘 要：北京市在2009年海淀北坞村、朝阳大望京村试点的基础上，于2010年整体启动了城乡结合部50个重点村的改造建设工作。经过一年的不断推进，目前已有24个"城中村"完成了拆迁任务，预计改造建设工作经过2~3年的努力将全部完成。50个重点村的改造建设是城市化进程的需要，也是建设世界城市的必然要求。总结一年来的经验，正确认识当前面临的问题，有利于这一工作的顺利推进，也对全国各地解决"城中村"问题具有重要的借鉴意义。

关键词：城乡结合部 重点村 改造 制度创新

2010年北京市政府工作报告提出加大统筹城乡区域发展力度，进一步强化强农惠农政策，有针对性地解决区域发展中的突出矛盾和问题，促进城乡一体化和区域协调发展。特别强调了总结推广北坞村、大望京村和旧宫镇的成功经验，整体启动50个重点村的城乡一体化建设，同步推进"城中村"改造，加快城乡结合部的改革发展步伐。那么，经过一年左右的改革探索和积极推动，50个重点村的城乡一体化建设进展如何、取得了怎样的经验，以及又面临怎样的问题？本文就此根据调研材料展开分析。

---

[*] 本报告得到2011年北京市市属高等学校人才强教深化计划"中青年骨干人才培养计划"项目（项目编号：014000543111517）资助。

[**] 宋国恺，社会学博士，北京工业大学副教授；研究方向：农村社会学、社会结构。

一 启动50个重点村城乡一体化建设的背景

城乡结合部是发展活力最强、发展潜力最大、人口资源环境矛盾最突出、城乡一体化要求最迫切的地区。据有关部门调查，北京城乡结合部地区有227个行政村，面积约553平方千米，人口超过340万，其中户籍人口62万人，外来人口超过280万人。其中三环路以内13个村，三环到四环之间36个村，四环到五环之间75个村，五环之外101个村。① 对于国际大都市北京来说，有如此巨大的土地面积、如此规模的人口，是城市化的重要资本和潜在动力，因为土地和劳动力是城市化最重要的资源。当然，城乡结合部作为发展活力最强、发展潜力最大的地区，同时也是人口资源环境矛盾最突出、社会矛盾和问题最突出的地区。在城市化进程中，当前北京市城乡结合部面临诸多的经济社会问题。

首先，本地户籍人口与外来流动人口比例严重失调。由于地租级差的原因，大多外来流动人口集中于城乡结合部的"城中村"中，他们大多数租住本地人的房屋，尤其是廉价的平房，在这里生活、务工经商。根据初步估算，北京市城乡结合部本地户籍人口与外来流动人口之比在1∶5左右，也就是说，有一个本地户口居民就对应5个外来流动人口。本地户籍人口与外来流动人口出现严重倒挂现象。如2009年的两个试点村，北坞村有外来人口20230人左右，是本地人的7倍多，而大望京村有外来人口约3万人，是本地人口的10倍多。甚至其中还有一些"倒挂村"的比例高达50倍左右。

外来人口在城乡结合部的集中，给当地的农民带来的直接效益就是增加了他们的经济收入，即催生了所谓的"瓦片经济"。但不可否认的是，"瓦片经济"给农民带来直接的经济收益的同时，也产生了诸多的社会矛盾和问题。第一，由于外来流动人口的大量集中，原本基础设施薄弱的一些村变得拥挤不堪、环境脏乱，必要的道路、自来水管线、市政公用电网、公厕缺乏，居民出行难、生活难、如厕难，道路、水电等资源不堪重负。本地居民收入虽然增加了，但对自己生活环境、生活质量却颇有看法，并不满意。第二，由于外来流动人口的大量集中，当地居民为了增加收入，最大化地增加房屋居住面积或使用面积，在原来房

---

① 夏命群：《报告频现"城乡一体化"字眼》，2010年1月26日《京华时报》。

屋建设结构的基础上，私自改造、私搭乱建现象比较普遍，使得本地居住环境大大恶化，同时产生了诸如房屋建筑质量安全、用电安全等大量安全隐患。第三，由于外来流动人口集中，城乡接合部也成为最容易滋生犯罪的地方，社会治安问题堪忧。根据有关部门介绍，目前北京市有大量的社会治安问题由外来流动人口引起，而这些治安问题又多发生在城乡结合部的"城中村"中，"城中村"成为社会治安问题的多发点。

城乡结合部是城乡一体化要求最迫切的地区，这不仅体现在居住在城乡结合部的农民有这方面的要求，北京市政府也有这方面的要求。北京市政府希望通过解决"城中村"问题，力求避免产生西方国家在发展过程中所出现的"贫民窟"现象，也希望通过加快城乡结合部的改造，拆除不符合建设规划的违章建筑，加大规划实施的力度。近年来，北京市针对城乡结合部改造和建设制定的办法在实践中也产生了一些新问题。在2008年奥运会前夕，也就是在海淀北坞村和朝阳大望京村"城中村"改造试点之前，为了进一步改善城市环境和社会治安状况，北京市投入了相当的人力、财力和物力，尤其是在改造城乡结合部的"城中村"方面。但对城乡结合部一些"城中村"的投入并没有达到预期的效果，一方面是由于环境的改善，居住条件比原来更好了，越发吸引了大量外来人口的涌入。流动人口越聚越多，反而加剧恶化了环境和治安状况。另一方面，经过类似"穿衣戴帽式"的改造，没有从根本上解决城乡结合部"城中村"的问题。如南三环边一个"城中村"仅83户居民，有87个宅基地，却建了83栋楼房。类似这样的"城中村"，仅仅通过"穿衣戴帽式"的老办法很难完成有效的改革发展，也无法落实城市建设规划。

正是基于这样的背景考虑，为了有效解决这一社会问题，北京市决定进行"城中村"的彻底改造。2009年初，北京市提出了率先形成城乡经济社会发展一体化新格局的目标，加快了"城中村"的改革发展。特别是于2009年在海淀北坞村、朝阳大望京村开展了试点工作。经过了一年的试点工作，取得了城乡结合部改造发展的初步经验。2010年初，北京市政府工作报告提出并要求"总结推广北坞村、大望京村和旧宫镇的成功经验，整体启动50个重点村的城乡一体化建设，同步推进'城中村'改造"。

2010年初，北京市所启动改造的50个重点村涉及9个区县（朝阳、海淀、丰台、石景山、昌平、顺义、大兴、通州、房山），其中包括61个行政村、127

个自然村的20多万户籍人口和百万余流动人口，并大多集中于四环和五环之间。50个重点村改造建设的整体启动，大大加快了城乡结合部的改革发展步伐，也极大加速了城乡结合部的城市化进程。

二 50个重点村城乡一体化建设新进展及经验

在全面建设现代化国际大都市的新阶段，解决好城乡结合部"城中村"改造问题，是北京社会建设的必然要求，同时对于北京市乃至全国城乡一体化目标的实现具有非常重要的借鉴意义。50个重点村的改造建设，可谓涉及面广、牵扯人数多、目标要求高、工作难度大。正是在这样的情况下，2011年北京市政府工作报告提出，要进一步加大统筹城乡区域协调发展力度，深入推进农村改革发展，加快郊区城镇化步伐，努力推动区域协调发展，加快构建城乡一体、多点支撑、均衡协调发展格局。尤其是在积极推进城乡结合部城市化进程中，将部分项目纳入"绿色审批通道"，全力确保50个重点村城市化改造任务按照进度开展。

有关材料表明，2010年北京启动改造城乡结合部的50个重点"挂账村"，目前已有24个村顺利完成了拆迁任务。[1] 同时根据有关材料，预计2011年将完成50个重点村的拆迁任务。拆迁任务完成后可建设搬迁安置用房1500万平方米，23.2万人搬迁上楼，其中为东西两城区提供581万平方米安置房。在50个"挂账村"的整治中，还规划了集体产业用地，用于发展集体产业，解决农民搬迁上楼后的长远收入。这50个"挂账村"共规划集体产业用地3.3平方千米，可建设劳动力安置用房620万平方米，同时可安置劳动力大约12万人。同时结合周边产业功能区和发展定位，将建设公租房、商业设施等。[2] 为解决城乡接合部农民的发展创造条件。

城乡结合部的改造发展是一个非常复杂艰巨的工程，既涉及落实城市规划的问题，又涉及城乡结合部农民的根本利益问题，稍有不慎都可能成为社会不稳定的因素。因此，50个重点村的改造并不是一两年就能够完成的，而是希望经过

---

[1] 《向中国特色世界城市迈出坚实步伐——〈政府工作报告〉解读之一》，2011年1月17日《北京日报》。

[2] 马力：《市规划委主任黄艳：50个挂账村年内完成拆迁》，2011年1月17日《新京报》。

3~4年的努力顺利完成。

经过北坞村、大望京村两个"城中村"一年的试点和50个重点村一年的拆迁，北京市城乡结合部的改造取得了初步的经验，这些经验既是不断探索的结果，也是逐步总结的结果，主要经验可以概括如下。

1. 坚持"政府主导、农民主体"的基本原则

城乡结合部的改造是一个复杂的系统工程，涉及经济、社会、基层民主等各个方面。做好这样一个复杂的系统工程，仅仅依靠政府无法完成，而仅仅依靠村民更是无法完成。坚持发挥以政府为主导、以农民为主体的定位和作用是推动城乡结合部改造工作的基本原则。城乡结合部的改造涉及发改委、规划委、国土资源局、住房和城乡建设委员会、财政局、农委等众多部门，需要政府各方协调联动。如果在任何一个部门或者任何一个环节上出现问题，这个工作都将会受到阻碍。城乡结合部的改造不仅需要这些部门凝聚工作合力、协作运行，同时还需要这些部门加强指导，开辟"绿色通道"，给予政策、资金倾斜等方面的大力支持，这样才能加快推动城乡结合部的改造工作。而这些实际具体工作仅仅依靠村委会甚至村民组织是根本无法完成的。

与此同时，在城乡结合部的改造建设过程中，把发挥群众主体作用摆在突出位置，千方百计调动群众的积极性和主动性，让农民主动积极参与其中。如果未能发挥农民的主体作用，没有广大农民的积极参与和全力配合，这一工作也是寸步难行。在改造过程中，每个环节都需要广大居民参与其中。在新居建设方面，从总体方案制订到户型设计、建筑材料选用、资金使用、工程质量现场监督以及需要增加面积的议定，每一个主要环节、每一个重要事项，都交由村民和村民代表做主，通过群众做好"群众工作"。在旧村拆迁方面，通过报纸、广播、电视、宣传车、橱窗、展板、倒计时牌、公开信、横幅、标语等方式开展立体式宣传，宣传政策、理解政策，营造氛围，动员群众支持拆迁改造工作。正是得到城乡结合部广大农民的大力支持和全力配合，这一工作才得以逐步推进。当然这一工作还远未完成。

2. 探索出城乡结合部改革的"整建制"农转居模式

根据近年来北京市城乡结合部"城中村"改造已有经验、2009年试点经验，以及2010年50个重点村改造已取得的初步经验，北京市在推动城乡结合部的改造过程中逐步探索出了"整建制"农转居模式。这一模式加速推动了城市化进程，更

重要的是从根本上保护了农民的利益，解决了农民的后顾之忧，维护了社会稳定。

城乡结合部在改造过程中，通过落实产权制度改革，实施"整建制"农转居，这样有利于整体规划集体产业用地，用于发展集体产业，确保了转居农民原有生活水平不降低、长远生计有保障。如在"城中村"改造过程中，保障转居农民人均有50~52平方米的回迁房，这样既保障了农民的用房，同时又为了确保农民的利益及可持续发展，根据农民的意愿，让多数农民选择两套户型较小的住房，其中一套自住，另一套多数用于出租，以便增加转居农民的收入。

与此同时，在50个"挂账村"的整治中，规划了集体产业用地和劳动力安置用房，可安置劳动力大约12万人。这样既有利于集体产业的发展和集体收入的增加，更重要的是解决了部分劳动力的就业问题。一些"城中村"在改造过程中，结合周边产业功能区和发展定位，将建设公租房、商业设施等，这些设施将来投入运营无疑增加了集体的收入，转居农民将从中受益。比如，在改造过程中，一些村的办法和经验是保障每个劳动力有50平方米的产业用房，通过股份量化的形式让农民从中分红。

"整建制"农转居模式带来的直接效果是，政府可以拿出大量资金，一次到位地解决好"农转居"农民的社会保障问题。如北京市政府决定投入约300亿元用于城乡结合部"城中村"改造过程中"农转居"农民的社会保障。如果没有"整建制"农转居模式的探索，政府面对如此规模的转居农民一定是一筹莫展。这一模式从根本上彻底解决了转居农民的后顾之忧，也从根本上消除了由于"城中村"问题而引发的社会不稳定的潜在因素，确保了保护农民利益、保障就业、增收有途径等目标的实现。

3. 制度创新、政策集成，加快了城乡结合部"城中村"的改造建设工作

长期以来，由于受城乡二元社会结构的影响，形成了农民要享受市民权必须放弃一部分财产权的惯性思维。受这种惯性思维的影响，北京市存在不论是通过征地转居，还是其他形式转居，均要农民放弃部分财产权或者集体资产，才能享受市民待遇，甚至还存在以现有方式无法解决不能"转非"的农民市民待遇的新问题。要求农民必须以放弃对集体土地权利的分享为代价获得市民身份以及社会保障，对于农民是显失公平的，这样无疑剥夺了农民可持续发展的条件。以放弃对集体土地权利的分享为代价获得市民身份，使得失地农民失去了本该属于他们的再就业和社会保障补偿费，同时也影响了农村集体资产的处置规模和集体经济组织转制后的再发展。

2011年北京市政府工作报告提出,本年将完成全市乡镇机构改革、强化乡镇政府对乡村集体经济组织的监督管理职能,全面完成乡村集体经济产权制度改革。要完成以上工作就需要进行制度创新。

北京市市委书记刘淇同志在北京市2009年上半年经济形势分析会上强调,首都的农民是北京的市民,是推动郊区发展的动力,是拥有集体资产的市民。刘淇同志指出,在社会主义市场经济体制逐步完善的情况下,要在赋予农民平等的市民权的同时,赋予农民平等的财产权。要按市场经济的基本原则,抓紧完善政策,破除陈旧观念,消除各种不合时宜的限制,给予农民所拥有的土地、宅基地等各种市场要素平等的经济权利,赋予农村集体经济组织平等的市场主体地位。不能因为农民拥有的是包括土地在内的集体资产,就否定他们的市民身份,以及他们作为市民所应享有的政治经济社会权利。也不能因为农民转居、转工,身份成为市民,就要求他们必须放弃原来拥有的集体资产,这是推进农民的市民化过程中特别需要注意的问题。刘淇同志的这一思路,为加快产权制度改革和保护农民利益提出了新的发展思路,也为制度创新提供了一个重要思路。事实上,50个重点村在改革过程中,进行大胆尝试、制度创新,并取得了比较好的效果,极大地加快了城乡结合部的改造、建设步伐。

50个重点村改造建设的逐步推进也是政策集成的结果。50个重点村改造建设工作的推进需要市、区、镇、村四级联动。市级领导调研、提出意见,从组织领导、规划方案审批、政策支持等,都要给予各级部门尤其是对村级全方位的关怀和支持;区级组织重大会议,区级领导亲自带队调研制订方案,现场研究解决各类问题。调查研究到一线,推进工作到一线,解决问题到一线,这种工作方式为协调和配套政策提供了有力保障,促进了政策的集成使用,取得了50个重点村改造建设工作不断推进的良好效果。

4. 基层党组织和党员发挥了至关重要的作用

正如前文所说,城乡结合部"城中村"的改造是一个复杂的系统工程,涉及经济、社会、基层民主等各个方面。做好这一工作没有基层党组织、广大党员的支持和带头作用几乎不可想象。基层党组织尤其是许多党员干部率先表态,表示"向我看齐"、"先拆我家",带头签订拆迁协议,打破了"万事开头难"的观望状态,并带头做亲朋好友思想工作,带头为群众解疑释惑,有效地影响和带动

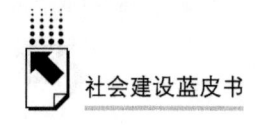

了周围群众。

总之，北京市50个重点村改造建设工作的不断推进是坚持政府主导、农民主体、部门联动、社会参与，强化区县政府的主体责任和综合协调作用，鼓励各地结合实际大胆探索的结果。

三 当前50个重点村改造建设面临的问题

1. 规划调整难的问题影响了重点村改造工作的顺利推进

在50个重点村改造过程中，始终坚持以人为本，力求保持资金平衡，做到尊重和保障农民利益及财产权，确保农民利益不受损。因此，在改造工作推进过程中，尽可能地从农民的利益出发调整规划，确保农民的利益。但由于规划具有严肃性的特点，一些重点村的规划调整起来难度又很大，这就使得部分重点村改造工作进展缓慢，又进一步延缓了大市政建设工作的顺利开展。

2. 深层次城乡二元结构的诸多制度无法有效保障农民的主体地位

城乡结合部的改造是一个复杂的系统工程，涉及经济、社会、基层民主等方方面面的制度问题，尤其是长期受二元城乡经济社会结构的影响，在财产所有权、城乡规划、产业布局、基础设施建设、公共资源配置、生产要素自由流动等方面，都受到了如户籍制度以及由此相关联的一系列制度的影响，使农民主体地位无法得到有效保障。在这种情况下，农民无法在城市化进程中最大化地保障自己的利益，同时也滞缓了城市化进程。

3. 政策的不连续性影响了"城中村"改造工作的顺利推进

北京作为大都市，其城市化过程也是城乡一体化的过程。这些年来，在推动城乡一体化进程中，政府及相关部门出台了许多政策措施，这些政策措施无疑推动了城乡一体化进程，也推动了城市化进程。然而，在不同的发展阶段，由于各种原因出台的政策在连续性上衔接不够，有些政策变化出入还比较大，甚至一些政策还存在相互冲突的现象，导致遗留了不少历史问题，这些问题到这个阶段集中凸显并爆发出来，给政府推动"城中村"改造工作带来了很大的困难。其中最为突出的问题是"倒算账"的问题。如早期在征地拆迁过程中，以"土地换工作"、"土地换保障"方式解决的农转居的农民。那些当初以"土地换工作"的转居农民，由于后来企业破产倒闭等原因，失去了工作，成为无业者，生活面临极大困难。在城乡结合部50个重点村中，这个群体也有万余人甚至更多一些。这些人当生活遇到困难时，看到现在城乡结合部城中村拆迁的农民获得的补偿水平远远高于他们当初补偿的水平，就可能认为他们今天落到这样的境地，是政府造成的，所以回过头来找政府算账，要求政府给予一定的补偿。又如当初以"土地换保障"的一些转居农民认为，他们得到的保障太低，并没有达到他们预期的城市化的生活水准，因此也找政府希望获得补偿。这些对于政府来说都是极为棘手的问题，处理不当有可能引发社会的不稳定。

4. 目前一些"城中村"改造建设的阻力来自掌握重要权力资源的村干部

在城乡结合部重点村改造建设之前，村集体土地、各种收益等重要资源掌握在村干部手中。可以说这些年来，他们既是村集体重要资源的掌控者，同时也是村集体资源的最大受益者。不论是土地的使用还是收益的分配等方面，这些村干部甚至包括他们的家族、亲友都获得了最大化的利益。因此，当进行"城中村"改造时，利益受到损失最大的首先是掌握着村集体经济资源的村干部群体，他们不愿意失去这一重要资源和既得利益，千方百计阻挠、拖延"城中村"改造，在一定程度上使一些村的改造建设进展缓慢，影响了50个重点村改造建设的整体进度。

另外，一些"城中村"在改造建设进程中，就是否需要保留集体资产的问题争论不休，掌握资源的村干部希望能够尽可能多地保留集体资产、集体建设用地，以发展集体经济。但是，多数农民认为集体资产、集体建设用地等投资具有很大风险，无法保障农民从中受益，希望尽可能多地保留物业，这样毕竟风险小一些，这种争论实质上是转居农民对村集体的不信任的表现，这无疑影响了"城中村"改造工作的顺利推进。因此，如何做好掌握资源权力的村干部的工作，是加速推动城乡结合部"城中村"改造建设工作的一个重要方面。

The New Progress of 50 Key Villages Reform in Rural-urban Fringe Zone in Beijing

Song Guokai

Abstract: On the basis of the experiments in Beiwu village in Haidian District and

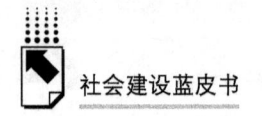

Great Wangjing village in Chaoyang District of Beijing, the reform of 50 key villages in rural-urban fringe zone has been started at the beginning of 2010. After nearly one year's work, the dismantling of 24 villages has been completed, and the whole project will be completed in 2 −3 years. It is the necessity of urbanization and building world city to carry out the reform of 50 key villages. It is helpful to carry out the reform of 50 key villages smoothly and to be used for reference by other regions to generalize the experiences from the reform of 50 key villages.

Key Words: Rural-urban Fringe Zone; Key Villages; Reform; System Innovations

B.4
北京市社会组织发展状况研究[*]

李晓壮[**]

摘　要：社会组织作为与政府机关、企业单位并列的第三部门，是各类组织中最基本、最广泛、最活跃的一支社会力量，是社会建设的有效载体，承接政府、市场、社会之间相互联系的纽带和桥梁，在弥补政府失灵、市场失灵方面具有独特的优势。本文总结了近60年来北京市社会组织发展的阶段性特征，分析了北京市社会组织发展中存在的问题和成因，并提出加强北京市社会组织发展的具体建议，以更有利地促进社会组织发展壮大，更好地实现社会组织参与社会建设和管理。

关键词：社会组织　社会建设　政府　市场　社会

党的十六届三中、四中、五中、六中全会和党的"十七大"，都对社会组织工作提出了明确要求。特别是党的"十七大"郑重提出"重视社会组织建设和管理"；"发挥社会组织在扩大群众参与、反映群众诉求方面的积极作用，增强社会自治功能"。这是党在新时期、新阶段动员各种社会力量参与社会建设和管理的一项重要举措，为社会组织的发展提供了强有力的政策环境。

近年来，北京市在培育、扶持社会组织发展方面做了很多工作，取得了诸多新突破。例如，在北京市社工委专门成立了社会组织处，负责社会组织的服务与管理；2009年对承担政府转移职能的社会组织给予补贴3.16亿元，还从彩票公益金和财政资金拿出1亿元向社会组织购买居家养老服务，招聘1000名大学生到公益性社会组织就业；[①] 2010年，北京市向社会组织购买300个服务项目，初

---

[*]　本文北京市社会组织数据来源于北京市社会组织公共服务平台加工整理，http://www.bjsstb.gov.cn/wssb/wssb/index/index.do?websitId=100&netTypeId=2。

[**]　李晓壮，北京工业大学博士研究生。

[①]　李学举：《在全国先进社会组织表彰暨社会组织深入学习实践科学发展观活动总结大会上的讲话》，2010年2月26日。

步建立了"枢纽型"社会组织工作体系;① 北京市部分"十二五"民生基本服务重点项目中计划将在"十二五"时期投资7亿元用于建设"北京市社会组织发展交流中心";② 等等。可以看出,北京市社会组织发展处于历史发展最好时期。这些有益于社会组织健康发展的好政策、好举措必将促进社会组织大发展,社会组织也必将在良好政策环境的培育和扶持下得到大发展,发挥更大经济社会功能,实现历史赋予的角色担当。

一 社会组织的界定与分类

组织是人们在社会行动中为了一定目的联合形成的共同体。一般而言,存在最为基本的三种组织形态,即国家组织(政治组织)、经济组织和社会组织。从新中国成立后,以及改革开放的中国经济社会发展历程看,中国特色社会主义制度,使国家组织框架已经很清晰;中国特色社会主义市场经济体制为私营经济、个体工商户等新经济组织发展铺平道路;但是,中国特色的社会体制改革还相对滞后,社会组织的发展还很薄弱。

改革开放以来,我国社会组织的发展经历了人民团体(计划时期)—社会团体(1988年民政部设立社会团体管理司)—民间组织(1998年民政局将社会团体管理司更名为社会组织管理司)—社会组织(2007年党的"十七大"报告)演变过程。截至2008年底,我国社会组织总量已经达到41.4万个,每万人社会组织数量3.1个。③ 业务范围涉及科技、教育、文化、卫生、劳动、民政、体育、环境保护、法律服务、社会中介服务、工商服务、农村专业经济等社会生活的各个领域,吸纳社会各类人员就业475.8万人,形成固定资产805.8亿元。④

---

① 郭金龙:《北京市2011年政府工作报告》。
② 童曙全:《"十二五"加大民生投入170亿元用于民政民生事业》,2011年1月19日《北京日报》。
③ 根据国际经验,每万人社会组织数量发达国家为50个以上(法国为110个,日本为97个,美国为52个),发展中国家应为10个以上(阿根廷25个,巴西为13个,印度为10.2个),可以看出,我国社会组织发展相当缓慢。
④ 中国社会组织网:《2008年社会组织建设与管理取得新进展》,2008年民政事业发展统计报告(社会组织部分),http://www.chinanpo.gov.cn/web/showBulltetin.do?type=pre&id=30672&dictionid=2201&catid=。

（一）社会组织定义

随着社会组织规模不断扩大，数量不断增长，其发挥经济社会功能越来越突出，也越为社会广泛认同。然而，关于社会组织的定义却未有共识，种类繁多，甚至社会组织这一称谓自党的"十七大"之后才正式被官方使用。据学者研究，社会组织分为广义社会组织和狭义社会组织。为方便研究，本文将社会组织界定为由各级民政部门作为登记机关，并纳入登记管理范围的社会团体、民办非企业单位和基金会，具有业务主管单位的半官方性质的法人机构。这些社会组织通常是被冠以"学会"、"研究会"、"协会"、"商会"、"促进会"、"联合会"等名称的会员制组织，以及包括各种民办学校、民办医院、民办社会福利机构等各类公益服务实体在内的非会员制组织，在一定程度上具有非营利性、非政府性、社会性特征。① 此外，本文社会组织还包括通常所说的草根（社区）组织，以下统称社区组织。

（二）社会组织分类

根据社会组织界定范围，目前，北京市社会组织包括在北京市民政部门和各区县民政部门注册登记社会团体、民办非企业单位和基金会，以及未注册登记，在街道或其他业务主管单位进行备案的社区组织。

社会团体②，是指中国公民行使结社权利自愿组成，为实现会员的共同意愿，按照其章程开展活动的非营利性社会组织。社会团体可分为学术性、行业性、专业性和联合性四类。

民办非企业单位③，是指企业事业单位、社会团体和其他社会力量以及公民个人，利用非国有资产举办的从事非营利性社会服务活动的社会组织。

基金会④，是指利用自然人、法人或者其他组织捐赠的财产，以从事公益事

---

① 非营利性、非政府性和社会性是社会组织基本属性。非营利性强调社会组织具有不同于企业等营利组织的特性，非政府性强调社会组织具有不同于党政机关的特性，社会性则强调社会组织在资源来源、提供服务和问责等方面的社会属性。
② 《社会团体登记管理条例》1998 年颁布。
③ 《民办非企业单位登记管理条例》1998 年颁布。
④ 《基金会管理条例》2004 年颁布。

业为目的，按照《基金会管理条例》规定成立的非营利性法人。基金会分为面向公众募捐的基金会和不得面向公众募捐的基金会。

社区组织，一般意义上理解社区组织是具有群众性、基层性、社区性的组织。本文社区组织特指非营利性组织中那些扎根于城乡社区的基层民众组织，即那些没有注册登记、不具有法人地位但大量客观存在的组织，如城乡社区中的文艺活动队、体育健身队、社区志愿服务队、环保志愿队等组织。

二 北京市社会组织发展阶段性特征

通过对数据收集统计，到2010年底的时候，在北京市民政局和各区县民政局注册登记的社会组织总量已达到7221个（不含社区组织）。纵观北京市社会组织发展历程，可以总结为四个阶段。

第一，初始发展时期（1950～1980年）。1950年，3个社会团体组织成为北京市第一批在北京市民政局注册登记的社会组织。1950年3月31日，北京市昆虫协会成为第一个注册登记的社会团体。到1980年底的时候，北京市注册登记社会组织总量只有44个，且皆为社会团体。30年间，社会组织发展缓慢，数量少，类型单一，特别是"文化大革命"期间社会组织发展基本中断。

第二，缓慢发展时期（1981～1990年）。这一时期正是处于改革开放初期，迎着改革之风，社会组织在规模、类型和结构上都得到了较大发展。在规模上，这期间共计注册登记社会组织151个，是第一阶段总量的近4倍。在类型上，由原来单一构成，形成了社会团体、民办非企业单位和基金会并存的复合体。在业务范围上，由来科研、教育、文化等领域扩大到工商服务、社会中介等社会领域。其中，1981年出现了第一个注册登记的基金会，1982年出现了第一个注册登记的民办非企业单位。但是，由于市场经济体制尚未建立，"六四风波"等影响社会组织发展波动较大，发展比较迟缓。

第三，发展壮大时期（1991～2000年）。相对于前两个发展阶段，这一时期社会组织发展得到了历史性的飞跃，期间共计注册登记1385个社会组织。数量上的增多、规模上的壮大得益于社会主义市场经济体制注入的无限活力；得益于1998年出台的《社会团体登记管理条例》和《民办非企业单位登记管理条例》

的颁布，使社会组织发展具备了最为基础的外部环境和政策条件。

第四，高速发展时期（2001~2010年）。这一时期共计注册登记5641个社会组织。2004年《基金会管理条例》颁布，使社会组织发展走上了全面的法制化轨道。社会组织法律、法规的完善，市场经济的活力，社会组织自身管理等机制的健全，以及党在中央层面上出台的一系列关于加强社会组织建设和管理的重要文件，都为社会组织发展提供了制度保障和新的发展契机。

可以看出，北京市社会组织发展基本上从最原始的类型单一，规模小，业务范围狭窄，发展到类型齐全，规模较大，业务范围甚广，服务领域多样化。此外，北京市社会组织的发展历程也表明，社会组织的发展是以一定的社会历史阶段的历史条件和相应政策环境为基础的。

（一）社会团体规模状况

截止到2010年底，在北京市民政局和各区县民政局注册登记的社会团体总量达到3234个，占注册登记社会组织总数的44.8%。北京市社会团体注册登记状况如图1所示。

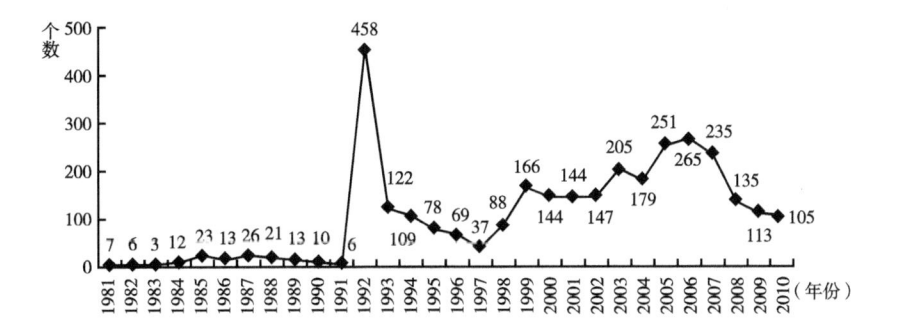

图1 北京市社会团体历年注册登记状况

（二）民办非企业单位规模状况

截止到2010年底，在北京市民政局和各区县民政局注册登记的民办非企业单位总量达到3830个，占注册登记社会组织总数的46.8%。北京市民办非单位注册登记状况如图2所示。

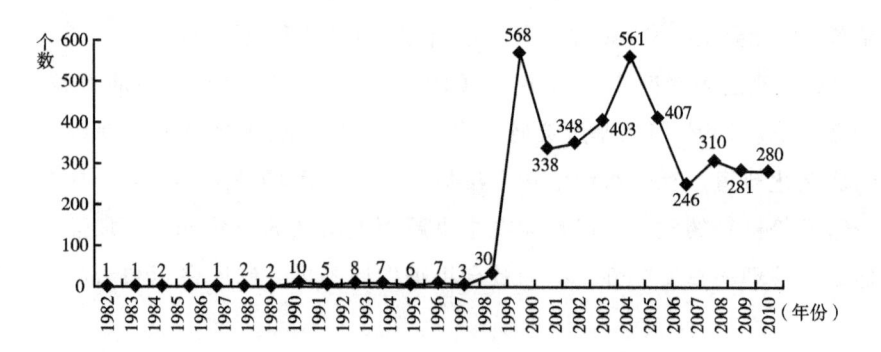

图 2　北京市民办非企业单位历年注册登记状况

（三）基金会规模状况

在北京市民政局注册登记的基金会的数量发展比较平稳，截止到 2010 年底，注册登记的基金会共计 157 个，主管单位涉及教育、卫生、体育、民政、社科联等 39 个。北京市基金会注册登记状况如图 3 所示。

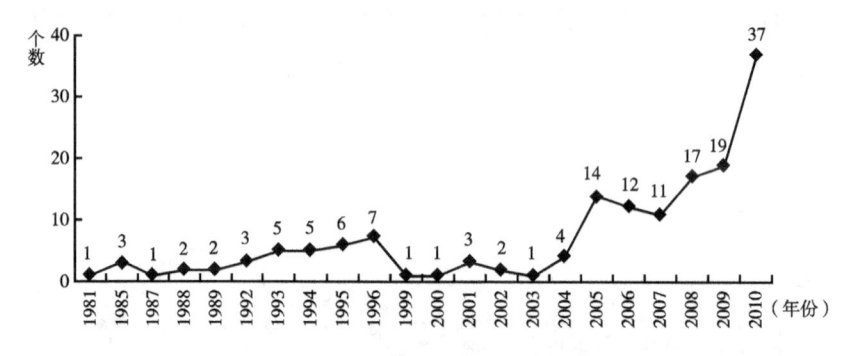

图 3　北京市基金会注册登记状况

（四）社区组织规模状况

截止到 2011 年 1 月底，北京市社区组织在相关业务主管部门备案登记的共计 6290 个。改革开放 30 多年来，人民群众物质生活极大丰富，在满足物质需求的同时，满足精神需求的愿望更加迫切。由此，城乡形成了众多社区组织，开展文体活动、慈善公益和社区服务等公益事业，不仅能够满足居民的精神需求，也是居民个人价值观的极大体现。

三 北京市社会组织发展存在的问题及其原因分析

根据实际调研和数据分析,北京市社会组织发展存在数量少、社会化程度低、管理体制仍然较为僵化、社会组织自身发展困境较多等问题。

(一) 总量相对不足,无法满足社会需求

当前,一方面,管理型政府正向服务型政府转变,"小政府,大社会"的格局正在形成;另一方面,随着人民群众物质文化水平的提高,对公共服务等需求日益增强,并不断提出新的、更高的要求。这就需要更多的社会组织来承担社会服务管理功能,来弥补政府在职能转型过程中提供公共产品不足,无法充分满足人民群众需求的问题。根据相关部门统计,2009年底,北京市实际常住人口1972万人[①],2009年底,北京市社会组织6799个,按照这一人口统计数字,2009年北京市每万人社会组织数量不到3.5个(3.47个)。与此同时,上海市每万人社会组织数量9.5个,深圳市每万人社会组织数量13个。[②] 可见,与这些地区相比,北京市社会组织数量处于下游水平,总量相对不足,尚不能满足人民群众日益增长的物质文化需求。

(二) 在形成模式上,社会化程度低

北京市社会组织在形成模式上,"官办模式"依然是社会组织形成模式的主流,从而导致社会组织社会化程度低。从调研情况看,政府力量介入成为社会组织创建的一种惯性的延续。例如延庆县202个注册登记的社会组织,55%以上属于官办,其法人代表也大多由行政官员兼任,行政色彩较浓。"政社不分、官民不分"的困局使社会组织运行机制僵化,行政命令化,导致社会组织普遍存在提供公共服务、反映人民群众诉求等功能作用不能有效充分发挥。民办非企业单位最能体现"民办"之意,但是其数量较少,与社会团体数量相比仅多出两个百分点。

---

① 孙颖:《北京计生委:5 年后常住人口将达 2300 万》,2010 年 7 月 16 日,http://news.qq.com/a/20100716/001946.htm。
② 中共大庆市社会工作委员会:《关于我市社会组织状况的调查》,《大庆社会科学》2009 年 8 月第 155 期。

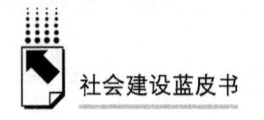

（三）在管理机制上，限制约束机制较强

社会组织采取"双重管理"体制，限制约束机制较强，培育积极性不高，扶植力度不够。所谓"双重管理"体制，就是社会团体接受"有关业务主管部门的指导"，而所有社团在向登记管理机关（民政局）申请登记前，必须"经过有关业务主管部门审查同意"。"业务主管部门"及"登记管理机关"构成当前政府对社会组织的"双重管理"体制。社会组织如果要注册登记，必须在政府相关部门或国家事业单位挂靠，而被挂靠单位既不能从中获益，又必须为挂靠组织的任何问题负全责，无形之中增加了挂靠单位的政治风险。这也是当前社会组织面临的"注册困局"。在现有相关法律、法规框架下，其重心仍偏向于规范和监管社会组织登记行为与日常活动，而对社会组织的政策扶持、税收优惠、购买公共服务等核心内容涉及较少。社会组织管理体制机制的不完善严重违背了"政社分开、管办分离"的社会组织发展方针，造成社会组织规模小、发展缓慢，社会组织作用难以充分发挥。

（四）自身发展存在制约

资金、场地、人才等因素是当前所有社会组织共同面临的难题和瓶颈。主要体现在以下几个方面。第一，注册门槛高。根据《社会团体登记管理条例》、《民办非企业单位登记管理条例》和《基金会管理条例》等法律、法规规定，社会组织（社会团体、民办非企业单位、基金会）创建初期必须具备注册资金、固定场所、会员数量等硬件条件约束，原本想发挥作用的一些社会组织，苦于以上限制条件而无力成为法定的社会组织，甘愿"法外生存"。第二，运转经费来源少。根据调查，官办社会组织资金状况相对较好，其工作人员工资、运行经费、活动场所基本都能得到保障。但是，自发的社会组织，因没有政府背景，以及社会组织的非营利性质，只能依靠捐赠或寻求政府资助，到处"化缘"，如果光景不好，就难以维持，走向凋敝。此外，社会组织的活动场所和公益活动等必须交税，无赢利，还交税，无形中又增加了社会组织的负担。例如，从1992年延庆县开始有注册登记的社会组织算起，先后有20个社会组织被注销，占注册登记总量的10%。第三，社会组织中社会工作人才缺乏。由于社会组织的公益性、非营利性质，在人才引进方面不具吸引力，在人才缺乏的同时，人才队伍稳定性也较差。以官办为背景的社会组织,其法人大多是身兼多职。以自发为背景的社会组织,其法人基本属于能人,发挥"能人效应"。因此,这种状况在某种程度上会导致社会组织提供的社会服务质量下降或不能向社会提供有效的专业性服务,社会组织的专业化也就很难实现。

以上阐述的是注册登记的社会组织在资金、场地、人才方面存在的困境。事实上,社区组织也同样面临这样的困境,且尤为突出。因不具注册登记条件,其资金大多由社区组织内部成员自筹,用于购买设备、服装等开展文体活动、社区服务等。通过调查,了解到社区组织大部分是从事文体活动,开展活动主要利用公共场所、街道或社区无偿提供的场所,有偿租赁以及使用自有房产。但是,仍然有众多的社区组织苦于没有活动场地,到处"打游击"。活动场地极大地限制了社区组织的活动,同时也极大地削弱了公民参与组织活动的热情。在人才方面,社区组织表现出与自发社会组织同样的特征,即"能人效应"明显,能人的办公、业务等职务一肩挑,遇到的一些问题基本都是通过能人与有关方面进行沟通协调,但是像这类的能人数量还很少。当前遇到的问题是,在解决实际问题时缺少衔接社区组织与其他部门之间上传下达、沟通协调的专门人员。由于没有专门负责人员,社区组织规范、备案、内部治理等也存在诸多问题。

四 加强北京市社会组织发展的对策建议

总的来看,北京市社会组织发展中存在的问题,既具有我国社会组织发展中面临的共同问题,又具有自身的特点。当务之急,是要加强和重视发展社会组织的理念建设,探索社会组织参与社会建设和管理的形成机制,完善社会组织管理体制机制,推动与人民群众日益增长的物质文化需求相适应的社会组织发展。

(一)加强理念建设

1. 转变政府观念

"小政府,大社会"既是政府行政体制改革的主要方向,也是社会体制改革的重要目标。如何实现"政府小起来,社会大起来"?社会组织是实现这一目标的主要环节。由于历史原因,我国对社会组织发展采取的策略是积极培育与适度控制并存的方式,控制强于培育,加之政府总揽一切事务的思维模式,总体上对社会组织发展不够重视。但是，当今诸多社会矛盾和问题的出现已经说明"总体性政府"不能适应社会发展的需要，政府在提供公共产品的时候也会出现失灵的状况，特别是对社会矛盾和问题采取简单的压制、围堵的措施，并非解决问题的良方。因此，不仅要加快政府职能转变，更要加快转变政府观念，制定好政策，深刻认识到社会力量参与社会建设和管理的重要作用，充分利用社会组织分担政府事务，发展经济，服务公民利益诉求，调处社会关系，化解社会矛盾和问题，促进社会和谐的功能。建议将发展社会组织纳入经济社会发展的总体规划和社会建设的具体目标，积极引导社会组织加入宏观社会管理的大体制。

2. 培育公民意识

培育、引导公民参与社会建设和管理意识。社会组织的发展环境需要自上而下的政策支持，同时也需要公民自下而上的热情参与。当前，新经济组织、新社会组织、社区组织、农村自治组织正在构建或形成中国社会重新组织化过程，在这个过程中，新经济组织发挥了重大作用，极大地推动了中国经济社会的发展，但是社会组织还很薄弱，需要政府像培育、引导新经济组织发展那样，培育、引导社会组织发展，鼓励和号召公民自发地参与社会建设和管理，培育公民社会主义核心价值观，营造和谐社会人人有责、和谐社会人人共享的局面。建议大力弘扬、宣传社会实效好、发挥作用大的社会组织典范和个人先进事迹，并进行年度表彰和奖励，以有效地吸引更多社会精英参与社会组织发展。

（二）探索社会组织参与社会建设和管理的形成机制

社会组织参与社会建设和管理是激扬公民参与意识、培育"公平正义"社会价值、提升社会组织自我管理能力与自我协调能力的基础。当前，北京市探索社会组织参与社会建设和管理的形成机制，有以下几个方面作为切入点：①从政府改革和规范行政职能的角度，有序"释放"出一部分政府承担的社会公共事务，鼓励社会组织参与其决策和运作过程，探索用社会力量解决政府提供公共产品不足的问题。②建立专项资金，通过政府购买社会组织服务的具体方式，推进社会组织参与社会服务管理。政府在购买社会组织服务时提供公开、公平、公正、诚信的竞争环境，并提供优质的服务与管理。③有序推进"政社分开"，完善政府购买社会组织服务机制的制度化、规范化，使社会组织发展逐渐具有自身创造的生命力，以此为基础，有序推进"政社分开"，推进社会组织的社会化、专业化。

（三）通过"枢纽型"社会组织建设逐步实现"管办分离"的管理体制

通过构建"枢纽型"社会组织逐步突破社会组织注册必须有"婆家"挂靠的管理模式，使社会组织与主管行政部门在机构、人员、资产、财务等方面彻底分开，逐步把业务主管职能从政府部门剥离出来，逐步实现社会组织自我管理、自我发展。因此，建议继续加大认定"枢纽型"社会组织的工作力度，在原有"枢纽型"社会组织的基础上，新建、改造、提升一批市级"枢纽型"社会组织。可将计生协会等规模大、运作规范、社会实效好的社会组织认定为"枢纽型"社会组织，根据有关法律、法规，授权其承担业务主管单位职责，对相关社会组织进行日常管理和业务指导，并提供服务，充分发挥其龙头作用，将性质相同、业务相近的社会组织联合起来，进一步形成合力，促进共同发展，从而改变现有政府部门或行政单位为社会组织主管单位的局面，为培育、扶持社会组织发展提供有利条件。

（四）建立健全社会组织发展的激励机制

第一，在现有的法律框架下，通过"税费减免"扶持社会组织发展。社会组织与企业不同，其具有非营利性质，因此，不必采取企业税收制度。可以考虑采取以下方式：社会组织年度审计费用由政府与社会组织共同承担；社会组织活动场所免征税；社会组织接受捐赠数额较大适当缴税。第二，在现有法律范围内，允许社会组织适当收取服务费，维持其正常运转。第三，试行社会组织星级评估机制。从社会组织结构保障条件、活动能力、社会实效、群众满意度等方面进行综合评估，评选出等级，分别给予不同奖励，形成推动社会组织发展的激励机制。

（五）完善社会组织服务管理新机制

第一，通过社会领域党建工作，在加强对社会组织领导和管理的同时，通过这一渠道做好社会组织服务工作。开展调研工作，反映社会组织实际问题，解决社会组织在资金、场地、人员等方面的实际困难。第二，健全社会组织监管机制。根据有关法律、法规，承担业务主管单位职责，对相关社会组织进行日常监管，依法坚决取缔非法社会组织，严厉打击各种非法活动。建立社会组织管理工作联席会议制度，加强工作联系和信息沟通，提供服务，促进社会组织健康发

展。第三，加强社区组织服务管理工作。在社区（村）居委会设置专职人员，负责社区组织服务和管理工作，反映社区组织实际需求，协调解决社区组织资金、场地、人才等实际困难。加快社区组织备案登记工作。将有条件的社区组织引导规范为"合法"的社会组织。

总结起来看，需要抓住的重点有以下几个。①转变政府观念，将发展社会组织纳入经济社会发展的总体规划和社会建设的具体目标。②大力宣传社会组织的经济社会作用，创造良好的社会舆论环境。③设立政府扶持社会组织发展专项资金。④完善政府购买社会组织服务机制建设，推进"政社分开"。⑤构建"枢纽型"社会组织，逐步实现"管办分离"。⑥通过"税费减免"、适当收取服务费、试行社会组织星级评估机制，不断完善社会组织激励机制。⑦通过新时期社会领域党建等工作新办法，加强社会组织服务管理。⑧加强社区组织服务管理。⑨鼓励社会精英积极参与社会组织发展。

On the Development of Social Organizations in Beijing

Li Xiaozhuang

Abstract: As a social organization with government organs, enterprises and institutions juxtapositions of the third sector, is the most basic, the most extensive and most active social forces in organizations, is one of the effective social construction carrier, undertake government, market, society, between contacting link and Bridges, making up for the government failure, market malfunctions have a unique advantage. This paper summarizes the nearly 60 years Beijing social organization development phases, analyses the Beijing social organizations to develop the existing problems and causes, and puts forward the development of the social organization of Beijing concrete proposals, with more advantageous to promote social organization development, better realize social organizations to participate in social construction and management.

Key Words: Social Organization; Social Construction; Government; Market; Society

B.5
"十一五"期间北京、上海城镇居民消费结构变化比较

赵卫华*

摘　要：本文从北京、上海两地居民消费在宏观经济结构中的比重、居民的收入状况、消费状况、物质生活状况四个方面进行了比较。比较发现，虽然北京和上海在经济方面都保持了高速增长，但是在居民消费方面却有一些显著的不同，如与上海相比，北京政府消费增长快，居民收入消费增长慢；北京恩格尔系数有所回升，上海则持续缓慢下降，北京百户汽车拥有量大大高于上海等。

关键词：城镇居民　消费结构　比较研究

2010年是我国"十一五"计划结束之年，五年来中国经济快速发展，城市化率从42.99%达到了50%，城市的发展速度和居民收入增长速度继续遥遥领先于农村，北京、上海这类大城市的发展更快。在回顾北京五年来人们生活变化的同时，与其他地方进行比较，更能发现其成就和不足。北京和上海作为我国两个最大的直辖市，这五年都经历了一个里程碑似的事件，北京举行了奥运会，上海举行了世博会，这两个世界盛会的举办大大推进了城市建设的速度和社会发展的水平。五年来，北京和上海的经济发展很快，经济增长带来了居民收入和消费的快速增长。经济社会发展为居民生活水平提高奠定了物质基础，2005～2010年，两市城镇居民生活都发生了巨大的变化。2009年上海人均生产总值是11563美元，北京人均生产总值是10314美元，两地人均生产总值相差不大。① 这里通过对两地消费模式的比较来分析北京居民消费变化的状况。

---

* 赵卫华，社会学博士，北京工业大学副教授；研究方向：消费社会学、社会结构。
① 本文中的数据除特别注明的之外，皆来自两地统计局发布的年度统计年鉴。

一 两地地区生产总值中消费的宏观结构之比较

从地区生产总值来看，北京的地区生产总值和人均地区生产总值都低于上海，虽然 2005 年以来，两地的差距总量略有扩大，但是相对差距在缩小，2005年，北京的地区生产总值只有上海的 75%，2009 年这一比例已经上升到 81%。人均地区生产总值的相对差距也在缩小，2005 年北京的人均地区生产总值是上海的 87.6%，2009 年这一比例上升到 89.2%。

从地区生产总值的结构看，按照支出法计算的地区生产总值的结构中，2005年以来，北京和上海的地区生产总值结构中，最终消费率都在上升，并且都超过了投资率。北京的最终消费率是 55.6%，比上海高 3.3 个百分点。

北京的政府消费率上升快，比例高。五年来，在最终消费率的构成中，北京的政府消费率上升幅度较大，从 2005 年的 18.1% 上升到 2009 年的 24.1%，上升了 6.3 个百分点，上海的政府消费率也有微弱上涨，从 2005 年的 12.4% 上升到 2009 年的 13.9%，上升了 1.5 个百分点。

从居民消费的变化看，五年来，北京的居民消费率下降，上海的居民消费率逐年上升。北京的居民消费率从 2005 年的 31.9% 下降到 2008 年 30.3%，2009 年又上升到 31.4%，但仍低于 2005 年的比例。上海的居民消费从 2005 年的 36.0% 连续上升到 2009 年的 38.4%。两地居民消费率变化的速度和趋势都有所不同。

表 1 北京、上海地区生产总值、结构以及消费率比较

地区	年份	地区生产总值（美元）	人均地区生产总值（美元/人）	净出口率（%）	投资率（%）	最终消费率（%）	政府消费率（%）	居民消费率（%）
北京	2005	6969.5	5615	-1.4	51.4	50	18.1	31.9
	2006	8117.8	6530	0.3	48.9	50.8	19.1	31.7
	2007	9846.8	8058	2.9	45.7	51.4	21	30.4
	2008	11115	9618	3.7	43	53.3	23	30.3
	2009	12153	10314	1.2	43.3	55.6	24.1	31.4
上海	2005	9247.66	6413	6	45.6	48.5	12.4	36.0
	2006	10572.24	7381	4.9	46.1	49.0	12.5	36.5
	2007	12494.01	8946	4.8	45.8	49.4	12.5	36.9
	2008	14069.87	10815	5.3	43.7	51.0	13.4	37.6
	2009	15046.45	11563	2.7	45	52.3	13.9	38.4

二 两地居民收入水平和消费水平之比较

一直以来,北京的收入水平和消费水平都略低于上海。"十一五"期间,这一差距扩大了。

(一) 与上海相比,北京人均收入增长变慢

"十一五"期间北京与上海的居民收入差距拉大了。从收入水平看,2005年,北京城镇居民人均可支配收入是17653元,比上海居民的收入少992元。2009年,北京城镇居民可支配收入是26738元,与上海的28838元相比,人均年收入相差2100元。这个差额占北京人均收入的比重也扩大了,2005年的比重是5.6%,2009年的比重是7.9%。绝对值扩大了,相对比重也扩大了。

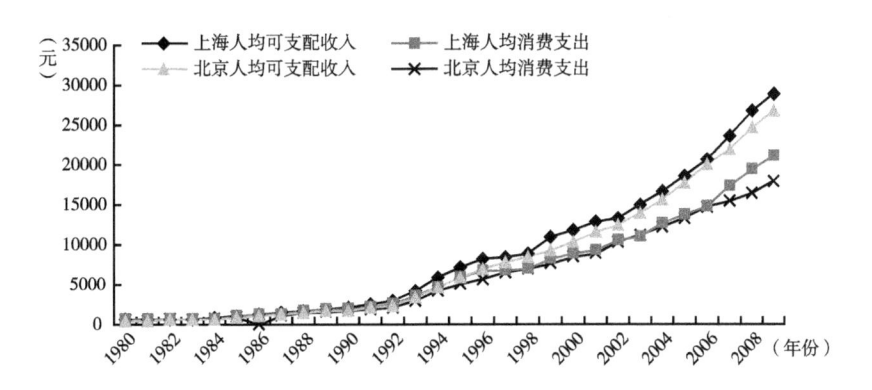

图1 1980年以来北京、上海居民收入消费增长情况比较

从收入来源的结构看,两地可支配收入中,工资收入都占主要部分,其次是转移性收入。五年来,北京工资性收入增长比上海变慢了。从各类收入增长的情况看,北京工资性收入增长额低于上海,两地增长额相差531元。但北京其他三项收入的增长额,即经营净收入、财产性收入和转移性收入的增长额都高于上海,如2009年与2005年相比,北京转移性收入增长了2992元,上海增长了1972元,北京比上海多增长1020元;北京经营净收入比上海多增长244元,财产性收入比上海多增长215元;工资性收入增长变慢是北京收入增长慢于上海的原因所在。

表2　北京与上海可支配收入的来源比较

单位：元

地区	年份	人均可支配收入	工资性收入	经营净收入	财产性收入	转移性收入
北京	2005	17653	13666	214	190	5463
	2006	19978	16284	236	271	5626
	2007	21989	17319	298	531	6428
	2008	24725	18739	778	453	7708
	2009	26738	20537	1095	587	8455
	2009年与2005年收入之差	9085	6871	881	397	2992
上海	2005	18645	12409	798	292	5146
	2006	20668	13962	959	300	5447
	2007	23623	16598	1158	369	5498
	2008	26675	18909	1399	369	5998
	2009	28838	19811	1435	474	7118
	2009年与2005年收入之差	10193	7402	637	182	1972

（二）与上海相比，北京人均支出水平增长变慢

"十一五"期间北京与上海城镇居民的人均消费支出差距也拉大了。从消费水平看，2005年，北京城镇居民人均消费支出是13244.2元，比上海城镇居民人均支出少528.8元，2006年还超过了上海居民的消费水平。但是2007年之后，两地的居民支出差距却连续扩大，2009年，北京人均消费支出比上海少3099元。

表3　北京、上海收入水平与消费水平之比较

单位：元

年份	上海人均可支配收入	上海人均消费支出	北京人均可支配收入	北京人均消费性支出	年份	上海人均可支配收入	上海人均消费支出	北京人均可支配收入	北京人均消费性支出
1980	637	553	501.4	490.4	1986	1293	1170	1067.5	1067.4
1981	637	585	514.1	511.4	1987	1437	1282	1181.9	1147.6
1982	659	576	561.1	534.8	1988	1723	1648	1437.0	1455.6
1983	686	615	590.5	574.1	1989	1976	1812	1597.1	1520.4
1984	834	726	693.7	666.8	1990	2183	1937	1787.1	1646.1
1985	1075	992	907.7	923.5	1991	2486	2167	2040.4	1860.2

续表

年份	上海人均可支配收入	上海人均消费支出	北京人均可支配收入	北京人均消费性支出	年份	上海人均可支配收入	上海人均消费支出	北京人均可支配收入	北京人均消费性支出
1992	3009	2509	2363.7	2134.7	2001	12883	9336	11577.8	8922.7
1993	4277	3530	3296.0	2939.6	2002	13250	10464	12463.9	10285.8
1994	5868	4669	4731.2	4134.1	2003	14867	11040	13882.6	11123.8
1995	7172	5868	5868.4	5019.8	2004	16683	12631	15637.8	12200.4
1996	8159	6763	6885.5	5729.5	2005	18645	13773	17653.0	13244.2
1997	8439	6820	7813.1	6531.8	2006	20668	14762	19978.0	14825.0
1998	8773	6866	8472.0	6970.8	2007	23623	17255	21989.0	15330.0
1999	10932	8248	9182.8	7498.5	2008	26675	19398	24725.0	16460.0
2000	11718	8868	10349.7	8493.5	2009	28838	20992	26738.0	17893.0

三　两地居民消费结构之比较

（一）两地消费水平比较

从各项居民支出看，2005~2009年，北京城镇居民的食品支出、居住支出、交通和通信支出均低于上海，且上涨水平慢于上海，而衣着支出、医疗保健支出水平则高于上海。

表4　北京、上海两地居民消费水平比较

单位：元

项目	年份	消费支出合计	食品	衣着	居住	家庭设备用品及服务	医疗保健	交通和通信	教育文化娱乐服务	杂项商品与服务
北京	2005	13244	4216	1184	1040	852	1296	1944	2187	527
	2006	14825	4561	1442	1213	977	1322	2173	2515	622
	2007	15330	4934	1513	1246	981	1294	2328	2384	650
	2008	16460	5562	1572	1286	1097	1563	2293	2383	704
	2009	17893	5936	1796	1290	1226	1389	2768	2655	833
上海	2005	13773	4940	940	1412	800	797	1984	2273	627
	2006	14762	5249	1027	1436	877	763	2333	2432	645
	2007	17255	6125	1330	1412	959	857	3154	2654	764
	2008	19398	7109	1521	1646	1182	755	3373	2875	937
	2009	20992	7345	1593	1913	1365	1002	3499	3139	1136

续表

项目	年份	消费支出合计	食品	衣着	居住	家庭设备用品及服务	医疗保健	交通和通信	教育文化娱乐服务	杂项商品与服务
上海减北京	2005	529	724	-244	372	-52	-499	40	86	100
	2006	-63	688	-415	223	-100	-559	160	-83	23
	2007	1925	1191	-183	166	-22	-437	826	270	114
	2008	2938	1547	-51	360	85	-808	1080	492	233
	2009	3099	1409	-203	623	139	-387	731	484	303

消费品价格是影响消费支出水平的一个重要方面，比较两地居民消费价格指数，如表5所示，2005年以来，北京居民消费价格上涨幅度略小于上海。物价指数五年平均低于上海约0.5个百分点。这样，从实际水平看，两者的差距要小一些。

表5　北京、上海居民消费价格指数

年份	北京		上海	
	以上年价格为100	以1978年价格为100	以上年价格为100	以1978年价格为100
2000	103.5	622.9	102.5	547.0
2001	103.1	642.2	100.0	547.0
2002	98.2	630.6	100.5	549.8
2003	100.2	631.9	100.1	550.3
2004	101.0	638.2	102.2	562.2
2005	101.5	647.8	101.0	567.6
2006	100.9	653.6	101.2	574.5
2007	102.4	669.3	103.2	592.6
2008	105.1	703.4	105.8	626.8
2009	98.5	692.8	99.6	624.3

（二）消费结构比较

从两地居民的消费结构看，2005年以来，北京城镇居民的恩格尔系数有所上升，从2005年的31.8%上升到2009年的33.2%。恩格尔系数上升，一方面与食品价格上涨有关；另一方面也与公共服务加强，医疗保健、教育等支出负担减轻有关。同期，上海城镇居民的消费结构中，恩格尔系数则在缓慢下降，从2005年的35.9%下降到2009年的35%，但仍高于北京市的恩格尔系数。

2009年，北京的居住支出比重低于上海，只有7.2%，且5年来连续下降。这个数据与人们的感觉有较大差距。① 北京市的医疗保健支出为7.8%，大大高于上海的4.8%，这一差距值得深入分析。北京的交通和通信、教育文化娱乐服务等的支出比重都略低于上海。

表6 北京、上海居民消费结构比较

单位：%

项目	年份	消费支出合计	食品	衣着	居住	家庭设备用品及服务	医疗保健	交通和通信	教育文化娱乐服务	杂项商品与服务
北京	2005	100	31.8	8.9	7.9	6.4	9.8	14.7	16.5	4.0
	2006	100	30.8	9.7	8.2	6.6	8.9	14.7	17.0	4.2
	2007	100	32.2	9.9	8.1	6.4	8.4	15.2	15.6	4.2
	2008	100	33.8	9.6	7.8	6.7	9.5	13.9	14.5	4.3
	2009	100	33.2	10.0	7.2	6.9	7.8	15.5	14.8	4.7
上海	2005	100	35.9	6.8	10.3	5.8	5.8	14.4	16.5	4.6
	2006	100	35.6	7.0	9.7	5.9	5.2	15.8	16.5	4.4
	2007	100	35.5	7.7	8.2	5.6	5.0	18.3	15.4	4.4
	2008	100	36.6	7.8	8.5	6.1	3.9	17.4	14.8	4.8
	2009	100	35.0	7.6	9.1	6.5	4.8	16.7	15.0	5.4

四 两地居民物质生活状况之比较

下面我们从两地具体物质生活之状况来进一步比较两地生活消费质量的差别。

（一）饮食支出结构

从消费结构看，北京市居民的恩格尔系数低于上海，从支出水平看，北京的

---

① 一个合理的解释是，北京市统计局的调查对象中有自有住房的人口比例比较大，因为北京市户籍人口的住房自有率非常高。笔者根据2005年国家统计局1%人口抽样调查数据计算发现，在北京非农户籍人口中，74.87%的人拥有自己的住房，还有20.38%的人租赁公有住房，租住商品房的只有1.59%。对于自有住房和租赁公有住房的人来说，商品房价格和住房租赁价格上涨对他们的居住成本来说都没有影响，所以导致该数据与人们的感觉有出入。

食品支出水平则比上海低1000多元。进一步分析两市的食品支出结构，在主要的食品支出项目中，北京市居民的粮油类，干鲜瓜果类，糕点、奶皮奶制品支出比例高于上海，其他各类支出比例都低于上海，如表7所示。

表7 2009年北京、上海城镇居民家庭年人均食品支出构成

单位：元，%

项目	北京		项目	上海	
	支出额	支出比重		支出额	支出比重
食品总支出	5936	100	食品总支出	7345	86.9*
粮油类	613	10.3	粮油	653	8.9
肉禽蛋及水产品类	1254	21.1	肉禽蛋水产品	1905	25.9
蔬菜类	441	7.4	蔬菜	550	7.5
干鲜瓜果类	563	9.5	干鲜瓜果	522	7.1
糕点、奶及奶制品	549	9.2	糕点、奶及奶制品	563	7.7
在外饮食	1646	27.7	在外饮食	2191	29.8
调味品	104	1.8	调味品	—	—
糖烟酒饮料类	706	11.9	糖烟酒饮料类	—	—
其他食品	60	1.0	其他食品	—	—

＊上海市相关统计数据项目不全。

但是，由于食品价格差异，我们很难用食品支出水平来比较两地饮食质量的差异。我们找到了上海居民各类食品的消费量，但是没有找到北京此类统计，因此，这种比较还是不完善的。

（二）耐用品消费

从耐用品拥有率看，就一些已经普及的耐用品拥有量而言，北京居民的拥有量普遍低于上海，北京市居民彩色电视机、照相机、家用电脑、移动电话、空调的拥有量上低于上海，但是北京市居民的汽车拥有量却大大高于上海，而且增长速度也大大快于上海，如2009年，北京城镇居民每百户汽车拥有量已经达到了29.6辆，而上海每百户汽车拥有量只有14辆。

"十一五"是北京快速进入汽车社会的五年。2001年北京私人小汽车才32.1万辆，随着中国加入世界贸易组织，北京人均GDP突破3000美元，北京市的私人汽车增长速度明显加快。2005年，北京市机动车保有量是246.1万辆，其中

表8　北京、上海城镇居民耐用品拥有量比较

类　　别	北　京			上　海		
	2000年	2008年	2009年	2000年	2008年	2009年
彩色电视机每百户拥有量(台)	145.5	134.0	137.6	147	180	185
照相机每百户拥有量(架)	95.7	81.6	89.4	71	86	91
家用电脑每百户拥有量(台)	32.1	85.9	97.0	26	109	123
移动电话每百户拥有量(部)	27.6	191.4	212.7	29	219	223
家用空调器每百户拥有量(台)	69.6	152.5	162.7	96	191	196
洗衣机每百户拥有量(台)	102.8	98.6	100.0	93	98	99
电冰箱每百户拥有量(台)	107.4	102.8	103.6	102	104	104
热水淋浴器每百户拥有量(台)	74.4	95.4	98.1	64	95	98
汽车每百户拥有量(辆)	2.5	22.7	29.6	—	11	14

私人汽车154.0万辆，私人小轿车达到99.2万辆。从2006年起，汽车成为北京消费市场的大热门，私人购车增加是拉动北京汽车市场销售增长的最主要因素。2006年，北京私人汽车增长到181万辆，其中小轿车增加到121万辆，增长速度非常快。从2009年起，北京汽车消费进入了井喷状态，当年北京汽车销售量达到了100多万辆，2010年汽车销售量为70多万辆，到2010年底，北京机动车保有量接近500万辆。2009年，北京机动车保有量为401.9万辆，其中私人汽车达到了300.3万辆，私人小轿车达到了218.1万辆。2009年，北京户籍人口488.7万户，1245.8万人，其中非农户籍有372.0万户，971.9万人；暂住人口874.9万人；按照常住人口的口径统计，北京常住人口是1755万人，其中外来人口509.2万人，比例占到常住人口的29%。由于常住人口没有户数的资料，如果也按照这个30%的口径，假定外来常住人口的户数为户籍人口的30%来计算，那么，北京常住人口的户数大概有635万户，则百户私人汽车的普及率近50辆了。到2010年，北京机动车又增加了70多万辆，因此，可以肯定，当前北京每百户私人汽车的拥有量一定在60辆以上了，这一数据要比抽样统计数字高得多。上海市的机动车保有量在2009年底的时候是268万辆，按上海市上一年年增长6%计算，到2010年增长约10万辆，那现在应该是270万辆左右。上海市的机动车数量增长不快，与其车牌拍卖政策有关。汽车增长太快，给城市交通带来了巨大的压力，交通拥挤、停车难成为困扰北京城市管理的重大问题。

五　结论和建议

从比较来看，北京和上海经济方面都保持了高速增长，但是在居民消费方面却有一些显著的不同，具体特点如下。

一是北京政府消费增长快，居民收入消费增长慢；上海则相反，政府消费相对稳定，居民收入消费保持了较快增长。

二是工资性收入增长变慢是北京居民收入增长慢的原因所在。

三是从居民消费结构看，北京恩格尔系数有所回升，上海则持续缓慢下降。

四是在居民耐用品消费中，北京其他各类耐用品百户拥有量皆低于上海，但是汽车百户拥有量却大大高于上海。

由于资料的局限性，我们很难判断这些差别对于居民生活质量来说有何本质的影响，但是两市居民消费模式的这种差别至少对城市交通的影响是非常显著的，如北京交通出行的速度要慢于上海。因此，通过各种消费政策引导和塑造居民消费模式对于城市管理来说是非常必要的。

The Comparative Study on the Change of Urban Residents' Consumption Structure between Beijing and Shanghai in "the 11th Five-year Plan" Period

Zhao Weihua

Abstract: The paper compare the urban residents consumption between Beijing with Shanghai by consumption in GDP, urban income, urban consumption and the durable goods consumption of urban residents. The results show there are several differences between Beijing and Shanghai in urban resident consumption, such as the Government consumption growing faster, income and consumption of Beijing urban residents growing lower, the Engel Coefficient rising in Beijing and down in Shanghai, and the more cars in Beijing.

Key Words: Urban Residents; Consumption Structure; Comparative Study

社会事业篇

Reports on social undertaking

B.6 "十一五"北京住房政策分析报告

李君甫*

摘　要：为了应对不断上升的房价和中低收入阶层的住房困难，"十一五"期间，北京的住房政策体系逐步完善，覆盖了除非户籍人口以外的中低收入人群，包括两限房在内的保障性住房建设力度也在逐年加大。"十二五"期间的保障房计划如果如期完成，北京城镇居民的住房问题将得到缓解。

关键词：住房政策　社会政策　住房问题

住房政策是政府为解决住房问题而实施的，由政府投资兴建或者由政府提供补助的以较低价格向居民出租或者出售住房的社会政策。随着工业革命和城市化的浪潮在全球兴起，住房问题成为困扰城市中低收入居民和当地政府的世界性的

---

* 李君甫，北京工业大学副教授，博士；研究方向：社会政策、城乡发展和社会评估。

难题。在孟买有500万居民生活在贫民窟中，露宿街头者估计就超过100万。在美国和日本等发达国家，城市的住房问题也困扰着低收入居民及当地政府。就全球来看，没有住房或者居住在不适当住房条件下的人口数量估计超过10亿人。[①]住房问题是个经济问题，也是个社会问题和政治问题。住房问题解决得好，人民安居乐业，社会稳定；住房问题解决不好，社会满意度会下降，无家可归、露宿街头者会增加，贫民窟会扩大，寻衅滋事、违法犯罪现象也会增加，严重的情况下导致社会不稳定和政治动荡。为了解决住房问题，在19世纪末，一些西方国家率先实施了住房政策，为工人建造廉价住房。到了第二次世界大战以后，尽管发展阶段不同，国家体制各异，但多数国家都建立了自己的住房政策体系。

改革开放以来，我国经济发展迅速，城市化水平不断提高，城市人口迅速增加。进入21世纪以来，北京每年人口增加数十万，加上原有的部分缺房的居民，北京住房的压力很大，在房价不断攀升、中低收入居民缺乏住房支付能力的情况下，建立一个比较完善的住房政策体系就成为一个迫切的民生问题和政治任务。

一 严峻的住房形势

2010年上半年，四环路以内商品住宅期房销售均价达到34905元/平方米，比上一年的均价上涨44.5%，四至五环路销售均价为20517元/平方米，比上一年的均价上涨34.0%，五至六环路销售均价为14961元/平方米，比上一年上涨21.8%，

表1 2010年上半年分环路商品期房销售价格

单位：元/平方米，%

项　　目	2009年1~12月	2010年1~6月	增长的比例
四环路以内	21305	34905	44.5
四至五环路	16958	20517	34.0
五至六环路	10388	14961	21.8
六环路以外	8484	11444	39.6

数据来源：北京统计信息网。

[①] 联合国人居署：《全球化世界中的城市——全球人类住区报告2001》，中国建筑工业出版社，2001。

六环路以外销售均价为11444元/平方米，比上一年度增长39.6%①（北京市统计局从8月份开始停止公布分环路商品期房销售价格）。在中央政府以及北京市政府不断加大的房地产调控力度作用下，2010年5月份房价涨幅开始回落。

到2010年12月份，北京全市房屋销售价格同比上涨6.3%，涨幅比11月份回落2.8个百分点，同比涨幅自4月份达到14.7%的最高点后，已连续8个月回落。环比上涨0.2%，涨幅与11月份持平。与2009年12月份相比，全市新建住宅销售价格上涨9.9%，涨幅比11月份回落4.4个百分点，同比涨幅回落速度加快。其中，纯商品住宅销售价格上涨10.9%，比11月份回落4.9个百分点；经济适用房和限价房销售价格上涨2.4%，比11月份扩大0.5个百分点。从房屋类型看，新建住宅中普通住宅类销售价格上涨11.1%，比上月回落7.4个百分点；公寓、别墅类销售价格上涨7.6%，比上月回落1个百分点；其他住宅类销售价格上涨11.3%，比上月回落4.2个百分点。全市二手住宅交易价格上涨2.6%，涨幅比上月回落1.3个百分点。

根据北京市2010年国民经济和社会发展统计公报，2010年全年房屋销售价格比上年上涨11.5%，其中新建住宅上涨18%，二手住宅上涨5%。② 根据《上海证券报》的报道，中国房产信息集团最新数据显示，北京2010年新建商品住宅均价已达到20328元/平方米，同比大涨42%，涨幅居四大一线城市之首。③

2011年2月21日，北京市出台了严厉的限购令《北京市人民政府办公厅关于贯彻落实国务院办公厅文件精神进一步加强本市房地产市场调控工作的通知》，对已拥有2套及以上住房的本市户籍居民家庭、拥有1套及以上住房的非本市户籍居民家庭、无法提供本市有效暂住证和连续5年（含）以上在本市缴纳社会保险或个人所得税缴纳证明的非本市户籍居民家庭，暂停在本市向其售房。

尽管新政策普遍被认为调控力度很大，可以遏制住房价格上涨，但是住房价格已经远远高出普通居民的承受能力④，中低收入居民无论如何已经买不起商品

---

① 北京市统计局，http://www.bjstats.gov.cn/sjfb/bssj/jdsj/2010/201007/t20100722_179481.htm。
② 北京市统计局、国家统计局北京调查总队：《北京市2010年暨"十一五"期间国民经济和社会发展统计公报》，2011年2月21日《北京日报》。
③ 朱楠、徐广蓉：《一线城市去年房价升幅超两成 北京居首上涨42%》，新华网，http://news.xinhuanet.com/house/2011-01/05/c_12946931.htm，2011年3月2日。
④ 2009年北京房价收入比已经达到25∶1，见陆学艺等《2010年北京社会建设分析报告》，社会科学文献出版社，2010。

房。住房困难群体中低收入居民、新参加工作的大中专毕业生、单亲家庭、失业下岗人员、外来务工人员和部分无房的退休职工要解决住房问题只能依赖政策型住房，包括经济适用房、公租房和廉租房。无房的中等收入居民也只有通过购买政策性的限价商品房才能解决住房问题。因而，只有建立和完善住房保障体系，不断加大保障力度，北京的住房问题才能得到缓解。

二 "十一五"期间北京的住房政策

（一）"十一五"期间的保障性住房体系

1998年房改之后的北京保障房只有廉租房，经济适用房被定为政策性商品房。2007年由于房价上升较快，保障房供应不足，国务院颁布了《国务院关于解决城市低收入家庭住房困难的若干意见》（以下简称《意见》），要求着力解决住房问题。《意见》指出20多年来，我国住房制度改革不断深化，城市住宅建设持续快速发展，城市居民住房条件总体上有了较大改善。但也要看到，城市廉租住房制度建设相对滞后，经济适用住房制度不够完善，政策措施还不配套，部分城市低收入家庭住房还比较困难。《意见》的指导思想是"按照全面建设小康社会和构建社会主义和谐社会的目标要求，把解决城市（包括县城，下同）低收入家庭住房困难作为维护群众利益的重要工作和住房制度改革的重要内容，作为政府公共服务的一项重要职责，加快建立健全以廉租住房制度为重点、多渠道解决城市低收入家庭住房困难的政策体系"。《意见》的总体要求是"以城市低收入家庭为对象，进一步建立健全城市廉租住房制度，改进和规范经济适用住房制度，加大棚户区、旧住宅区改造力度，力争到'十一五'期末，使低收入家庭住房条件得到明显改善，农民工等其他城市住房困难群体的居住条件得到逐步改善"。

根据《意见》，经济适用房被定位为针对城市低收入家庭的保障房。北京重新制订了新的经济适用房管理办法，经济适用房针对低收入人群。但是由于北京的房价过高，中等收入者也难以承受，出现了一大批买不起商品房，又不具备购买保障房资格的夹心层。于是北京又出台了限价商品房政策，也叫政策性商品房。从此，北京的城市住房供应体系变为廉租房、经济适用房、限价商品房、商品房的连续谱构成的住房体系。廉租房的保障性最强，个人出资极少，其次为经济适用房、限价商品房，而商品房完全市场化，针对中高和高收入者。

2009年在房价飞涨的背景下，北京又出台了《北京市公共租赁住房管理办法（试行）》。该办法所称公共租赁住房，是指政府提供政策支持，限定户型面积、供应对象和租金水平，面向本市中低收入住房困难家庭等群体出租的住房。至此，北京保障房体系进一步完善，基本覆盖了除外来常住人口以外的各类北京城市中低收入户籍居民。

2010年，在北京城乡结合部城中村改造的过程中，有关部门允许利用集体建设用地建设针对农民工和其他外来人口的租赁房，农民工租房问题进入政策考虑范围。2010年底，住建部出台《商品房屋租赁管理办法》，并宣布将于2011年2月1日起施行。该办法规定，出租住房的应当以原设计的房间为最小出租单位，人均租住建筑面积不得低于当地人民政府规定的最低标准。厨房、卫生间、阳台和地下储藏室不得出租供人员居住。与此同时，北京市人防局也加快了清退地下室居民的步伐。北京市民防局局长王永新在海淀区利用人防工程为公益服务经验交流会上公开表示，从2011年起，北京将用半年到一年时间，集中清退人防工程中的散居户，今后人防工程将逐步公益化，不用于经营出租住人。2011年2月，北京住房租金大幅上涨，清退地下室居民将会进一步推高房屋租赁市场的租金，外来居民的租金负担会增加，本地居民中的无房户租房负担也会加重。

（二）"十一五"期间政策性住房建设规划

1998年住房改革以后，住房市场化的步伐开始加快。从2003年开始，北京的住房进一步市场化，住房的供给出现过度市场化的现象。房价上升的速度开始加快，居民的住房压力加大，中低收入居民通过市场购买商品房已经成为一种奢望。随着住房市场化的步伐，北京新的住房政策体系开始建立，最初实施的政策主要是廉租房制度和经济适用房制度。回龙观、天通苑等大型经济适用房小区在城市郊区兴建。截至2007年2月底，全市批准集中建设经济适用房项目52个，总规模2600多万平方米，累计开工2197万平方米，销售面积约2000万平方米，解决了约19万户家庭的住房问题。全市累计约2.6万户家庭享受了廉租房解困政策，财政累计投入资金约2.9亿元。已经初步形成了由廉租住房、经济适用住

房、商品住房三个层次构成的住房供应体系。

随着住房价格的高企，住房问题日渐突出。城镇居民对保障房的需求日益加大，保障性住房供不应求。根据家庭收入水平和住房情况的初步统计，截止到2005年底，应享受保障住房的家庭约为45.7万户，占城镇户籍户比例约为13.7%，所需建筑面积约为2500万平方米。

为了解决中低收入居民的住房问题，2007年7月北京市颁布了《北京市"十一五"保障性住房及"两限"商品住房用地布局规划（2006年~2010年）》（以下简称《规划》）。这个《规划》的指导思想是：以解决市民基本住房需求为出发点，调整住房供应结构，加大住房保障力度，逐步健全和完善住房保障体系，以实现社会和谐稳定的目标。《规划》遵循以下四个原则：①落实国务院批复和实施北京城市空间结构调整方向的原则。统筹中心城、新城协调发展，兼顾城市发展现状，同中心城功能调整优化相结合。以保障性住房及"两限"商品住房建设引导人口合理分布。②积极履行政府职能的原则。切实转变政府职能，按照建设服务型政府的要求，加强社会管理和公共服务职能，创新管理制度和方式，建立健全社会保障体系，加大政府住房保障力度，逐步建立健全与北京经济社会发展阶段相适应的住房保障体系。③建设资源节约型和环境友好型社会的原则。充分认识到我国人多地少的基本国情，以及北京人口聚集压力较大和土地等资源紧缺的客观情况，根据北京资源环境综合承载能力，积极推行和引导合理的保障住房建设模式。④加强和改善宏观调控的原则。坚决贯彻落实国务院关于加强房地产市场宏观调控的方针政策，加大综合调控力度和发挥市场对资源配置的基础性作用，综合运用经济、法律和必要的行政手段，完善保障住房体系。

《规划》提出"十一五"期间的目标是，逐步形成较为完善的政府住房保障体系。加大保障性住房及"两限"商品住房的建设力度，丰富保障性住房及"两限"商品住房的层次。对低保家庭住房困难户实现"应保尽保"，力争使大部分低收入家庭和部分中低收入住房困难家庭的住房条件也得到改善。

"十一五"期间北京规划新建住房1.23亿平方米，规划安排经济适用住房1500万平方米（含廉租住房150万平方米）；"两限"住房1500万平方米。共计3000万平方米，占住房总量的24.4%。年度分解目标是：2008~2010年保障性住房及"两限"商品住房规划总建设规模约1800万平方米。其中经济适用住房480万平方米，廉租住房120万平方米，"两限"商品住房1200万平方米。规划还制定了各类政策性住房的建设面积标准。廉租房一居室40平方米，两居室60平方米，平均套型标准为50平方米。经济适用住房要严格控制在中小套型，中套住房面积控制在80平方米左右，小套住房面积控制在60平方米左右，平均套型标准为70平方米。"两限"房套型建筑面积90%控制在90平方米以下，平均套型标准为80平方米。

（三）北京市"十一五"时期保障性住房建设

根据统计年鉴的数据和住建委网站的数据，2006～2010年北京市经济适用房施工面积超过2165.6万平方米。从表2可以看出，"十一五"期间，北京经济适用房竣工面积是逐年递减的，经济适用房竣工面积"十一五"前四年只有658万平方米以上，2010年竣工面积不详，如果按照前四年的平均数来估算，应是164.5万平方米，"十一五"期间估计经济适用房竣工面积为822.5万平方米。因此我们可以看到，经济适用房建设施工面积达到了规划的要求，但是竣工面积还不到施工面积的一半。

表2　2003～2010年北京经济适用房建设及销售量

项　目	2003年	2004年	2005年	2006年	2007年	2008年	2009年	2010年
完成投资(万元)	686695	725690	447648	446758	283013	359547	679914	—
施工面积(万平方米)	802.5	793.2	783.4	551.9	440.1	544.9	628.7	—
竣工面积(万平方米)	322.8	298.8	325.6	270.1	188.6	101.1	98.2	—
竣工套数(套)	27790	27399	29409	25422	17223	9966	10646	—
销售面积(万平方米)	320.0	306.3	304.0	176.3	100.1	108.3	82.2	—
销售套数(套)	27533	28054	28821	16311	9324	13461	10777	12000

表3　2008～2010年限价商品房建设及销售量

项　目	合　计		
	2010年	2009年	2008年
完成投资额(亿元)	—	177.7	100.4
住宅施工面积(万平方米)	—	1212.4	609.5
住宅竣工面积(万平方米)	—	82.8	—
竣工套数(套)	—	9599	—
本年新开工住宅面积(万平方米)	—	615.3	358.3
住宅销售面积(万平方米)	—	121.2	126.9
住宅销售套数(套)	27000	14432	14885

数据来源：北京统计信息网、北京住房和城乡建设委员会网站。

2007年北京市出台了限价商品房政策，2008年和2009年限价房住宅施工面积1821.9万平方米，竣工面积82.8万平方米，竣工套数9599套。2008年、2009年、2010年分别销售限价商品房14885套、14432套、27000套。

北京将住房保障作为全市重点工作之一，"十一五"期间保障房建设完成投资1035亿元，是"十五"期间的2.7倍。5年来，全市保障房新开工面积呈跨越式攀升，2006~2010年分别是115万平方米、592万平方米、803万平方米、938万平方米和1200万平方米，累计新开工面积3648万平方米，约占同期住房总规模的1/3，完成"十一五"规划目标的1.2倍，累计解决了35万户中低收入家庭的住房困难。①5年来北京全力打造住房保障体系，先后修订出台廉租住房、经济适用房、限价商品住房管理办法，2009年在全国率先出台公租房管理办法，大力推行"租售并举"的住房保障原则，现已基本建立起衔接合理的分层次住房保障政策与管理制度体系。

为让保障房政策落到实处，北京优先保证保障房建设的财政支持力度，协调银行等金融机构大力支持。同时，作为国家住房公积金贷款支持保障房建设试点城市，2010年用于支持保障房建设的208.9亿元公积金贷款，已全部落实到36个项目上。在土地供应、规划布局、建设资金、审批手续等方面，北京坚持保障房"四优先"，通过采取集中建设和配套建设相结合的建设模式，确保60%以上的保障房项目布局在轨道交通沿线和站点周边区域。

保障房和商品房共同改善了北京市民的住房状况，全市城镇人均住宅面积已由2005年的25.9平方米提高到2009年的28.8平方米，增长了11.2%；单独拥有厨房、厕所、浴室的住房在全部住房中所占比例，由"十五"期末的75.2%提高到2009年的93.6%。

（四）2010年北京的住房政策

2010年全市完成政策性住房投资412.7亿元。年末政策性住房施工面积4023.4万平方米，其中，新开工面积1958.5万平方米。全年政策性住房竣工面积495.1万平方米。住宅销售面积203.5万平方米。②

---

① 朱竞若、王明浩、余荣华：《5年解决35万户中低收入家庭住房困难 北京构建住房保障体系》，2011年2月28日《人民日报》。
② 北京市统计局：《北京市2010年暨"十一五"期间国民经济和社会发展统计公报》，2011年2月。

截止到2010年底，北京竣工各类保障性住房约5万套，超额完成年初4.6万套的计划；而新开工各类政策性住房则达到了22.5万套，超出年初13.6万套计划近9万套，完成计划的165%。

为优化住房供应结构，北京市2009年在全国率先出台了《北京市公共租赁住房管理办法》，当年建设收购公共租赁房8000套后，2010年北京还落实19个公租房建设项目。

2010年全市完成36次公开摇号工作，公开摇号配售廉租房、经济房和限价房4.5万套，其中廉租房0.6万套，经济适用房1.2万套，限价房2.7万套。

三　北京住房政策存在的问题与展望

（一）存在的主要问题

1. 保障性住房供给数量不足

1998年，在内需不旺和东南亚金融危机的背景下，中国房地产市场启动。当时设想城市80%的家庭可以购买经济适用房，提出以经济适用房为主的住房供应体系。经济适用房开始大规模建设，但是2003年国务院"18号文"提出逐步实现多数家庭购买或承租普通商品住房，经济适用房的主体地位被商品房正式取代，并日渐被边缘化。北京的保障性住房数量很少，2006年经济适用房比例只有7.6%，2007年只有6.4%，2008年也只有12.2%。北京的保障性住房数量不大，连续多年占市场的份额都在10%以下。2005年以来经济适用房竣工面积连年下降，2008年经济适用房竣工面积只有101.1万平方米，不到2005年的1/3。销售面积也是连年下降，2008年稍有回升，也只有2003年的1/3。[①] 当然，新旧经济适用房的性质是不一样的，老经济适用房相当于今天的限价商品房。然而，2008年以来新经济适用房竣工的数量还是下降的，2008年竣工面积为101.1万平方米，2009年只有98.2万平方米。廉租房的数量也很少，2010年只有0.6万户居民享受到廉租房政策。

---

① 李君甫：《北京市城镇居民住房状况与住房政策分析》，《2010年北京社会建设分析报告》，社会科学文献出版社，2010。

2. 保障房准入标准多年未变

根据《北京市经济适用住房管理办法（试行）》，经济适用房申请家庭人均住房面积、家庭收入、家庭资产要符合规定的标准。城八区的准入标准由市建委会同相关部门根据本市居民收入、居住水平、住房价格等因素确定，报市政府批准后，每年向社会公布一次；远郊区县的上述标准由区县政府结合实际确定，报市政府批准后，每年向社会公布一次。而自2007年11月7日发布《关于印发北京市廉租住房、经济适用住房家庭收入、住房、资产准入标准的通知》（京建住〔2007〕1129号）以来，经济适用房准入标准再未调整过。北京的工资水平、物价水平、最低生活保障水平都在逐年上升，因而政策房准入标准也需要及时调整。

3. 住房政策还处在探索尝试期

住房政策随着住房价格和社会压力而波动。当住房价格上涨过快、社会舆论压力大时，新的住房政策就会出台，政策性住房供给的力度就加大；当住房价格上涨速度下降时，政策力度就减小，可见政策还处于摸索尝试期，还不够稳定。1998年实行住房改革以来，新的住房政策体系才刚刚经历12年的历程，还在逐步完善中，难免出现不适应的情况。到目前为止，基本形成了一套相对完善的多层次的住房政策体系。但是，对于外来人口住房问题目前还未破题，700多万外来人口的住房问题不可小视。

（二）"十二五"期间住房政策展望

根据最新出台的限购令，北京要继续完善基本住房制度，逐步形成符合首都实际的保障性住房体系和商品住房体系。"十二五"期间全市计划建设、收购各类保障性住房100万套，比"十一五"期间翻一番，全面实现"住有所居"的目标。坚决完成2011年本市保障性安居工程目标任务，通过新建、改建、购买、长期租赁等方式筹集保障性住房20万套以上，发放租赁补贴2万户，竣工保障性住房10万套。① 推进旧城保护性修缮和人口疏解工程，基本完成门头沟采空棚户区等"三区三片"棚户区改造任务，启动京煤集团房山矿区等五片棚户区

---

① 北京市人民政府办公厅：《北京市人民政府贯彻落实国务院关于坚决遏制部分城市房价过快上涨文件的通知》。

改造工作。继续实施无城镇危房户和老旧住宅抗震节能综合改造工程，改善群众住房条件。

"十二五"期间还将大力发展公共租赁住房。在加大政府投入的同时，完善体制机制，运用土地供应、投资补助、财政贴息或注入资本金、税费优惠等政策措施，合理确定租金水平，吸引机构投资者参与公共租赁住房的建设和运营。继续鼓励房地产开发企业在普通商品住房建设项目中配建一定比例的公共租赁住房，并持有、经营，或由政府回购，扩大公共租赁住房供应规模。全面启动公共租赁住房申请、审核、配租工作，2011年底前实现配租入住1万户以上。

为了保证政策住房目标的实现，北京将增加住房用地的有效供应，落实本市2011年国有建设用地供应计划，优先保证保障性住房建设用地，确保保障性住房建设用地占全市住房供地的50%以上，各类保障性住房和中小套型普通商品住房用地不低于住房建设用地年度供应总量的70%。商品住房用地计划供应量不低于前两年年均实际供应量。总结本市"限房价、竞地价"的经验，并在中低价位普通商品住房用地供应中全面施行。

截至2011年2月15日，北京市住房保障资格审核备案情况如下：经济适用住房备案通过79738户，限价商品住房备案通过119471户，廉租住房备案通过24185户，公共租赁住房申请登记11000户，合计各类政策房需求总量达到234394户。总的来看，保障房的需求量还很大，要完成的任务十分艰巨。

2011年全市计划新开工建设、收购保障性住房20万套，其中公开配租配售的保障性住房10万套，公共租赁房占60%以上；用于重点工程拆迁、旧城人口疏解、棚户区改造、城乡结合部整治等定向安置房10万套；租赁补贴2万户保障家庭；力争全年竣工各类保障性住房10万套。新的计划大体上可以满足低收入居民的基本住房需求。

未来5年北京计划新建、收购各类保障房100万套，比"十一五"期间翻一番。北京市住建委表示，未来将大力发展公租房，将保障房的供应结构从"以售为主"向"租售并举、以租为主"转变，未来5年全市新开工建设住房中，保障房将占到60%，公租房将占到公开配租配售保障性住房的60%。北京的住房自有率已经超过80%，在新开工的住房中，如果保障房能达到60%，城镇居民的住房问题将大为缓解。

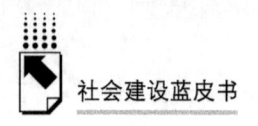

The Public Housing Policy of Beijing in "the 11th Five-year Plan" Period

Li Junfu

Abstract: In order to deal with the rising of house prices and the housing difficulties of low-income groups, in "11th five-year plan" period, the housing policy system of Beijing has been improved gradually, housing policy system covered all of the middle-low income people besides the no-household-register population. The policy housing construction increase year by year strength including "Liangxianfang". If the public housing plan finishes on time, Beijing's housing problem will be eased during "12th five-year plan".

Key Words: Public Housing Policy; Social Policy; Housing Problem; "The 11th Five-year Plan"

B.7 北京市延庆县义务教育均衡发展情况考察报告

李晓婷*

摘 要：当前，义务教育的均衡发展已经成为缩小教育差距、推进教育公平发展的重要手段。延庆县从全面提高教师队伍的业务素质、加强县域内教育资源的整合与均衡配置，通过"开放式"办学引入优质教育资源、推进课程改革，提高育人质量等方面入手加快推进义务教育的均衡发展并取得了突出的成绩，但也存在优质教育资源短缺、寄宿制学生的道德养成以及资金不足等问题。

关键词：义务教育　均衡发展　考察报告

当前，义务教育的均衡发展已经成为缩小教育差距、推进教育公平发展的重要手段。延庆县地处北京远郊区，是典型的农业县，义务教育面临的现实条件是农业人口基数大，山区面积大，教育资源分散、分布不均衡。在这样一个山区面积大、以农业人口为主的县域如何推进义务教育的均衡发展，缩小教育差距，保证人人平等共享教育资源，这是笔者最为关心的问题。延庆县近些年的做法是以"推进均衡、促进公平、提升质量"为重点，全面提高教师队伍的业务素质、加强县域内教育资源的整合与均衡配置，并通过"开放式"办学引入优质教育资源，多方入手提高义务教育的教育质量，在义务教育的均衡发展方面取得了突出的成绩。

---

* 李晓婷，北京工业大学人文学院教师，副教授，社会学博士；研究方向：教育社会学、组织社会学。

一 义务教育发展的基础条件和现状

延庆是北京市西北部的郊区县，面积 2000 平方千米，其中山区面积占 72.8%。全县下辖 11 个镇 4 个乡，376 个行政村，总人口 27.8 万，农业人口 17.6 万，非农业人口 10.2 万，农业人口占总人口的 63%。

延庆县教育规模总量偏小，2010 年延庆县在校学生总数为 35565 人（中学 13272 人，小学 13990 人，幼儿园 5437 人，特教 243 人，职高 2623 人），在校教职工 5191 人（中学 2402 人，小学 1953 人，幼儿园 550 人，特教 27 人，职高 259 人），在校专任教师 3341 人（中学 1391 人，小学 1427 人，幼儿园 377 人，特教 14 人，职高 132 人）。有中学 22 所，包括初中 15 所，完中 3 所，纯高中 2 所，九年一贯制学校 2 所。小学 45 所，包括中心小学 32 所，完小 11 个，村小 2 所。托幼机构 41 所，包括市立园 4 所，中心园和校办园 18 所，民办园 19 所。另外还有职业高中 1 所，特教中心 1 个，打工子弟学校 1 所。

"十一五"时期，延庆县教育发展速度较快，教育普及水平提高较快。"十一五"时期延庆县学前三年毛入园率达到 83%；义务教育毛入学率保持 100%，完成率达到 99% 以上；高中阶段教育毛入学率达到 98% 以上；高考录取率自 2008 年开始连续三年超过北京市平均水平；中等职业教育毕业生的"双证率"达到 90% 以上，就业率达到 98% 以上。这些指标均已达到北京市的平均水平。

应该说延庆县义务教育的发展较好地满足了延庆居民对接受人人均等教育机会的需求，延庆居民对教育发展的社会满意度较高，根据访谈资料，在延庆县社会满意度调查中，连续四年延庆县教委的社会满意度都排在前几位，2009 年底，北京市督导室对北京市 18 个区县的教育满意度进行了 23 个指标的调查，结果延庆县排在第一位。

二 义务教育均衡发展的举措与成绩

义务教育的均衡发展就是缩小地区差距，坚持区域之间、学校之间的均衡发展。通过深入调研与访谈，笔者发现近些年延庆县在义务教育的均衡发展方面获得了长足进步，本文通过师资队伍建设、布局结构调整、办学方式改革、课程体系建设等方面来考察延庆县义务教育均衡发展的变化。

（一）提高教师队伍素质，均衡优质师资队伍

人才是推进义务教育均衡发展的关键，师资力量薄弱一直是农村教育发展的瓶颈。延庆县义务教育中小学共计57所，其中城区9所，川区34所，山区14所。教职工人数城区占30%，川区占60%，山区占10%，川山区教师比例占了70%。山区待遇不高、条件艰苦、交通不便，教师流动率、流失率高，2004~2006年共有218人调离川山区，平均每年向外流动72人。而且山区极度缺乏骨干教师，骨干优秀教师主要集中在县城。2006年延庆县中学共有县级以上骨干教师164名，县城占89.0%，川区占11.0%，山区为0。小学有县级以上骨干教师126名，县城占78.6%，川区占19.8%，山区为1.6%。

1. 加大对川山区教师的政策扶持

为稳定农村中小学教师队伍，延庆县采取了一系列倾斜政策。从2005年开始，将山区教师补贴标准提高到浅山区中小学教师1500元/人·年，辅助教师1000元/人·年；深山区专任教师2000元/人·年，辅助教师1600元/人·年。在义务教育绩效工资改革中，地区补贴川区、浅山区、深山区分别高于县城100元、300元、500元。同时为鼓励优秀教师在农村学校长期从教，延庆县在职称、晋级、评先、休养等方面加大对川山区教师的倾斜力度，规定教师晋升职称必须有农村工作经历。还通过特岗教师招聘等优惠政策吸纳优秀大学生到延庆工作，充实农村中小学师资队伍。

2. 发挥骨干教师的引领辐射作用

自2002年起，延庆县以每年50万元的骨干教师科研经费，建立促进优秀人才成长的有效机制。2007年设立专项资金，启动"延庆名师"培养工程，骨干教师队伍成长很快。2000年延庆县有特级教师1名，市级学科带头人1名，市级骨干26名，县级骨干教师298名；2010年有特级教师6名，市级学科带头人5名，市级骨干71名，县级骨干教师393名（见表1）。骨干教师打破校际界限，在全县范围内承担带徒弟、指导教研科研和支教任务，2005年延庆教委开始选派县城学校教师到本县农村支教，到2007年，实施了"百名教师支援农村教育工程"，既解决了骨干教师总量不足、分布不均衡的矛盾，又促进了优质教师资源的均衡配置。

表1 2000~2010年师资队伍发展情况

项　　目		2000年		2010年		发展变化
专人教师总数		5541人		3341人		
		人数	占比(%)	人数	占比(%)	
专任教师学历结构比例	研究生	0	0	20	0.6	+0.6
	本科	962	17.4	2475	74.1	+56.7
	大专	2353	42.4	581	17.4	-25
	中专高中及以下	2226	40.2	265	7.9	-32.3
专业教师职称结构比例	高级职称	183	3.3	237	7.1	+3.8
	中级职称	2013	36.3	1577	47.2	+10.9
	初级职称	3345	60.4	1527	45.4	-11.1
骨干教师人数	特级教师	1		6		+5
	市级学科带头人	1		5		+4
	市级骨干	26		71		+45
	县级骨干	298		393		+95

资料来源：延庆县教委访谈资料。

3. 加强教师专业培训和学历教育

延庆县利用寒暑假每年开展课改年级的滚动培训；与教科院和首师大等高校合作，开展每半年为1期的在职组班培训，先后开展了教科院主持的初中语、数、外、理、化五科全员培训，首师大主持的初中13科、小学语、数、外3科全员培训及小学、初中、高中学科系列专题培训。还与高校合作开展脱产组班培训和学历教育培训，包括本科班15个，研究生课程班6个，研究生学历班3个。另外延庆县还着重培训英语教师，给教师创造出国培训的条件，自2005年起，县财政总投入45万元组织中学英语骨干教师赴加拿大培训，连续四年，共有80名英语教师接受出国培训。为加强素质教育，延庆县还对音乐、体育教师统一进行培训，提高了全县教师的专业知识能力、教育教学能力。

教师学历层次显著提高，2000年和2010年相比，中小学专任教师中研究生学历者从零提高到20人，变化最大的是拥有本科学历的教师比例，由2000年的17.4%提高到2010年的74.1%，提高了56.7个百分点。而拥有大专以下学历的教师比例由原来的82.6%减少到25.3%。从专任教师职称结构来看，2010年中高级职称的比例达到54.3%，超过教师总数的一半（见表1）。目前，延庆小学、初中、高中专任教师学历合格率分别达到100%、99.8%、97.9%。

（二）调整学校布局，统筹全县教育资源

1. 加快布局结构调整

1999 年，延庆县共有办学点 248 处，包括托幼儿所 53 所（市立园 3 所，单位办园 5 所，乡村办园 45 所，小学附设学前班 33 个），小学办学点 161 处（中心小学 37 所，完小 21 所，村小 103 所），中学 31 所（初中 25 所，完全中学 6 所）。由于办学点较多，财政对教育的支持力度有限，各学校普遍存在教育资源匮乏的问题。

"十五"期间，延庆县为整合资源，提出适度扩充县城教育资源，合理进行布局结构调整。由 2000 年全县共有 33 所中学、130 所小学，调整到 2005 年全县共有 30 所中学，72 所小学，撤并学校 61 所，一些办学规模小、办学条件差、办学质量低的学校被整合，优质教育资源得到扩充。

"十一五"时期，延庆县教委提出教育公平、布局调整新思路，确定"撤并村小、初中出山、高中进城、三教统筹"的基本思路，按照"山区模式、川区模式、城区模式"三种模式实施。2006、2007 两年先后撤并了 6 所中学，1 所中心，13 所村小，其中 2006 年在县城附近新建了一所寄宿制中学——第八中学，将撤并的 5 所川山区中学的 1000 多名学生集中到县城办学，山区的孩子享受到县城的优质教育，2008 年在县城建立第二所寄宿制学校——第七中学，来自山区 4 所中学的 500 多名学生进入县城学习。"十一五"时期，共撤并村小 22 所，撤并川山区初中 10 所，撤销了康庄中学高中部，学生到县城高中就读，实现了"初中出山、高中进城"的布局结构调整目标。

2. 加强城乡基础设施建设

2002 年，延庆县实施了小学优质校建设工程，2005 年又实施了初中优质校建设工程。在建设过程中，由认定程序转向控制程序，具体通过方案论证、问题研究、理念提升、整体推进、答辩验收等步骤，使各学校明确办学方向，找准了定位。2005 年北京市教委提出初中学校建设工程，2007 年提出小学规范化建设工程，颁发了《北京市中小学校办学条件标准细则》。据此，延庆县确立在"十一五"时期实施中小学办学条件达标工程，明确了"城乡统筹、校际统筹，分项目、分步骤实施"的思路。

"十一五"期间，全县用于改善学校办学条件的资金累计达到 8 亿多元，完

成了康庄中学改造、体育运动学校搬迁等15项大型基建工程，55所中小学校在专室、仪器、设备、图书配备和信息化建设等主要项目上达到了北京市新颁办学条件标准，占全县列入达标计划的中小学总数的90%以上。2009年4月，全县初中建设工程顺利通过了北京市教委和市政府督导室的联合验收，三年初中建设工程圆满落下帷幕，全县初中学校的教学条件和办学水平都得到了大幅提高。2009年，按照上级统一部署，延庆县启动了校舍安全工程，计划在三年时间内将所有抗震设计不达标的中小学校舍进行加固或拆建，使所有中小学校在"十二五"初期全部达到国家规定的抗震标准，目前此项工程已经完成50%。

3. 支持农民工子弟校办学

2001年7月，延庆县唯一一所农民工子弟学校——北京市延庆县庆源学校成立，学校最初办学条件极差，庆源学校的校址曾经7年三迁，由最初的百眼泉村到唐家堡村，再到现在的原沈家营中心小学，经历了民办学校的艰辛和困苦。2006年庆源学校在延庆教委注册后，得到了极大的支持，2007年政府提供校址，2008、2009年又解决了学校的设施问题，仅2008年延庆教委就投资100余万元帮助改善学校的办学条件，2009年开始发放教学补贴。目前该校占地面积10000平方米，校舍建筑面积约2000平方米，现有学生352名，教职员工31名。同时延庆教委将该校的管理纳入延庆教育的总体框架之中，干部教师培训、督导评价、总结表彰等活动均与公办学校统一标准、同时进行。学校成立近9年来，已经使外省市在延庆县务工经商的2000多名农民工子女接受了正规的九年义务教育，该校教师都具备教师从业资格。

（三）坚持开放式办学，吸收优质教育资源

2005年，为缩小延庆县和北京市以及其他区县的教育差距，延庆县教委提出"开放式"办学的思路，主张延庆教育必须融入首都教育的大环境之中，充分依托首都教育优势，打破时空和地域的界限，使延庆的孩子和北京市的孩子一样，追求优质教育资源的最大化。

1. 名校办分校

2007年延庆县永宁中学与人大附中实现了联合办学，9月，"人大附中延庆分校"正式落户延庆县永宁中学，招收了两个班80名延庆本地学生，这两个班的管理、教育教学完全由人大附中全权负责，人大附中20多位教师来到分校进

行教育教学工作,这一举措使远郊学生享受到了北京市最优质的教育。另外,康庄中学也与北京171中学实现了名校办分校,第四中学与首都师范大学合作建设附中,填补了延庆在附中建设项目上的空白。

2. "手拉手"学校

2007年延庆县已有34所中小学与市区优质学校建立了"手拉手"帮扶关系,县域内25所优质学校与川山区学校结成"手拉手"关系;347名城镇地区的市县级学科带头人、骨干教师分别与城乡467位校级骨干教师确立了师徒关系,确认帮带责任。目前全县所有中小学、幼儿园和职业学校都分别与北京城区优质学校建立了"手拉手"帮带关系。

3. "1+1"捆绑式发展

延庆县在县城内实施"1+1"捆绑式发展,将四个深山区学校和县城内的四所优质学校进行帮带发展,以县城学校的教育资源、教育方法带动、帮助深山区学校的发展。

开放式办学方式使教育资源配置方式发生了变化,促进了教育资源在全县范围内实现合理的分配,使得延庆县义务教育均衡发展获得了很好的成效。

(四) 推进课程改革,提高育人质量

延庆县是北京市课改实验区,2002年小学进入课改,2003年中学进入课改,2007年高中进入课改。延庆县以课改为抓手,推进全县教育质量的飞跃。

1. 以联片教研为主,加强课改教研工作

根据教育发展的实际,延庆县确定了"县—片—校"三级互动模式,以校本教研为基础、联片教研为重点、县级教研为引领的思路。全县中小学各划分为5个课改实验片,每片由城、川、山区的5~6所学校组成,并设"样本校"为课改实验基地。几年来,以联片教研为特点,全县教师把课程标准的学习、课改教材的知识点能力点、课堂教学目标表述、环节设置、方式方法选用、工具的选择、作业设置与处理、质量检测与评价等教学基本要素作为教学研究工作的基本内容,结合实践深入研究,促进了课改由通识层面向操作层面的深化。

2. 以课改科研为先导,解决教学实际问题

为推动课改建设,县教委把教学中的实际问题作为科研课题,组织教师进行实践研究。2006年10月,全县中学启动了"以项目推进方式开展教学环节研究

与实践"课题研究工作，制定了《实施方案》和《开题报告》，组织全县教师紧紧围绕教学过程的八个基本环节开展研究与实践活动。教科研中心成立了16个核心项目组，全体教师全员参与，每所学校成立八个项目组，教委予以资金保障。"十五"时期市级立项14个，县级立项300个。"十一五"时期市级立项28个，县级立项106个，教师参与率达到70%以上。延庆县的教学成绩有了明显提高，2010年，中考高分段（全科481分以上）学生人数比例比"十一五"初（2006年）增加18.91%，低分段（全科300分以下）学生人数比例比"十一五"初（2006年）下降了10.96%。高考录取率自2008年起连续三年达到或超过全市平均水平，2010年达到87.62%，总体录取率比"十一五"初（2006年）提高了24.23%。

3. 加强校本课程建设，创新校本教研形式

2004年，延庆县正式申请为全国校本教研基地建设实验县。为规范"校本教研"活动，延庆县一方面注重加强校本教研制度建设，与首师大合作制定出台了《延庆县县、片、校三级校本教研制度建设指导意见》，对学校层面、实验片层面、全县层面的教研工作组织机构、职责、活动内容、活动形式、考核评价办法等作出了相应的规定。一方面积极开展校本课程建设，相继开发了《归川文化》（旅游篇、历史篇、地理篇）3册，根据延庆"生态涵养区"的定位，开发了《延庆县中小学生生态教育读本》（中学分册、小学分册）。各个学校结合开始文化课和本地实际情况积极开发校本课程，包括艺术、科技、体育、思维、环保、国学等十几个类别，目前各中小学均有较为成熟的校本课程。

三 延庆教育发展中的问题与思考

1. 优质教育资源相对短缺

在访谈中，延庆教委指出，教育资源的短缺，主要分为满足基本教育机会的资源短缺、扩大和增加教育机会的资源短缺、接受高水平和高质量教育的资源短缺三个方面，从延庆教育的情况看，基础教育的资源短缺主要表现在优质教育资源的短缺方面。

很多研究表明，随着学生人数的减少和学校布局的调整，我国城镇和农村的师生比都在下降，每个老师负担的学生数减少，而且农村的中小学师生比相等或小于城镇,说明农村老师相对数量并不少于城镇,或者说在教师数量上,农村和城镇并不存在差距①。但从教师质量上看,远郊中小学教师的受教育年限低于城区和近郊,而且也低于全市平均值,中小学教师的学历合格率也呈现城区、近郊和远郊的梯度下降,而且远郊区县的教师学历合格率低于全市平均水平。在骨干教师的比例上,城区和近郊区都在60%以上,而远郊区县只稍高于30%,差距在30%以上,在特级教师的分配方面,城区比例最高,为31%,近郊区为23%,而远郊区县却只有1.6%,与城区相差近30%,这样的差距足以反映出两地教师在质量方面存在的差距。②延庆地处北京远郊区,优质教师资源很难进入"北京的毛细血管",而师资解决不了,教育均衡也就解决不了。

2. 教育布局结构调整带来的新问题

教育布局调整的目的是实现区域内优质教育资源的共享,促进教育公平,但结构调整也带来一系列新的问题。如交通问题,布局调整后,办学点向乡镇和县城集中,打破了原有就近入学的空间概念,很多中小学生上学距离较远或者需要到县城、乡镇寄宿,包括教师上下班的交通问题。有的是未开通公交线路,有的情况是交通运力不足,有的是不具备运输资质等,尤其延庆县川山区面积较大,交通运力问题比较严重,教师上下班交通不便也影响了农村教师队伍的稳定,这是目前延庆县教育事业发展中存在的突出问题。

还有寄宿制带来的问题。比如住宿生的课余时间安排、安全保障、生活和心理状况等原本由家长承担的责任全部转移到学校,转移到教师身上,学校缺乏生活管理老师和负责餐饮的职工,学校责任无限扩大,教师压力很大。还有一个重要的问题是寄宿制学生的德育教育问题。很多住宿学生年龄偏小,一些山区学生4~6岁就出来住宿,大量的时间生活在学校,在一定程度上牺牲了父母和孩子朝夕相处的亲情,导致了"亲情上的不公平",而且从小亲情的缺失容易造成孩子成人后的性格缺失,因此需要更新德育教育内容,加强学生的道德养成。

3. 教育投入难以满足发展需求

近几年来,北京市县两级财政不断加大对教育的转移支付力度,"三个增

---

① 唐忠、崔国胜:《北京义务教育非均衡发展的实证分析》,《北京社会科学》,2005。
② 《北京教育发展研究报告2003年卷》,民族出版社,第67~78页。

长、两个提高"一直都能实现,但由于北京市中小学校办学条件达标工程、校舍安全工程等项目的相继实施,各级拨付的教育资金大部分用于改善学校办学条件,限制了教育工作其他各方面的发展需求。延庆原有教育资源匮乏,历史欠债多,如全县50万平方米的建筑,有40万不合格,没有达到抗震8级。在教育投入中,县级投入比例高,2009年延庆教育支出6个亿,其中市级财政支出3个亿,县级财政支出3个亿,而2009年延庆县全县财政收入为6个亿。作为北京的远郊区县,在县级财政能力有限的情况下,义务教育的均衡发展更需要市级财政的大力支持。

21世纪以来,我国基础教育管理体制发生了重大转变,义务教育的管理重心,转向"以县为主"。《中华人民共和国国民经济和社会发展第十个五年计划纲要》指出,要"加强县级人民政府对基础教育的统筹",《国务院关于基础教育改革与发展的决定》提出,要建立"以县为主"的基础教育管理体制。因此,研究县域教育,做好县域教育的大文章,已是摆在县级人民政府和县级教育行政部门面前的一项重要而亟待解决的课题。应该说延庆县义务教育发展的措施与思路可以为其他县域教育的发展提供借鉴。但我们在看到成绩的同时,仍需要思考的问题是,教育的主体是谁,是政府还是受教育者?从国家现行的政策实施看,政府成为教育发展的唯一主体,受教育者成为教育的客体,教育的最终目的是提高人的素质和能力,在这个过程中受教育者的需求又是不可忽视的。

An Investigation Report on Balanced Development in Compulsory Education in Yanqing County

Li Xiaoting

Abstract: At present, balanced development in compulsory education has been a major measure in shrinking the education gap and improving fair education development. In recent years, Yanqing County has made significant achievements in compulsory education. It has pushed the balanced development in education through improving the teachers' professional qualities, enhancing the integration and balanced allocation of educational resources, introducing high-qualified educational resources, launching course reform, improving outcome of education. However, there still exists some problems: the shortage of high-qualified education resources, morality nurturing of the students in boarding school and fund scarcity.

Key Words: Compulsory Education; Balanced Development; Education Gap between the Urban Area and Rural Area

B.8
首"堵"之困：2010年北京交通拥堵问题分析

朱 涛[*]

摘 要：北京的交通拥堵已经引起了全社会广泛关注和热议，本文从交通拥堵的现状出发，从交通结构的视角分析了北京交通拥堵的若干重要原因，并尝试提出了治理北京交通拥堵的短、中、长期方案，以引发对城市发展的深度思考。

关键词：交通拥堵 交通结构 结构优化

2010年的北京交通，特别是市区地面交通，经历了一个不平凡的"堵"年。打车难、乘公交车难、开私家车难……交通拥堵与每一个生活在北京的人息息相关，堵车在市民的日常出行中产生越来越重要的影响，对堵车的热议也充斥着各个媒体，"堵车"已经成为北京这个特大城市提及频率最为频繁的词。

从2010年初大雪造成的大拥堵，到年末《北京市人民政府关于进一步推进首都交通科学发展加大力度缓解交通拥堵工作的意见》（2010年12月23日）的出台，北京交通"堵车—议堵—治堵"的旋律贯穿了2010年一整年。而展望2011年，首都治理交通拥堵的工作也开始了新的征程。

客观来说，交通拥堵不只是北京，也不只是某个城市的病症，交通拥堵已成为当今中国城市的一大通病，而且是城市飞速发展期最重要的城市病。纵观中国城市的发展历程和世界大城市的发展经验，城市交通拥堵问题在相当长的时期内将持续存在。交通拥堵不是只靠政府一朝一夕的几剂"猛药"就能解决的，它

---

[*] 朱涛，社会学博士，北京工业大学讲师；研究方向：社会管理与社会建设、法社会学、交通社会学。

需要动员全社会的力量，依靠所有交通参与者的广泛参与，才能共同维护城市交通秩序，并最终真正破解城市发展中的交通拥堵困境。

一 愈演愈烈的北京交通拥堵

2010年9月17日，一场秋雨给北京带来了些许凉意，然而北京交通"拥堵"却是热乎得一塌糊涂。当天晚高峰时段，北京市拥堵路段高达创纪录的143条，众多的指示牌上一路飘红。这一天，北京交通拥堵路段不仅历史性地破百，而且远远超过了2010年初大雪造成的近百条拥堵路段的峰值记录。

这次世纪大堵车，是常态化北京交通拥堵的恶性大爆发，集合了交通拥堵的诸多原因：比如雨天路滑，车辆剐蹭事故多，行驶缓慢；中秋临近，走亲访友送礼增多，导致上路车辆增加；周末繁华商业街区和交通枢纽地区繁忙，交通压力大等。

这次大堵车着实地让北京市民领受了堵车的疯狂，拥堵已然成为近年来首都北京的"名片"。一场不期而至的雨雪、一宗突如其来的车祸、一次预料之中的节假日，这些偶然或者必然的情况都有可能让北京陷入交通拥堵。人多、车多、特权车多、交通管制、天气等因素，使得"首都=首堵"在日常生活中正在真实地上演。北京的交通似乎已经脆弱到"不能承受之轻"的地步。

交通拥堵是重大的民生问题，它妨碍市民正常出行，降低了市民生活质量，特别是使很多在上下班路上花费很长时间的市民倍感痛苦，缺乏"幸福感"。根据中国科学院发布的《2010中国新型城市化报告》对北京等50座城市上班花费时间进行的调查显示，有17个城市上班花费的平均时间超过30分钟，其中北京市上班平均花费的时间最长，达52分钟，其次为广州48分钟、上海47分钟、深圳46分钟。[①] 同时，交通拥堵也是重大的经济问题，光燃油费这一项，若按每天高峰期在市区主干道有300万辆车，每一辆车按1升燃油/小时计算，其损失就超过两千多万。而零点研究咨询集团公布的"居民生活机动性指数"调查结果显示，2009年北京居民的拥堵经济成本已经达到每月335.6元，以保守的北京1700万人口计算，每月造成的经济损失高达57亿元。拥堵问题亦日益成为

---

① 陈仁泽：《上班的路怎么越来越长？让人身心俱疲》，2010年12月23日《人民日报》。

北京"不可承受之重"。①

可见，一方面是北京交通脆弱的"不能承受之轻"；另一方面，交通拥堵又带来损失的"不可承受之重"，愈演愈烈的交通拥堵状况已经成为北京交通发展无法回避的紧迫的现实问题。如何破解困扰多年的交通痼疾，也成为相关部门的头等大事和各方热议的焦点。

二 北京交通拥堵环境现状

一般来说，在快速城市化进程中，常常伴随着交通拥堵的出现。但是，城市化和交通拥堵之间又不必然存在联系，并不意味着交通拥堵是城市化进程中必须持续付出且不断增加的成本。相反，如果城市治理注重经济与公共事业的平衡，城市规划更加具有前瞻性与合理性，那么，城市交通拥堵完全可以限制在可容忍的范围内。但是在很长时间里，北京的城市治理和发展过多地强调经济效益，过多地强调了对经济拉动产业的扶持，无形中忽略了社会效益。比如，汽车业对于城市 GDP 增长带动作用明显，因此鼓励汽车业发展一直是重要的产业政策。然而，在汽车业快速发展的同时，城市交通的规划和发展却远远滞后。②

（一）机动车增长迅猛

1997 年 2 月，北京机动车保有量突破 100 万辆；

2003 年 8 月，北京市机动车保有量突破 200 万辆；

2007 年 5 月，北京市机动车保有量突破 300 万辆；

2009 年 12 月 18 日，北京机动车保有量突破 400 万辆；

2010 年 12 月，北京机动车保有量约 475 万辆。

若不是自 2011 年开始的"摇号限购"政策③，北京市机动车保有量很可能在 2011 年第一季度就突破 500 万辆。按照新的政策，2011 年北京将只新上 24 万

---

① 陈仁泽：《上班的路怎么越来越长？让人身心俱疲》，2010 年 12 月 23 日《人民日报》。
② 参见 http：//www.cnr.cn/gundong/201012/t20101210_ 507445697.html。
③ 指 2010 年 12 月 23 日正式发布的《北京市小客车数量调控暂行规定》。

辆车牌照，但是由于2010年底的突击买车狂潮，2011年北京机动车保有量突破500万辆已只是时间问题。而在交通资源有限、机动车超速发展的同时，人们的出行方式却极其不合理。北京私人小汽车年均行驶里程为1.5万千米，是伦敦的1.5倍，东京的2倍多，北京市小汽车低于5千米的短途出行占出行总量的44%，也就是说，骑自行车能到达的路，近一半的人却选择开车出行。2010年11月，央视披露北京公务用车已达70万辆，占本市机动车总量的近15%，且主要集中在城区，极大占用了本就稀缺的道路资源。①

目前北京的交通巨大压力主要来自"向心交通"。近几年来，北京虽然花大力气发展卫星新城，但目前北京本质上还是一个单中心的结构。市民在早高峰从四面八方来到市区，晚上则是离开市中心方向的车辆特别多，车流呈现"潮汐式"流动。

（二）公共交通压力巨大

目前，北京地铁日客运量超过600万人次，地面公共交通的日客运量已高达1200万人次。超大规模的客流量不仅出行的分布面广，而且出行距离长、时间相对集中，给北京交通带来了巨大挑战。例如，北京大量的出行都集中在三环路以内，过多的地铁线路在三环以内汇集再换乘转换，无疑大大加重了轨道线网的负担。目前北京的地铁线路主要是穿越市中心，如1号线、5号线和4号线，线路运营面临人满为患的尴尬局面。早晚高峰时期的四惠（东）站、天通苑站、复兴门站等，都是市民上下班时令人恐怖的地铁站。

北京"摊大饼"式扩张，在公共交通上需兼顾多方向发展。因此，即使北京的轨道网络的总规模与世界上其他大城市相比已不算小，但是其规模离老百姓的要求还存在很大的距离。相比较而言，许多城市的出行分布、道路网结构以及交通出行特征与北京完全不同。纽约的曼哈顿呈偏狭长形的带状形态，发展轨道交通比较容易。如果达到同样的覆盖率，对曼哈顿而言，在南北方向上开通几条纵向地铁线路就能解决问题。香港城区的形态也呈带状发展，客流出行集中在几条带状走廊上，也比较适合发展轨道交通。②

---

① 参见 http://news.163.com/10/1204/05/6N1MRJNA0001124J.html。
② 参见 http://finance.sina.com.cn/roll/20101120/01363526237.shtml。

（三）已有治堵措施成效有限

北京出台了许多治堵措施，但这些措施在实施过程中，面对汹涌的拥堵，成效有限。例如尾号限行。2008年的北京奥运会，由于单双号限行措施的有效执行，奥运交通得以良好运行。奥运会后，改为相对宽松的尾号限行。但是，尾号限行一方面催生了部分家庭购置第二辆车来应对限行；另一方面，随着机动车保有量不断增加，这个尾号限行的效果也逐渐在减弱，因为路上的车总量毕竟多了。更出乎意料的是，随着尾号限行时间的延长，各种违限行为层出不穷：认罚闯限、光盘遮挡尾号、购买假车牌等。

还有错峰上下班制度。北京市属各级党政机关、社会团体、事业单位、国有企业和城镇集体企业，从2010年4月份开始实行错峰上下班，以缓解交通压力。但实际情况是，很多家庭早晚依然接送小孩上学，因此该制度反而造成了很多市民生活的不便。

三　北京交通拥堵分析：交通结构的视角

一般来说，路、车、人构成了交通的基本要件，这三者也是构成"交通结构"的基本要件。从北京交通的现状来看，北京的交通不仅仅是"堵"的问题，而且涉及深层次的"交通结构"问题。

（一）路网建设结构失衡

在城市交通中，路网建设事关交通的全局。表面上，北京的路网建设很多，但不合理的路网建设却是影响交通不顺畅的罪魁祸首。一是细看北京的路网，主路多，但"毛细血管"式的路却很少，这样一来，车流只能大量地向主路集中，而一旦主路拥堵，在缺乏众多的可替代性小路疏散的情况下，交通拥堵就难以及时化解。这也难怪北京的环线从一环建到六环，同时堵车也呈现数量升级。二是根据司机的反映，北京路网的"进出口"也存在不少问题：即入口和出口的距离问题。例如在赵公口，主路出口和入口仅相距50米，极易影响车流速度；而劲松附近的出口和入口却有约500米的距离，又太长。根据司机的经验，一般距离在150米就比较合适。三是在交通立交桥的设计上，北京西直门立交桥、苏州桥等花费巨资建设的交通项目，不但没有缓解这些地区的交通拥堵，反而在一定程度上使拥堵加剧。虽然当初建设的初衷是好的，但实际效果却体现出交通设计规划的"先天不足"。例如北辰立交桥缺少由北向东衔接北四环东行方向的引桥。而连接北三环与北四环的万泉河桥缺少万泉河桥由南向西连接北四环西行的引桥，造成西行北四环的车辆不得不到颐和园路立交桥下掉头绕行。①

（二）交通工具结构失衡

一边是汽车销量的一片向好，2010年北京约增加了70万辆车。另一边是交通环境越来越差，堵车高峰一波接一波。我们很自然地会把交通拥堵的罪名安在汽车头上。不可否认的是，车多的确直接导致了交通拥堵的产生，但是为什么车多？为什么这么多车都要跑在路上？这就不仅仅要看车的"量"，也要看各种交通运输工具的"质"。

目前，北京公共交通及其配套资源还显不足，直接体现在公交、地铁等公共交通设备的运力供应不足，以及公共停车位的供应不足上。高峰时期的公交地铁，想挤上去都难，更不用说在路上的堵塞带来的烦恼。公共交通工具的运力不足导致人们寻求私人交通工具的运力来弥补，同时也照顾了出行的舒适性。此外，北京很多公交车与公交车之间，公交车与地铁之间的线路重合很多。公交车线路的大部分重合，非但不能减轻交通压力，相反，只能增加交通压力。北京现有的公交路线布局，是由历史遗存与部分无序演进、部分有序发展形成的。很多公交线路的开通和运行的初衷是为提供单线程服务，该设计的角度看起来貌似有助于提高平均乘1次车就可到达目的地的百分比，但忽略了人们出行的多样性、多变性以及多方向性。与此同时，这种设计角度忽略了每条公交线路所提供服务的普适性，结果导致这种为某地乘客到某地提供单线服务的公交线路越来越多，整个城市的公交车增多，交通堵塞成为必然。②

在北京的公共交通中，不得不提到目前北京诸多公交车站的设计问题。在著名的堵点"赵公口"，公交车进站连续不断，占据了两、三条车道，给后面一般

---

① 参见http://discover.news.163.com/special/bjtraffic/。
② 参见http://auto.qq.com/a/20100927/000343.htm。

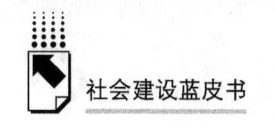

机动车的顺畅前行造成困难。因此，如何科学合理地设计公交车站，兼顾各方面的利益，是需要慎重考虑的一个问题。

（三）交通空间结构失衡

北京城区经过多年的发展，依然呈现单一中心的发展模式，修建环路的结果是单中心城市承载了过多的城市功能。城市空间结构的失衡是造成交通拥堵的核心原因，也使市民的生活质量、幸福感下降很快。

近些年来，由于大批量、不间断的旧城改造和节节攀升的市区房价，越来越多的市民搬离市中心，迁到四环、五环甚至离市中心更远的地方居住。但是，市民的居住在向郊区蔓延的同时，市民的经济社会生活却依然集中在市中心。这是因为，市中心三环以内的区域，集中了大量的写字楼、公司；集中了几乎所有的重点中小学；集中了几乎所有的"三甲"医院。"职住分离"、"跨区上学"、"跨区就医"等现象十分突出，中心城区承载了太多的资源，使得普通市民依然需要耗费许多交通资源来"靠近"市中心。目前，北京市存在着流量极大的"潮汐式"交通，即早高峰时期，大量的交通流从郊区流向市中心，特别是三环以内的区域；晚高峰时期，又有大量的交通流从市中心区域流向郊区。这样每天几乎定时地往返于居住地和市中心地带，必然带来巨大的交流压力。

不尽合理的城市空间结构，加上市中心资源的高度集中，使得北京人均交通距离由5千米增加到了15千米。为了解决出行问题，步行和骑自行车已不可能，许多市民不得不购买机动车代步出行。大量机动车的高使用率，使北京城区的道路很容易就变得极其拥堵。

（四）公众交通素质缺失

人是交通的主体，在分析交通结构时，不能忽略人的因素。这里，基本的交通参与者主要是指司机和行人对交通拥堵的影响较大。

从司机方面来讲，道路上不合格的司机现在不在少数。在交通行进的过程中，很多开车的司机过于浮躁：一堵就急，一急就挤，一挤更堵，更堵更急，在道路上形成了一个恶性循环的驾驶环境。事实上，一辆车的一挤，影响的不只是后边的一辆车，而是影响到后边的一排车。"挤车"看似占了便宜，实际上给整个交通带来的负效应最终也将影响到每个司机身上，可谓害人也害己。除了"挤"，道路上野蛮超车、开斗气车、"狭路相逢不相让"的情况也屡见不鲜，这些不文明的行为不仅本身影响了交通的舒畅，更为严重的是常常造成各种交通事故，更加重了原本就很紧张的交通状况，使得堵上加堵。

事实上，很多严重的交通堵塞都是由于一次简单的违规并道引起的。举一个简单的例子，当遇到由于修路或事故所引发的两道并一道的情况时，国际上通行的做法是按照"拉链法则"：并道两侧的车辆一次一辆地逐一通过。可是我们很多司机在遇到这种情况的时候，往往是左右两侧的汽车都想争抢先行，结果就是谁也过不去，最后只能是由缓慢前行的小堵车变成接近瘫痪的大堵车。[①] 可以说，虽然我们已经是一个汽车大国，但我们还不是一个汽车司机的大国。

交通应当是流动的，流动起来的交通才会顺畅，司机的心情也才能跟着顺畅。而交通流的一个环节出了问题，则所有的交通后续环节都会跟着出问题。

除了司机，行人也是交通的重要参与者。司机不遵守交通规则会造成交通的拥堵，行人不遵守交通规则同样会给交通带来极大的影响。例如，不少行人见到红灯依然横穿马路，使得原本应该流动通畅的车流被生生地减速甚至停止。不遵守交通规则不仅仅是阻滞交通的问题，更为严重的是造成了很多原本可以避免的交通事故。

交通规则能否被严格遵守，和交通参与者的素质息息相关。只有道路上所有的交通参与者都严格遵守交通规则，交通才有可能变得越来越顺畅，交通秩序才有可能得到保证。

四 缓解北京交通的若干建议

城市道路交通拥堵是个世界难题，也是城市在高速发展过程中必然要经历并应努力加以克服的问题。北京人口众多，当前又处于经济社会快速发展期，堵车之"痛"已经为广大市民密切关注。在北京交通的"后限行"时代，为了解决北京的交通拥堵问题，我们在迎接汽车保有量持续增加的挑战的同时，也要针对北京交通的各种结构性特征对症下药，优化交通结构。

---

① 参见 http://nf.nfdaily.cn/nfzm/content/2010-10/15/content_16716094.htm。

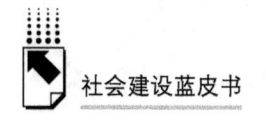

（一）短期方案

第一，随着经济社会的发展，政府要保持对交通财政投入的增长，按照人口规模进一步优化公交、地铁等公共交通运力。优化运力，不仅要在"量"上做文章，比如延长地铁线路等，更重要的是要优化公共交通的线路设计。特别是要打造公共交通的骨干网络体系，充分发挥轨道交通和快速公交的作用。在优化公共交通运力的同时，要不断提高市民乘坐公共交通的舒适度，特别是要改善乘坐环境，尽可能减少乘客的不满意感。

第二，政府可研究试行相关政策，甚至以财政补贴的方式，鼓励在同一片区的单位、公司统一购买或租赁班车为员工提供上下班交通服务。通过班车服务，减少员工自驾车上班，减少机动车的使用频率，缓解道路交通拥堵。

第三，进一步优化设计停车收费模式。在生活区、工作区、商业区等的停车场地要按类别收取停车费用，如对于车流量大的商业区，可合理进一步提高停车收费价格。而对于北京市目前依然严重的占道停车行为，应加大执法检查力度和密度，坚决予以遏制。

（二）中期方案

第一，从"点"入手，优化交通拥堵节点的管理。特别是针对北京的主次干道的交叉口，高架匝道处、主干道辅道进出口处、主干道掉头口处、主干道车道设置变更处、公交专用道与非专用道过渡处，需要从道路设计、交通流量、站台设置等方面综合考虑，注意多收集来自司机的建设性建议。如果这些关键的节点能畅通，交通拥堵就能得到充分的缓解。

第二，从"线"延伸。北京的路网交通要进一步普及智能交通管理系统的应用。智能交通不能仅仅停留在红绿灯设置和摄像头的安装上，还需要根据交流流量、交通事故等情况，合理调控红绿灯，通过各种信息发布手段，对路况进行提前预警。针对北京交通管制比较频繁的情况，对重点路段的路况，还需要加大信息发布的频率，防止大量的车涌向已经拥堵的路段。

第三，全"面"开花。在合理规划交通布局的基础上，要从大交通的范围综合考虑地铁、轻轨、铁路延长线、水运、空运的运力，缓解市区道路交通的压力。特别是对货运车辆，要综合考虑减轻当前公路货运压力过大的问题。

（三）长远方案

第一，城市建设需要合理严格规划。目前北京的城市规划虽然有多中心的发展战略，但是当前单一中心的城中心模式已经形成，在 CBD 等区域的巨大交流流量亦已形成。今后可以考虑选择适当的时机，逐步分离市中心集聚的功能，分流交通。此外，在今后的城市建设中，应该严格规划，加大力度发展新城。特别是要在新城地区建立相应的产业区、金融商业区，使得市民有机会就近上班，减少"职住分离"现象。此外，在新城地区也要加强教育、医疗卫生等民生事业建设，加强基础设施硬件建设，也要加强师资、医师资源的配备，改变市中心和新城教育、医疗资源严重失衡的现状，使得市民可以，也愿意就近入学、就近就医等。当然，城市规划设计到多个政府相关部门，并不是交通部门可以独立解决的，因此更要突出规划的严肃性，不能轻易突破原有的科学规划。

第二，交通管理和教育要重点推进。管理是标，教育是本，标本兼治才能有所成效。在交通管理上，交通部门一方面要进一步提升执法水平和责任感，另一方面对交通违规者的处罚则要宜重不宜轻。如对违反交通规则的行为，不能简单地罚钱了事，要对违规者适当施加时间、精力成本（如强制学习等）。只有加强违规的成本，违规者才能有所收敛，表面上这兴许是对个体的不公，但实际上是对整个社会的公正，既节约了交通成本，也节约了社会良性秩序的成本。在交通教育上，需进一步加大宣传力度，提倡文明驾驶、文明出行。交通教育要下沉到中小学、社区、单位，也要在新闻媒体上广泛、持续宣传。只有每一个人的出行素质提高了，北京的文明有序的交通秩序才有可能形成，并持续发展。

第三，交通问题要引起全社会的重视，形成文明交通、人人有责的局面。尽管交通部门对解决交通问题责无旁贷，但是城建、国土、城管等部门也应负起相关的责任。特别是在道路建设等事项上，更应该得到各级部门、各级地方政府的配合和支持，才有可能尽快推动北京交通的大发展。

结　　语

交通拥堵作为一种社会现象，它的出现与升级和经济、人口、产业、空间等宏观因素的联系都非常紧密。与国外同等规模城市相比，北京的城市化、机动化

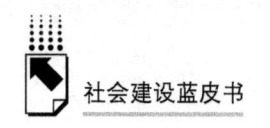

进程都呈现超速发展的态势,即北京大致是以三四十年的时间完成发达国家城市百年的发展进程。而在交通拥堵的现象背后,还存在北京人口超过 2000 万的规划与现实的激烈碰撞,这更是绝非交通层面能够解决的。

解决交通拥堵是个复杂的系统工程,不仅需要明确的目标和规划,也需要全社会切实的行动。只有从优化交通结构、优化城市结构入手,交通拥堵才有望得到缓解。交通拥堵是一个提醒:在高速发展的城市中,如果城市经济利益与社会利益不能协调,那么经济利益将最终受到损害。从这个角度看,治理北京交通治堵的过程,应该成为深化城市发展思考、提升城市治理水平的新契机,成为城市发展制度革新的又一个起点。

Analysis on the Problems of Traffic Jams in Beijing

Zhu Tao

Abstract: The phenomenon of traffic jams in Beijing has been attached grand attentions. Based on the materials of traffic jams in Beijing, this article analyzes some important reasons for traffic jams in the view of traffic structure, and suggests some solutions to control traffic jams.

Key Words: Traffic Jams; Traffic Structure; Structure Optimize

B.9 北京市社会救助实施状况分析报告*

杨 荣**

摘 要：社会救助是社会保障体系的重要组成部分，其内容随着社会的发展而变化。2010年北京市各项救助政策得到全面落实，社会救助管理更加规范，社会救助水平继续提高。同时，在社会救助实施过程中也出现了一些问题，本文对这些问题进行分析并提出了进一步改进的建议和措施。

关键词：北京 社会救助

社会救助是指在社会成员因个人原因、自然原因或者社会原因致使其基本生活难以维持时，由政府和社会为其提供基本物质保障服务的救助制度。社会救助是社会保障体系的重要组成部分，是受到宪法保障的基本公民权利之一。社会救助的内涵随着社会的发展而不断变化，是一个复杂的、综合的制度体系。目前北京市的社会救助体系主要包括居民最低生活保障、农村"五保"供养、医疗救助、住房救助、教育救助、司法救助、临时救助、社会帮扶等制度。[①] 2010年北京市各项救助制度运转良好，救助水平逐步提高，困难群众的基本生活得到有效保障。

一 北京市社会救助制度建设的基本情况[②]

北京市新型社会救助体系建设始于1996年。相对于临时性、分散性、低水

---

* 本文得到北京工业大学2010年博士启动基金的支持。
** 杨荣，北京工业大学人文社会科学学院社会工作系副教授，博士，系主任。
① 本文涉及的社会救助主要是指经常性的、属地化管理、旨在确保基本生活的救助制度，不包括灾害应急救助和城市生活无着的流浪乞讨人员救助制度。
② 文中引用的数据凡未注明出处的，均来自北京市民政局社会救助处有关工作总结，在此表示感谢。

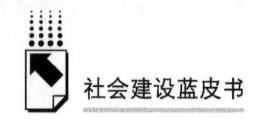

平的传统社会救助制度,新型社会救助模式有着鲜明的体系化、制度化、科学化优点,能够为困难群众提供全方位、多角度的基本生活保障服务。

1996年6月,北京市人民政府批转市民政局、市劳动局、市人事局、市财政局等部门《关于实施城镇居民最低生活保障制度的意见》,正式建立城市"低保"制度,这是北京市社会救助由传统向现代转型的标志。根据规定,城镇"低保"的救助范围是具有北京城镇正式户口、家庭月人均收入低于170元的困难人员。保障对象分单位保障对象和民政保障对象。其中单位保障对象由所在单位审核批准,所需经费主要由单位自行解决,财政补充;民政保障对象由区县民政部门审核批准,所需经费由财政负担。救助水平为家庭月人均收入与当年公布的城镇"低保"标准之间的差额。1997年国务院部署在全国普遍建立城市"低保"制度后,北京市于1998年下发《进一步完善我市城镇居民最低生活保障制度的通知》,将"低保"对象审批权统一赋予区县民政局,经费由财政统一安排。截至1998年3月,北京市的城市"低保"对象为10423户14719人。[1] 2003年北京市将城市"低保"标准调整到290元,救助对象达到66967万户149498人,基本实现应保尽保。[2]

2002年4月,北京市人民政府转发市民政局《关于建立和实施农村居民最低生活保障制度的意见》,决定建立农村"低保"制度。农村"低保"的保障范围是持有北京市农业户口、上年家庭年人均收入低于户籍所在区县当年农村"低保"标准的农村居民。农村"低保"分差额享受和全额享受两种,其中全额享受的对象包括:农村"五保"对象,孤老烈军属等特殊优抚对象困难户,原民政部门管理的20世纪60年代初精减退职老职工,国民党起义投诚、宽释及特赦人员等特殊救济对象,无劳动能力的重残人员以及其他特殊生活困难人员等;其他符合农村"低保"条件的对象,均按照其上年家庭年人均收入低于户籍所在区县当年农村"低保"标准的差额享受。农村"低保"标准由各区县按照维持当地农村居民衣、食、住等基本生活需要,并适当考虑水电、燃煤(柴)以及未成年人义务教育等因素合理确定,所需经费由区县列入财政预算。农村

---

[1] 《城市居民最低生活保障制度文件资料汇编(二)》,民政部救灾救济司1999年编印。
[2] 戴建中主编《2006年:中国首都社会发展报告》,社会科学文献出版社,2006。

"低保"制度实施当年，保障对象就达到28698户54433人。① 到2005年1月底，全市共有39588户74926名居民享受农村"低保"，基本实现应保尽保。②

农村"五保"供养是新中国成立不久建立的一项针对农村三无人员的社会救助制度，即由农村集体经济组织对无劳动能力、无收入来源、无法定赡（扶、抚）养人或法定赡（扶、抚）养人无赡（扶、抚）养能力的残疾人、老年人、未成年人在吃、穿、住、医、葬或未成年人教育方面给予生活照料和物质帮助。1994年北京市颁布《关于实施〈农村"五保"供养工作条例〉的办法》，进一步明确了"五保"供养工作的对象、内容和形式。截至2006年底，北京市农村"五保"供养对象共有4173人，全市集中供养平均标准为5700元/年，分散供养平均标准为4200元/年。③ 长期以来，农村"五保"供养经费来源于农村集体经济组织，通过乡镇统筹、村提留费用解决。农村税费改革政策实施后，"三提五统"被取消，农村"五保"经费失去来源。2006年国务院修订《农村五保供养工作条例》，将农村"五保"供养责任由农村集体经济转移到当地财政。北京市于2008年5月颁布《实施〈农村五保供养工作条例〉办法》，进一步强化了各级政府在"五保"供养工作中的责任，确立了财政保障体制，明确了"五保"供养标准制定主体、程序及测算办法，完善了"五保"供养的内容、形式的审批程序，使"五保"供养工作进入新的发展阶段。

医疗救助是指由政府和社会对贫困人口中因患病而无经济能力进行治疗的人实施的专项帮助制度。早在1997年6月，北京市就出台了缓解低收入群众看病难的医疗收费优惠政策。2001年12月又颁布《北京市城市特困人员医疗救助暂行办法》，对城市"低保"对象、家庭人均月收入高于"低保"标准但低于最低工资的城镇职工医疗保险对象以及其他城市特殊困难人员给予医疗救助。救助办法主要是医疗费用减免和政府直接的现金资助。截至2003年6月，全市共有4064人得到了医疗救助，救助金额599万元。④ 同年11月，民政部、卫生部、

---

① 戴建中：《2006年：中国首都社会发展报告》，社会科学文献出版社，2006。
② 北京市社会救助信息网，http://www.bjmzj.gov.cn/bjsa/ViewWWInfoAction.do? type=001004&id=461。
③ 《北京市老年人口信息与老龄事业发展状况调研报告》，众益华龄网，http://www.communityalliance.org.cn。
④ 李彦昌主编《城市贫困与社会救助研究》，北京大学出版社，2004，第122页。

财政部联合下发《关于实施农村医疗救助的意见》（民发〔2003〕158号），正式建立农村医疗救助制度；2005年3月，国务院办公厅转发了民政部、卫生部、劳动和社会保障部、财政部《关于建立城市医疗救助制度试点工作意见》，正式建立城市医疗救助制度。北京市根据国家的有关要求进一步健全了本市的城乡医疗救助制度，并逐步将救助内容集中在两个方面：一是以城乡"低保"对象、农村"五保"对象为主，资助困难群众参加农村新型合作医疗或城镇居民医疗保险；二是对个人自付医疗费用进行补助。

解决困难群众的住房问题也是北京市新型社会救助体系建设的一个重点。早在2001年北京就制定了《城镇廉租住房管理试行办法》，探索通过提供租金补贴或以实物配租廉租住房的形式，帮助城镇困难家庭改善住房条件。2007年国务院下发《关于解决城市低收入家庭住房困难的若干意见》，明确要求扩大廉租住房救助范围。北京市随后开始将廉租住房救助范围扩大到城市低收入家庭，并探索建立农村困难群众基本住房救助制度。截至2008年底，约有2.6万户家庭享受廉租住房政策，市级财政累计投入廉租房建设补贴资金约3.07亿元；共为1279户农村困难家庭翻建维修住房4168.5间，市、区县、乡镇共投入资金2687万元。[1]

为帮助困难家庭的孩子顺利完成学业，北京市于1997年建立义务教育阶段人民助学金制度。政府不仅资助城镇"低保"家庭和农村特困家庭的孩子助学金，而且还减免学杂费、免收教科书费、减免住宿费、补助伙食费等。2008年9月，国家全面实施义务教育免除学杂费制度后，北京市的教育救助制度由义务教育阶段拓展到其他阶段，比如建立高等教育新生入学救助制度，即为被高等院校录取的贫困家庭学生提供入学资助。截止到2008年10月，全市共有1665名城乡特困家庭的贫困学生得到了救助，市民政局共拨付各区县高等教育新生入学救助金663.23万元。[2]

除上述制度外，北京市还建立了司法救助制度和临时救助制度。前者主要帮助城乡困难群众运用法律手段维护自己的合法权益；后者主要是帮助困难群众应对临时性、突发性事件对日常生活带来的影响。此外，北京还建立了社会帮扶制

---

[1] 北京市民政局救灾救济处：《2008年救灾救济工作总结》。
[2] 北京市民政局救灾救济处：《2008年救灾救济工作总结》。

度，动员社会人士奉献爱心，通过慈善超市、爱心捐助站等渠道，为困难群众免费提供捐助物资。经过十多年的努力，目前北京市已经初步形成了以城乡"低保"、农村"五保"为基础，以医疗救助、住房救助、教育救助、司法救助等专项救助制度为辅助，以临时救助、社会帮扶和慈善捐赠为补充，与经济社会发展水平相适应的新型社会救助体系制度框架。

二 2010年北京社会救助实施状况分析

2010年北京市社会救助制度进一步完善，各项救助政策得到全面落实，社会救助管理更加规范，社会救助水平继续提高，全年共计支出社会救助资金约11.44亿元，困难群众基本生活得到了较好保障。社会救助形势呈现出如下特点。

（一）城乡"低保"标准和农村"五保"供养标准大幅提高

早在2005年和2006年，北京市就先后建立了以菜篮子法和恩格尔系数法为基础动态调整城镇"低保"标准和农村"低保"标准的机制。2010年7月，北京市将城市"低保"标准从月人均410元提高到430元，上调幅度为4.88%；将全市农村"低保"最低标准从家庭月人均170元调整到210元，上调幅度为23.53%；将城市低收入家庭认定标准从家庭月人均697元调整为731元，全市农村低收入家庭认定最低标准从月人均289元调整为357元。为应对物价突发性上涨，北京市于2011年1月起，再次提高"低保"标准，其中城市"低保"标准从家庭月人均430元调整到480元，上调幅度为11.63%；全市农村"低保"最低标准从家庭月人均210元调整到300元，上调幅度为42.86%。截至2010年底，全市共有城乡"低保"对象12万户22万人。其中，城市"低保"对象7.2万户13.7万人；农村"低保"对象4.7万户8.2万人。全年城乡"低保"金支出7.89亿元，其中，城市"低保"金支出6.34亿元，农村"低保"金支出1.56亿元。城市"低保"全年平均补差水平为月人均385元，农村"低保"为192元。

在提高城乡"低保"标准的同时，北京市还相应提高了农村"五保"供养标准。调整的方法是根据当地人均消费支出情况，确保农村"五保"供养对象

达到当地平均生活水平。调整时间统一为2010年7月1日。调整后，13个郊区县农村"五保"供养标准最高为年人均13305元，最低为年人均6239元，平均供养标准为年人均9266元。全年农村"五保"供养经费支出约3243万元。截止到2010年底，全市共有4605名农村"五保"供养对象，其中集中供养2358人，分散供养2247人。

2010年下半年，国内物价出现了突发性上涨，给困难群众的生活带来较大压力。在国务院统一部署下，北京市为全市城乡"低保"对象、农村"五保"对象和城乡生活困难补助人员发放每人100元一次性临时生活补贴。2011年春节前，按照民政部等部委的要求，北京市再次为城乡困难群众发放一次性春节生活补贴，补贴标准为城市"低保"对象每人150元，农村"低保"对象和农村"五保"对象每人100元。这些措施，都较大幅度地提高了社会救助对象的收入水平。

（二）专项救助制度进一步完善

一是完善了医疗救助制度。一方面统筹城乡医疗救助，继续提高救助报销比例和封顶额度；另一方面积极推行一站式救助服务，简化救助程序。2010年10月，市民政局会同有关部门下发《关于建立城乡特困人员住院押金减免和出院即时结算制度的通知》，实现了城镇居民医疗保险、"新农合"与医疗救助的后台衔接，社会救助对象在定点医疗机构看病时押金减免，保险费用和医疗救助费用自动结算，患者出院时只需缴纳自付部分即可，简化了救助流程。截至2010年底，全市通过实施门诊救助、住院救助及贫困孕产妇救助，共安排医疗救助资金7326万元，救助对象16万人次。二是建立农村住房救助制度。为更好地满足农村困难群众基本住房需求，在全面推行廉租住房救助制度的同时，北京市民政局会同有关部门于2010年3月下发《农村住房救助实施办法（试行）》，将农村住房救助范围由"低保"家庭扩展为低收入家庭，实施办法规范了申请、审核、审批流程，制定了危旧房认定及房屋建设相关标准，明确了市区两级主管部门及乡镇政府的职责权限。农村住房救助制度的建立和实施，使农村危旧房翻建维修工作实现了制度化、规范化和常态化。截至2010年底，全年共为社会救助对象翻修房屋1407户5084间，投入资金5524万元。其中翻建1163户4119间；维修244户965间。三是完善教育救助制度。2010年7月，市民政局会同有关部门联合下发《关于做好低收入家庭困难学生教育救助有关工作的通知》,规范了低收入家庭困难学生教育救助的有关政策,并将高等教育新生入学救助拓展到低收入家庭,全年共一次性救助高校入学新生4929人,支出资金1964万元。

(三) 社会救助范围向低收入家庭延伸

在过去,各项救助制度基本上都是以"低保"对象为救助目标。这在提高"低保"综合救助水平的同时,也带来了新的社会不公平。一些支出较大的"低保"边缘家庭生活非常困难,但因为不符合"低保"条件,享受不到其他救助措施。为此,北京市于2009年10月颁布《低收入家庭认定暂行办法》,并正式启动低收入家庭认定工作。认定出的低收入家庭可以申请廉租住房救助、农村危旧房改造、教育救助、医疗救助以及临时救助等。截至2010年底,全市经认定的城乡低收入对象共计5.2万人,其中城市低收入对象1.5万人,农村低收入对象3.7万人。这些低收入对象按照救助需求,分别向民政、住房、教育等部门申请救助,极大地缓解了他们面临的困难。同时,包括"低保"对象在内的低收入家庭还享受到了临时救助政策,一些遭遇突发性、临时性困难的家庭得到了一次性救助。据统计,全年各级财政共安排临时救助资金6037万元,救助人数18.9万人次。

(四) 社会救助管理进一步规范

一是探索开展居民家庭收入核对工作。家计调查,也即居民家庭经济状况调查是社会救助工作的重点和难点。家庭经济状况核实不清,就很难认准救助对象。根据《城市居民最低生活保障条例》的规定,"低保"工作中一般采取入户调查、邻里访问、信函索证等方法调查"低保"申请人的家庭收入情况。此外,各地在实际工作中还综合运用社区评议与公示等方法。这些方法虽然发挥了很好的作用,但总的说来,还只是对救助对象家庭收入的"估算"。为了更准确地调查社会救助申请人的家庭经济状况,北京市探索开展了"居民经济状况核对机制"建设,协调市住建委、市人力社保局、市公安局、市工商局、市住房公积金管理中心、市地税局以及中国证券登记结算公司等部门,对社会救助对象的家庭经济状况进行普查,并研究建立多部门间的社会救助家庭经济状况核对联动机制。目前,已完成现有24万社会救助对象的住房、保险、户籍、车辆、工商、纳税、公积金、证券等方面数据的交换工作，并对数据进行比对分析，极大地提高了社会救助对象认定的准确率。二是优化社会救助流程。一方面根据工作发展和困难群众需求，精简、优化社会救助流程，缩减救助等待时间；另一方面，以"低保"为核心，将分散的社会救助政策梳理整合为统一的《北京市社会救助工作规程》，提高各地经办机构的规范化工作水平。三是开展基层经办机构评估。市民政局联合有关部门对街道（乡镇）的322家社保所的社会救助政策实施情况、工作人员业务素质等进行全面评估，有力地推进了基层社会救助经办机构的规范管理。四是组织开展社会救助专项资金使用情况执法监察。根据民政部统一要求，北京市在全市范围内开展了城乡社会救助政策落实和专项资金管理使用情况专项执法监察，及时纠正工作中存在的漏洞，确保各项救助政策有效落实和各专项资金的使用规范合理。

三 当前北京市社会救助工作存在的突出问题

2010年北京市社会救助工作在完善体系、提高水平、加强管理、部门协作等方面取得了长足进步，各项政策落实到位，困难群众基本生活得到了较好的保障。但是，随着城乡困难群众救助需求越来越多样化、多层次，党和政府对落实民生政策的要求越来越高，社会各界对社会救助政策越来越关注，北京市的社会救助也面临着一些突出问题，需要认真研究解决。

（一）社会救助制度设计需进一步完善

以城乡"低保"为例，目前的制度设计是以家庭为单位、以收入为标准、以户籍所在地为属地进行管理，依据是2000年北京市政府颁布的《北京市实施〈城市居民最低生活保障条例〉办法》。随着城市化进程、户籍制度改革以及居民收入的多样化，城乡"低保"制度设计中的内在矛盾越来越突出。一是"低保"资格认定中缺失家庭财产，这就意味着拥有多套房产、百万资产或者其他财产的家庭也可以申请享受"低保"，只要没有当期收入。这显然与"低保"制度的初衷是违背的。二是户籍制度改革不断加快，很多地方取消了农业户口和非农业户口的划分，但城市"低保"和农村"低保"仍然要严格按照户口性质来区分"低保"资格，这不仅给"低保"对象认定工作带来很多麻烦，也不利于建设城乡统筹的社会救助制度。三是严格按照户籍所在地进行"低保"管理的做法无法应对人户分离问题。比如居住在西城区的"低保"对象因为城市建设需要动迁到昌平区居住，但因户籍未迁，仍然属于西城区的"低保"对象。这给西城区和昌平区的管理都带来很多不便。凡此种种，都需要进一步完善"低保"制度设计，以应对经济社会形势的变化。

（二）城乡困难群众收入水平仍然较低

自城乡"低保"制度建立以来，北京市已数次调整"低保"标准，并建立了城乡"低保"标准的动态调整机制，这在全国也是不多见的。目前北京市的城乡"低保"标准在各省、自治区、直辖市中均排名第一。尽管如此，如果从确保困难群众共享改革发展成果的角度看，北京市的城乡"低保"标准仍有调整空间。自城市"低保"制度建立以来，北京市的"低保"标准占城镇居民人均可支配收入的比例呈逐年下降态势（见表1），由1996年的29.62%下降到2010年的17.75%；占城镇居民人均消费支出的比例呈总体下降态势（见表2），由1996年的35.64%下降到2010年的25.89%。"低保"对象人均月补助水平占城镇居民人均可支配收入和消费支出的比例略有上升。这说明，北京市分类施保、价格临时补贴等措施加大了对城市"低保"对象的补助力度，使"低保"对象收入构成中政府补助部分增长较快；同时，虽然"低保"对象的收入水平绝对数值在提高，但与其他群体相比，相对收入在下降。"低保"制度只是缓解但并没有扭转贫富差距拉大的事实。

表1 北京城市"低保"对象收入水平与城镇居民人均可支配收入比较

年份	平均低保标准（元/月）	城镇居民人均可支配收入（元） 按年计算	城镇居民人均可支配收入（元） 按月计算	低保标准占人均可支配收入比例(%)	人均月补助水平（元/月）	低保补助水平占人均可支配收入的比例(%)
1996	170	6885.5	574	29.62	—	—
2000	210	10349.7	862	24.36	127	14.73
2002	290	12463.9	1039	27.91	231	22.23
2005	300	17653	1471	20.39	236	16.04
2007	330	21989	1832	18.01	268	14.63
2009	410	26738	2228	18.40	360	16.16
2010	430	29073	2423	17.75	366	15.11

表2　北京城市低保对象收入水平与城镇居民消费支出比较

年份	月人均消费支出(元)	平均低保标准（元/月）	低保标准占人均消费支出比例(%)	人均月补助水平(元/月)	补助水平占月人均消费支出比例(%)
1996	477	170	35.64	—	—
2000	708	210	29.67	127	17.94
2002	857	290	33.84	231	26.95
2005	1104	300	27.17	236	21.38
2007	1278	330	25.82	268	20.97
2009	1491	410	27.50	360	24.14
2010	1661	430	25.89	366	22.03

北京市农村"低保"对象的收入水平情况与城市"低保"对象大体相同，"低保"标准占农村居民人均纯收入和人均消费支出的比例呈总体下降态势（见表3），但在2010年出现了上升的苗头，这主要得益于北京市农村"低保"标准动态调整机制的建立。

表3　北京农村"低保"对象收入水平与农村居民纯收入、消费支出比较

单位：元，%

年份	平均低保标准	农村居民人均纯收入	低保标准占人均纯收入比例	农村居民人均消费支出	低保标准占人均消费支出比例
2005	1580	7860	20.10	5515	28.65
2007	1630	9559	17.05	6828	23.87
2009	2040	11986	17.02	9141	22.31
2010	2520	13262	19.00	10109	24.93

（三）一些特殊困难群众的基本生活仍然难以保障

当前的社会救助政策（特别是"低保"制度）是一种典型的收入补充型制度安排，保障一般困难群众的基本生活没有问题，但制度的针对性和适应性相对较弱，难以满足一些特殊困难群众的基本生活需求。一是特殊困难"低保"对象。比如老年人、残疾人、未成年人、重病人等，即使全额享受低保金，仍然入不敷出。北京市规定这类人员可以按全额的1.15系数增加低保金，但差异化救助力度仍需加强。二是一些支出型贫困家庭无法享受救助政策。特别是一些

"低保"边缘家庭,人均月收入超过了"低保"标准,但由于非食品类生活必需品支出较大,因此难以维持基本生活。三是包括"低保"对象在内的低收入家庭,如医疗、住房、教育方面的专项需求突出,现有政策无法保障其基本生活。目前,北京市已经初步建立住房、教育、医疗等方面的专项救助政策,但各项制度之间的衔接配套不够,多数政策还没有完全向非低保低收入家庭放开。

(四)基层社会救助经办能力有待加强

收入调查是当前基层社会救助工作的难点和重点。随着居民收入类型的多样化、复杂化和隐性化,按照传统的入户调查、邻里走访、信函索证等方法已经难以调查清楚社会救助申请人的收入情况。如果再加上家庭财产和消费支出调查,调查能力不足问题就显得更加突出。北京市已经认识到这一问题的重要性,开始尝试建立跨部门的居民家庭经济状况信息比对机制。此外,在街道、乡镇层面,社会救助事务没有专门的人员和机构,每名工作人员服务的救助对象数量较多,疲于应付,难以做到精细化管理。

(五)社会救助内涵相对狭窄

目前的社会救助以现金或物质帮助为主,比如低保金和医疗救助、教育救助等都是直接的现金救助,廉租住房是实物或租金补助的可选性救助。应当说,直接的现金转移支付是当代世界通行的社会救助模式,但仅仅满足于现金和物质救助肯定是不行的。社会救助对象属于社会弱势群体,长期享受社会救助容易形成贫困文化,在社会交往、资源寻求、资本建设、心理状态等方面都会呈现自身特色,这就要求政府部门不仅要关心他们的日常生活,还要关心他们的能力建设和心理救助,从而进一步拓展社会救助服务的内涵。此外,慈善事业与社会救助的衔接还需要加强,只有这样才能形成以政府救助为主、民间慈善为补充的良性社会救助机制。

四 进一步完善北京社会救助制度的政策建议

社会救助制度正日益成为我国社会保障体系的重要组成部分,不仅发挥着保障困难群众基本生活、稳定基层社会的重要作用,而且在缩小收入分配差距、促

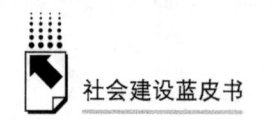

进国内居民消费等方面的影响也日益凸显。针对前述北京市社会救助工作存在的突出问题，笔者建议近期应重点做好以下工作。

（一）推进社会救助法律法规建设

抓紧启动《北京市实施〈城市居民最低生活保障条例〉办法》修订工作，研究制定《北京市城乡居民最低生活保障办法》或《北京市社会救助办法》，用法律法规推动实现城乡"低保"的制度统筹、标准统筹、经费统筹和管理统筹；研究制定《北京市医疗救助办法》、《北京市慈善救助办法》、《北京市临时救助办法》以及其他专项救助法规，推进社会救助制度之间的衔接、配套。

（二）进一步完善社会救助制度

一是完善最低生活保障标准制定和调整机制，逐步形成低保标准与城镇居民人均可支配收入（农村居民人均纯收入）或者居民消费支出挂钩的机制，同时要加强低保标准与食品类价格突发性上涨之间的联动机制建设；二是规范社会救助申请审批流程，减少环节，缩减审批时限；三是完善就业促进政策，确保有条件就业的社会救助对象有就业意愿，就业行政管理部门要能够提供相应的就业保障服务；四是完善专项救助制度，明确专项救助的功能、对象、标准和行政程序。

（三）推进社会救助分层分类救助

根据社会救助对象的救助需求，采取个案救助的办法，对不同救助对象实施分层分类救助。加强"低保"工作的分类施保，进一步扩大特殊"低保"对象和一般"低保"对象的差异化救助幅度，逐步形成分类施保标准与"低保"标准挂钩的机制；推动医疗救助、住房救助、教育救助和临时救助等专项救助制度向低收入家庭延伸，形成梯度、综合救助模式。

（四）完善家计调查制度

一方面，在核算社会救助申请人的家庭收入时，要按照一定标准减去其非食品类生活必需品开支，以更准确地反映其家庭经济状况；另一方面，要改进现有的家计调查方法，不仅要引进多部门居民家庭收入、财产信息比对机制，还要研究探索"指标代理"等方法，以客观、合理、准确地认定社会救助对象，避免救助资源的浪费。

（五）探索专业社工介入社会救助领域

在对社会救助工作内容和流程进行梳理、优化的基础上，采取购买服务的方式研究引进专业社会工作者，培育民间专业社工组织的发展，引导社工运用专业知识对社会救助对象开展赋权增能、心理疏导等服务，减少救助对象的依赖心理，避免贫困的代际传递，拓展社会救助服务的内涵。

（六）加强基层社会救助能力建设

要采取多策并举、统筹使用、综合提高的方法加强基层社会救助经办机构能力建设。一是科学测算社会救助行政成本，并据此配备工作力量和工作经费；二是加强社区服务站建设，按照"费随事转"的原则强化社区服务站的救助管理功能；三是研究引进民间组织参与社会救助，比如通过竞标等形式将居民家庭收入认定等工作外包给有资格的民间组织等；四是开展基层社会救助经办机构绩效评估；五是加快社会救助信息化建设，运用信息技术对社会救助进行实时、动态、高效的管理。

On Social Subsistence of Beijing in 2011

Yang Rong

Abstract: Social subsistence is very important part of social security, which contents change with the social development. In 2010, the policies of social subsistence have been carried out well in Beijing. The management of social subsistence is more standard and the lever is improved a lot. At the same time, there are some problems in this process. Some suggestions and measure are put forward according to the analysis.

Key Words: Beijing; Social Subsistence

B.10
北京市家政服务员就业状况分析

白素霞 沈自友 李大经*

摘 要：近几年，随着首都百姓生活水平的不断提高，人口老龄化的日益加剧，新生儿出生率的持续增高，导致市民对家政服务需求不断增强，但北京家政市场上的家政服务员经常处于"短缺"状态，这种"短缺"既有数量上的供不应求，又有结构上的供不适求。本文全面总结了家政服务员的转变历程及分类、北京市为促进家政服务员就业所作的努力和取得的成就，结合当前北京市家政服务员就业过程中存在的问题、当前就业形势和就业趋势，提出了促进北京家政服务员就业的任务。

关键词：北京家政 家政服务员 就业状况

家政服务是依据合同要求为家庭生活提供事务性、管理性的有偿劳务服务，它本着"为民、便民、利民"的宗旨，是社会服务和社区服务不可或缺的一个重要组成部分，它的市场运作和社会化对改善人民生活，提高人民生活质量起着重要作用。家政服务业作为一个新兴行业，一方面能开发就业岗位，解决农村劳动力及城市失业人员的就业和再就业问题，增加他们的收入；另一方面能满足社会需求，特别是能使许多专业、管理、经营和公务人员从烦琐的家务中解脱出来，有充裕的精力来提高工作效率和生活质量。2010年9月1日，温家宝总理主持召开国务院常务会议指出，发展以家庭为服务对象、向家庭提供劳务、满足家庭生活需求的家庭服务业，对于增加就业、改善民生、扩大内需、调整产业结构具有重要作用。家政服务业有很大的社会需求和市场潜力，同时又是扩大农民

---

* 白素霞，北京工业大学博士研究生，研究方向：劳动力就业、社会管理；沈自友，北京工业大学博士研究生，研究方向：社会管理；李大经，北京家政服务协会会长。

工就业的重要途径。大力发展家政服务业应当作为关注民生、增强就业、扩大内需的重要方面，开展好家政服务可以一举数得。

近年来，随着社会进步、经济发展和人们生活水平提高，北京市家政服务业迅速发展起来，家政服务业作为现代服务业的重要组成部分，对农村富余劳动力和下岗工人的就业起到了积极的促进作用，为了深入了解北京市家政服务员的就业现状和存在的问题，笔者跟随课题组在2010年10~12月对北京家政服务协会、北京华夏中青家政服务有限公司进行了重点调查，同时对多位家政服务人员进行了访谈，收集了相关资料，进而对北京市家政服务员的就业状况进行分析研究。

一 北京市家政服务员的转变历程及分类

在家政服务业兴起之前，对于从事家政服务的人群，社会上往往对其有一个特定的称呼——"保姆"。20世纪50年代，在北京做"保姆"的人多数是城市贫民，少数来自农村。各机关大院是北京保姆集聚地，他们的工作主要是一些简单的家务，如照顾孩子、买菜、做饭、洗衣、收拾屋子等。20世纪70年代末，农村妇女渐渐流入北京，因其文化低又没技能，她们首先选择行业门槛较低的家政行业。改革开放后，"保姆"除了在高干、高级知识分子家中出现，还走进北京普通百姓家，他们所服务的内容主要有三个方面：照料婴幼儿、家庭烹饪和家庭卫生整理、陪伴老人和照顾病人等。这一时期，北京人极少再当"保姆"，以安徽、四川为主的保姆大军源源不断地涌进北京。到20世纪80年代初期，在北京工作的保姆数量达到3万~5万人。1986年《经济日报》报道："据不完全统计，在北京居民家庭服务的'保姆'，半数以上来自安徽，有2万余人。"同时一些家政服务机构也相继发展和建立起来，如北京市妇联创办的朝阳区家务服务公司就是北京成立的首个家政服务机构。20世纪90年代中后期，随着改革的深入和产业结构的调整，大批传统产业的工人特别是女工下岗，需要再就业，同时人民生活水平的提高和市场经济下工作节奏的加快，使家政服务需求大增，家政服务市场逐步形成。家政服务业首先在北京发展起来，随后在上海、广州、深圳等大城市也发展起来。1994年中国家庭服务业协会成立，标志着家政服务业由分散化向规范化迈进。1995年国家原劳动部发"劳部发（1995）396号"文件，规定了"家政服务员"为新技术工种，并纳入国家职业技能鉴定系列。2000年

8月，劳动和社会保障部将"保姆"这一职业正式定名为"家政服务员"；同年还出台了《国家职业资格培训教程》，把家政服务员的培训分为初、中、高三个等级；2001年，中国劳动和社会保障部颁布了《家政服务员国家职业标准》，并将家政服务员列为国家正式职业。北京把这个行业也纳入了当时全市63个必须持证上岗的职业之一。2001年9月，北京市成立了北京家政服务协会，标志着北京家政服务业由分散化向规范化、产业化和职业化迈进，家政服务将不再被认为是伺候人的、不体面的工作，而同所有其他职业一样被看做社会分工下的一种行业。

随着社会的发展和家庭的变化，家政服务的内涵与外延已有很大的扩展。如今的家政服务已由简单的家庭服务延伸到日常生活的方方面面，涉及11大类112项。根据不同的工种，可分为家居保洁类、家庭烹饪类、家庭护理类、家庭咨询类、家庭教育类、家庭装修维修类、宠物护养与植物养护类、接送类、特约服务类、婚庆婚介类、搬家类等。按照不同的工作时间和工作方式，可分为三种类型①：第一种是传统意义上24小时住在同一雇主家里从事家政服务的"住家型家政服务员"；第二种是不住在雇主家里，但在固定时段（如：白天8小时、夜里8小时等）去同一雇主家进行家政服务的"非住家型家政服务员"；第三种是不住在雇主家里，按需求上门为多个雇主进行家政服务的"计时服务"。北京市目前按照不同的工作内容，分为无技术等级以及初、中、高三个等级，第一种是初级的"简单家务型"服务，如买菜、洗衣、煮饭、保洁、接送孩子、维修等，对从业人员要求不高；第二种是中级的"知识技能型"服务，一般要求高中毕业，除做家务外，还能进行家庭日常生活管理，如护理病人、孕妇和产妇，提供资讯，制作家庭营养餐，育儿，家教等；第三种是高级的"专家管理型"服务，要求有大学专科以上学历，善于处理家务事，并会使用电脑，如高级管家的家务管理、社交娱乐的安排、家庭理财、家庭消费的优化咨询等。

北京家政服务组织的主要经营模式：一是以北京市爱侬家政服务有限责任公司为代表的完全直营；二是以北京华夏家政服务有限公司为代表的特许加盟连

---

① 马丹：《北京市家政服务员的现状、问题与政策建议》，《北京社会发展报告（2009~2010）》，社会科学文献出版社，2010。

锁；三是以计时服务为主、以北京失业人员为主的北京助人乐网络服务公司；四是以培训为依托，培训与服务相结合的北京富平家政服务中心。近几年又出现了一些专门从事产妇和新生儿护理、清洗保洁、居家养老等单一经营业态的家政服务组织。

二 北京市为促进家政服务员就业所作的努力和取得的成就

（一）家政服务员的基本权益得到进一步保障

针对家政服务员没有基本社会保险，工作意外风险高的特点，从2004年以来，北京家政服务协会先后与多家保险公司合作，为家政服务员策划了意外伤害加意外医疗保险的集体投保。外来家政服务员发生意外时可以按照投保的类别获得相应的理赔金额。据统计，截至2010年底，北京市累计为家政服务员投保13万人次，发生理赔案件530余起，赔付金额近73万元，为在北京家政行业从业的外来务工人员提供了一定的人身安全保障。

2007年1月1日，北京市工商行政管理局发布了《北京市家政服务合同》，这是政府部门推介的第一个家政服务合同示范文本，合同强调了对家政服务员人身权、休息权等合法权益的保护，规定消费者应尊重家政服务员的人格尊严及劳动，保证每月4天的休息时间和每天基本的睡眠时间，国家法定节假日应安排休息，如果不能休息，雇主给予适当补助等内容。合同还规范了家政服务内容、家政服务员应具备的条件、服务场所与期限、甲乙双方的权利义务、违约责任、合同争议的解决方法及其他约定事项等内容，这在一定程度上保障了家政服务员的基本权益。据工商行政管理部门调查，截至2010年6月，北京家政服务协会有60多家会员单位使用了这个合同，普遍反映很好。

2009年7月17日，北京华夏中青家政服务有限公司成立了工会，会员有5000余人。据了解北京市爱侬家政服务有限责任公司、北京倍优天地科技服务有限公司、北京百家宜家政服务有限公司、北京弘盛顺嘉家政服务中心和北京美家乐社区服务有限公司等10多家公司也于2010年相继建立基层工会组织，使家政服务员有了娘家。

（二）家政服务培训规模不断扩大

作为第一家封闭培训家政服务员的机构，北京富平学校自2002年创校以来，培训了1.9万余名来自甘肃、宁夏、陕西、河南等贫困省份的富余人员从事家政服务工作，在为城市家庭生活提供便利的同时，也帮助大批弱势妇女走上就业与自我发展的道路，有效地实现了农民工在城市中的体面就业。

2009年，商务部、财政部、全国总工会联合实施"家政服务工程"，依托这一工程，北京市全面启动了家政服务员的培训工作，政府对培训经费将予以全额补助，2009年北京市约有1.2万名家政服务员参加了免费培训，市政府计划用3～5年的时间，逐年扩大培训规模，使北京家政服务员的整体岗位技能和服务水平有显著提高。有了政府补助，家政服务培训机构也迅速增加，2009年北京市培训机构增加到19家，其中包括13家培训学校和6家培训企业，2010年又增加了3家培训企业，家政服务培训机构达到22家，培训机构的壮大为北京市家政服务培训扩大规模提供了保证。

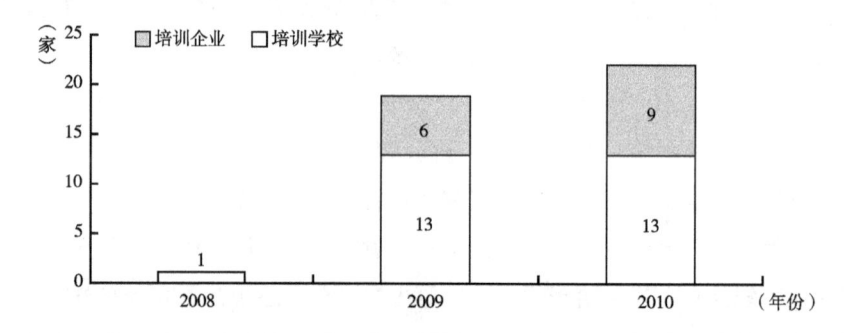

图1　北京市历年家政服务培训机构数量

资料来源：北京市家政服务协会。

（三）家政服务技能竞赛活动不断推出

为提高家政服务员的综合素质，满足消费者需求，北京家政服务协会开展了一系列竞赛活动。从2005年至今，北京市共有1393名家政服务员被评为"家政服务明星"，4144人被评为"优秀家政服务员"；2009年还举办了"北京市首届家政服务技能大赛"，4人被授予"北京市家政服务技能状元"称号，17人被授予"北京市家政服务技能之星"称号，30人获得"北京市首届家政服务技能大赛优秀奖"，2人荣获"北京商业服务业明星"称号，4人获得"北京市商业服务业技术小能手"称号。2010年承办《北京市职工职业技能大赛2010年"和谐杯"家政服务知识竞赛》，设"一般家务"和"产妇和新生儿护理"两个项目，分初赛、复赛和决赛三个阶段进行。从5月到8月，121个单位的43884名家政服务员参加了知识竞赛的初赛。其中"一般家务"27444人、"产妇和新生儿护理"16440人。

参加复赛的单位33个，组队37支，通过复赛10支队伍闯入决赛。北京美好世家国际顾问有限公司代表队获得"一般家务类"冠军，北京倍优天地科技有限公司获得"产妇和新生儿护理类"冠军。通过这一系列技能竞赛活动，推动了家政服务员不断地去提升自身素质，促进了家政服务水平的不断提高。

（四）家政服务品牌逐步树立

2004年以来，在北京家政服务协会的积极运作下，四川的"川妹子"、甘肃的"陇原妹"、辽宁省抚顺市的"满乡嫂"、河北涿州市的"范阳嫂"等家政服务品牌，先后在北京落户。四年来，北京富平家政服务中心安置"陇原妹"8800多人从事一般家务。近5000名"满乡嫂"、900名"范阳嫂"加入产妇、新生儿以及婴儿护理的工作。这既为当地大龄女性解决了就业之忧，又缓解了北京家政服务员的紧缺状况。

三 北京市家政服务员就业过程中存在的问题

多年来北京市家政服务员供不应求的状况一直存在，尤其是春节前后，总会出现"保姆荒"。据北京家政服务协会提供的数据，2002年北京雇佣保姆的家庭约有18.8万户，家政服务员15万人，有3万多空岗，缺口很大；2004年春节期间，大批外来人员返乡，北京家政服务员的缺口在6万人左右，呈现严重的供不应求局面，让北京需要家政服务员的家庭感到十分为难。[①] 据商务部统计，截至

---

① 薛小和：《探析北京家政市场》，2004年1月19日《经济日报》。

2007年底,中国家政服务从业人员共有1500万人次以上,仅北京直接进入家庭的家政服务人员达35万多人,年均缺口2万~3万人。① 2008年春节前,北京家政服务人员仍处于紧缺状态。② 2009年由于受金融危机影响,南方倒闭工厂的一些女工节前就来到北京做起了家政服务员,给多年来家政服务员的缺口进行了补充。还有一部分家政服务员担心不好找工作,更多地选择不回家过年过节,家政市场供需矛盾有所缓解。③ 家政服务员短缺既存在数量上的供不应求,又存在结构上的供不适求,表现在:消费者不敢接受服务;企业不知道谁需要服务,需要什么样的服务。究其原因主要是家政服务员在就业过程中存在以下问题。

(一)职业流动性大,跳槽频繁

家政服务业作为从传统"保姆"发展起来的新兴行业,尚未得到社会的普遍认同,无论是社会还是从业人员对该行业的认同度都较低。在一般人看来,家政服务是伺候人、低人一等的代名词,被社会上一些人看不起,进而导致从业人员感到自卑,不愿去从事。北京40多万家政人员中,90%是外来务工人员。几十年前农村妇女出来做保姆,都有长做的打算,她们把雇主家当做自己的家来操持,而现在农家女出来,基本没有长期打算,做家政对她们来说是个"零活"。她们中的很多人,只要经过培训掌握一定技能后,很多人都会马上跳槽,很少能做到2年或更多的时间,也有些家政服务员因得不到客户尊重,或嫌待遇差,最终离开家政行业,巨大的流动性让家政队伍类似于一盘散沙。再加上北京家政机构基本属于中介性质,家政服务公司向雇主推介家政人选后,"短、平、快"地收取中介费用,双方没有正式的劳动关系,用户、家政服务公司和家政服务员之间缺乏规范的劳动合同约束;甚至有的家政公司为了多收几次中介费,屡催保姆辞职,如案例1,在家政行业家政服务员"频繁跳槽"成为一种常态。

案例1:黄女士自从女儿出生后,由于她跟爱人工作比较忙,孩子一直由保姆照看。如今孩子才1岁多,他们已经接连请了4个保姆。她不明白的是,

---

① 杨乐:《北京市"保姆荒"现状调研》,《消费导刊》2009年第6期。
② 中国经济网:http://edu.ce.cn/job/job/200802/18/t20080218_14547807.shtml。
③ 郭田珍:《京城未见"保姆荒"》,《大地周刊》2009年第3期。

每个保姆一般在她家做满3个月就辞职离开,刚开始还以为自己的工作做得不到位,对保姆不够好。自从两个多月前现在的保姆来到她家后,她都很客气地对待保姆,不仅不让对方做家务活,工作到第二个月时,为了能留住保姆,她还提前给对方加了工资。家里的一些衣物,很多还是新的,他们都给了保姆。两个多月来,保姆没提过任何意见,过几天保姆就要做满3个月,谁知对方却突然提出要辞职离开。后来了解到,原来叫保姆辞职的是当初介绍工作的家政公司,因为如果保姆离开,黄女士只得再花250元中介服务费请家政公司介绍保姆,一年多来,她请了4个保姆,付给家政服务公司的中介费就花了1000元。为了赚取中介费,家政服务公司屡次催保姆辞职,导致他们流动频繁。

(二) 缺乏法律保护和社会保障

由于目前家政服务属于非正规就业,家政服务员和雇主没有劳动关系,只有雇佣关系。因此,他们的权益不属于《劳动法》保护之内。据了解,北京40多万家政人员中,绝大多数家政服务人员没有任何保险[1],参保人群也是以下岗工人为主,而不是农民工。家政服务员做的虽是家务事,但也是一个人身意外伤害几率较高的行业,常有摔伤、烫伤、咬伤等意外事故发生。[2] 虽然北京家政服务协会先后与多家保险公司合作,为家政服务员策划了意外伤害保险的集体投保,但相对于庞大的家政服务队伍,仍是杯水车薪。《关于家政工劳动权益保护的调研报告》(2008年)显示,北京有27%的家政工没有和家政服务机构或家庭雇主签署合同。虽然北京市制定了"北京市家政服务合同"范本,但仍有大部分家政公司采用自制合同,随意性很大,家政公司单方随意解除或变更合同后,公司不负任何责任,合同变成了单方约束服务员的行为。目前我国尚没有专门调整家政服务员与雇主之间雇佣关系的具体法律法规。家政服务员社会地位低、无发展空间、保障不到位,出来打工,愿意做家政工作的人越来越少。[3] "新生代农

---

[1] 李承惠:《来自雇员和雇主的两难》,《数据》2008年第9期。
[2] 王红芳:《非正规就业——家政服务员权益问题研究》,《重庆大学学报》2006年第2期。
[3] 陈茹冰:《家政服务人员供需失衡》,2010年3月24日《北京人才市场报》。

民工"大多流向其他更赚钱或更有发展潜力的职业去了。特别是对一些素质较高的大学生来说,家政服务员不能像其他职工那样签订劳动合同,缴纳社会保险,这样没保障的工作对他们来说肯定没有吸引力。

(三) 缺少假期和休息时间

家政服务员分住家和计时服务。计时服务的工作特点是活儿集中,且边界相对清晰。但对于住家家政服务员来说,因与雇主家庭是"零距离"的接触,劳动时间很难界定,一天工作时间很长,基本是"眼睛一睁,忙到熄灯",虽说工作强度不大,但时间拖得较长且常年如此。2007年1月,北京市工商行政管理局发布了"北京市家政服务合同"范本,根据示范合同,家政服务员可以享受每天基本的睡眠时间,每月的休息日不得少于4天,但这个合同的适用前提是"员工制家政公司",目前这种公司非常少,大部分公司是中介制的,因此没什么实际作用。据北京工业大学李承惠对北京家政劳务市场存在问题的调查分析显示,北京市家政服务员完全没有休息日的占23%,每月休息1天的占32%,休息两天的占18%,休息4天的占25%,只有2%的受访者一个月能休息8天。2008年《关于家政工劳动权益保护的调研报告》显示,在广州和北京,35%的家政工每天工作约10个小时。家政服务人员几乎整天都处于工作状态,这对于大部分中年人来说已经达到了身体极限,身心俱损。按照《劳动法》规定,劳动者的标准日工作时间为8小时。由于家政服务人员不属于《劳动法》调整范围,因而缺乏相应法律上的保障,工作时间的确定完全取决于雇主的个人意愿。至于他们的工作量也是没有一个固定的标准,这使家政服务人员的工作量远远超过正常劳动范围。

(四) 技能和素质偏低

据不完全统计,目前北京家政服务从业人员绝大多数来自老少边穷地区,90%的人只有初中或初中以下文化程度,甚至有的是文盲,文化素质偏低,缺乏必要的专业服务技能。据"北京家政服务业研究"课题组在2008年6月到9月对北京市的家政服务业的调查显示,就北京地区而言,上岗前接受过家政服务业务培训的服务员不足三成。她们受教育水平低、素质不高,缺乏规范的行业培训、没有相应的服务技能,很多来自农村的从业人员对一些城市家庭里常用的家用电器不但不懂如何使用，甚至连见都没见过，说明书也看不明白，这样的家政人员可以说是没有任何专业素质和技能，仅是一个"简单劳动力"而已。[①] 北京作为中国首都，是最具经济活力的城市之一，这里聚集了全国各界的精英和白领，这些社会精英们迫切需要高质量的家政服务，比如涉外保姆、母婴护理、幼儿早教，这些都不是一般人能胜任的，人才市场上对家政服务人员素质和服务技能要求较高的高端服务供给十分有限，远远不能满足首都市民对高质量家政服务的需求。

四 北京市家政服务员的就业形势与趋势分析

家政服务作为市场分工逐渐细化的产物，是社会生产环节中比较重要的一环，根据比较优势原理，家政服务员的存在可以使雇主将更多的精力投入本职工作，可以说一个好的家政服务员对于雇主来说具有十分积极的作用。我们从北京家政服务协会了解到，如图2所示，2002年北京市城八区共有18.8万户家庭需要家政服务人员，到2007年城八区雇佣家政服务人员的家庭达30.8万户，比2002年增加了12万户，到2008年底需要家政服务人员的户数增加到57.6万户，比2007年增加了约27万户，可见，北京市对家政服务人员的需求不断增加，预计未来两三年内仍然保持这一态势，需求类型和趋势主要有以下几种。

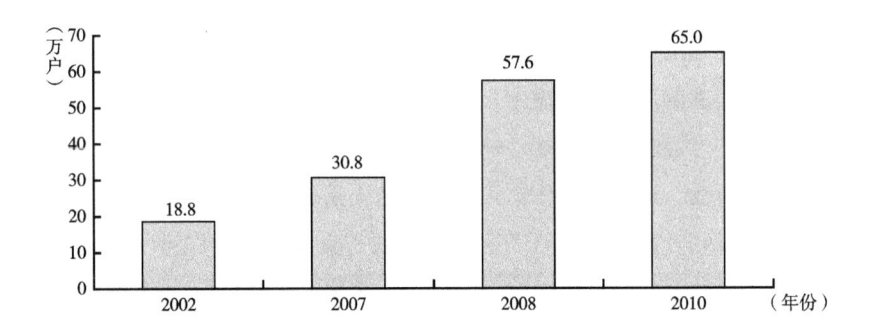

图2 北京城八区需求家政服务的户数

[①] "北京家政服务业研究"课题组：《北京家政服务业的现状及其规范性发展》，《经济研究参考》2010年第57期。

（一）人们在生活水平提高的同时，对家庭服务的需求不断加大

2010年北京统计年鉴显示，2009年北京的地区生产总值（GDP）为12153亿元，人均GDP为10314美元，已经达到国际上中等发达国家和地区的水平。2009年全市家庭总收入平均为30674元，比2008年增加了10.8%。随着北京经济社会和地区的迅速发展和居民家庭收入水平、生活水平和对生活质量要求的提高，对家政服务提出了更多的需求。由于工作的繁忙，越来越多的家庭都希望下班后能看到清洁的居室和可口的饭菜，专门请个保洁、烹饪的家政服务员；有的为了尽点孝心，减轻父母的家务负担，专门为父母请个"保姆"；有专家学者、科学家、教授也需要社会服务，比如说打字员，还有秘书服务；有的同时会请几个家政服务员，有专做饭的，专门打扫卫生的，甚至看宠物，养花种草、养鱼等个人所好也需要服务。通过利用家政服务，可以显著地解放他们家务负担，家庭闲暇时间大大增加，生活更加趋于闲暇化。

（二）老龄人口的增加，特别是高龄老人的日常照料和卧床护理的需求日益增长

据了解，截至2009年底，北京市老年人口已突破263.3万人，占人口总数的15%，北京已进入中度老龄化社会。据北京市老龄委预测，到2020年，全市老年人口将达到350万人，到2050年，这一数字将上升到650万。随着人口老龄化特别是高龄化的到来，庞大的老年人群，特别是迅速增长的"空巢"、高龄老人的日常照料和卧床护理的需求日益增长。当前北京市的养老方式仍以家庭养老为主，家庭养老面临许多问题，一个子女要奉养两个甚至更多的老人，即便是经济压力能够承受，但因为工作忙无暇照顾老人是比较普遍的现象，身体好的老人能照顾自己或相互照顾，甚至还照顾上班的子女或帮助照顾孙子孙女。但是，一旦生病或年老体弱需要人照顾时，问题就出来了，这种情况下很多老人需要家政服务人员照顾他们的饮食起居。相关调查显示，通过33个家政服务机构介绍成功的家政服务员中，其中需求量最大的项目就是老人陪护和病人家庭护理，需求人数占总人数的34.2%和26%[1]。

---

[1] 王荣：《北京家政服务业母婴护理、管家服务薪酬最高》，2007年4月9日《中国县域经济报》。

案例2：哈尔滨市一位退休的老护士在北京被一位用户聘为高级保姆，负责照顾家中两位年迈的老人，年薪3万元。据了解，宋女士曾是哈尔滨市一家公立医院的老护士，退休后，到北京照顾两位老人并料理家务。用户家的两位老人有高血压和糖尿病，除了日常的量血压、测血糖外，还要经常输液，因此像她这种懂得医疗护理的保姆很受欢迎。

（三）产妇和新生儿护理的需求快速增加

有关专家表示，随着"80后"陆续进入婚育期，全国正处于第四次人口出生小高峰，近年来随着金猪宝宝、奥运宝宝、世博宝宝等生育潮的出现，北京市生育高峰期将持续至2016～2017年左右。据了解，2006年和2007年北京年均出生新生儿7万～8万，2008年和2009年全市年均出生新生儿增加到15万～16万。新生儿的快速增加对月嫂的需求量大增，正规的月嫂受过专业训练，对月子期间母亲和孩子的各项工作都非常熟悉或者说是相当专业。因此，对一些没有时间照顾，没有经验照顾的家庭来说，绝对是不二的选择。一个好的月嫂，需要提前1～3个月预约。

月嫂市场异常火暴，让一些家政公司看到商机，纷纷转行开月嫂公司。根据中国联合家政网的统计，截至2010年10月，在北京市经过工商注册登记的可提供家政服务的公司有3881家，相当一部分家政服务机构提供月嫂服务，随着市场对月嫂需求的增加，她们的工资也水涨船高，如图3所示。我们从华夏中青家政公司了解到月嫂的资费标准，对于掌握一般技能的初级月嫂月工资是3500元；初中以上文化程度，有一定的专业基础，卫校、幼儿毕业或经过专业系统的培训，在本职工作6个月以上，对母婴护理有一定的经验，掌握产妇营养配餐及新生儿喂养等的中级月嫂工资是4000元；高中以上文化程度，有一定的专业基础，卫校、幼儿毕业或经过专业系统的培训，在本职工作1年以上，对母婴护理有相当的经验，熟悉乳房按摩、哺乳期保健指导、营养配餐、产后生活指导、新生儿洗澡及抚触等的高级月嫂工资是4500元；高中以上文化程度，有一定的专业基础，卫校、幼儿毕业或经过专业系统的培训，在本职工作1年半以上，对母婴护理有丰富的经验，如乳房护理、哺乳期保健、产褥期的膳食、卫生及产后生活指导、心理疏导、形体恢复、新生儿洗澡、抚触、脐带护理、大便观察等的专家级月嫂月工资达到6000元。

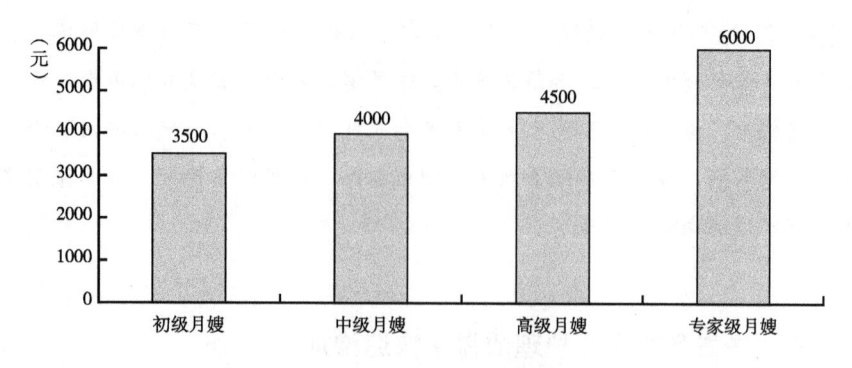

图3 不同级别月嫂的实际工资

数据来源：中青家政公司网站，http://www.zqlw.com/jzfwxm/132216892.html。

（四）"专家管理型"的较高层次服务潜在需求大

目前北京家政的主流业务还是以低技术含量的简单家政服务居多，较高层次的"专家管理型"服务基本还没有开展，也不成体系。北京作为中国首都，云聚了大量的商务人士、高级白领、影视明星、学术专家、政府官员以及外籍人士等，他们事业繁忙，在家庭服务、业务应酬等方面迫切需要得到私人管家全方位的帮助。所以家庭理财、家庭教育、高级管家、私人医生等较高层次的家政服务是非常具有潜力的领域，当然这对家政服务员的素质要求也比较高，心理学、营养学、家庭学、环境艺术、服饰艺术等都成为家政服务人员应具备的素质。

五　进一步促进家政服务员就业的对策

家政服务需求不断增多，对家政服务员的素质要求也不断升级，为了适应北京家政服务发展的需要，更好地推进家政服务员的就业，未来几年的主要任务有以下四个方面。

（一）推进家政服务行业的"员工制"管理，使从业人员的就业更加体面

将家庭服务员纳入企业化管理、员工制服务，是家政行业职业化的有力保

障。首先要将服务员作为员工，招聘进入企业，从选拔、录用、培训、上岗到开始服务以及服务开始后的管理，都由一家家政服务企业进行运作，员工在选拔、录用上要进行严格审查，规定从业的条件，进行身体检查，合格后录用为员工进行培训，一切程序按企业化管理运作。企业化管理的家政服务公司比中介型家政服务公司具有很多优势，服务员作为公司员工签订正式合同，纳入公司的统一监管，服务员、用户和公司三方签订服务合同，明确三方的责任、权利和义务，实行全过程的动态服务。通过这种方式，将家政服务人员纳入《劳动法》和《劳动合同法》的调整范围中来，这样就必然要求公司根据相关法律规定为他们办理各项社会保险，切实保障家政服务人员的权益。只有把家政服务员当成公司雇员，就业更加体面，才能遏制家政服务员频繁跳槽的势头。

实行"员工制"管理会给家政公司带来很大的成本压力。目前绝大部分家政公司都是微利经营，如果再给家政服务员办理各项社会保险，公司会入不敷出，难以为继。如果通过提高工资的形式转嫁到雇主身上，大多数家庭都难以接受，所以在目前比较困难的情况下，政府要出台一系列扶持政策，对于员工管理式家政公司给予税收、培训等方面的优惠，与员工签订劳动合同并缴纳社会保险费的，要给予社会保险补贴。

（二）加强家政服务员的职业培训，使从业人员技能水平不断提高

充分发挥各类职业培训机构、行业协会以及工青妇组织的作用。加强家政服务人员的职业培训，使他们掌握家政服务所具备的知识和技能，并树立健康的职业道德和就业意识，是提高家政服务员素质、进而提高服务质量的主要途径，也是使家政服务人员顺利就业和稳定就业的重要条件。在这方面，菲律宾的经验值得借鉴。菲佣这个品牌能树立起来，要归功于菲律宾政府对家政行业的重视和扶持，菲佣们通常都要在国内接受约两年的整套"家政服务"培训，培训分两个层次，一是知识培训，即对家政服务员的基本知识的培训，使他们具有一定的科学知识；二是技能培训，即实际操作技能，每位菲佣必须在技术教育和技能开发署授权的培训学校接受216个小时的技能培训，才能成为一名合格的家政服务人员。培训出来的人终身从事家政服务，是令人尊敬的"白领"。在北京要想提升家政服务员的素质，除了需要

政府的职业宣导，吸引素质高的人进入这一行，还需要政府的培训朝这方面引领。

（三）健全法制体系，使家政服务人员的权益得到维护

实行员工制障碍很多，但最大的障碍就是成本。有数据显示如果采取员工制，目前的价格起码要提高500~800元，大部分的雇主仍然无法接受。在家政服务企业化管理之前，我们建议社会保障部门设计灵活就业的社会保障险，让从事家政行业的妇女有社会保障。因为家政行业没有相关国家法律规范，家政企业的经营风险、雇主的消费风险和家政工的职业风险都无法可依。完善的法制体系是保障家政服务就业健康发展的有力工具。在实行依法治国的过程中，应将促进家政服务就业纳入这一进程中，有针对性地制定相关法律，保障家政服务业从业人员的合法权益。

（四）加大宣传力度，使从业人员的社会地位得到提高

由于受到传统思想的束缚，大多数人对家政服务业还存在着一定的偏见，随着生产力的进一步发展，社会生产的专业化和社会分工的细化将进一步加深，家务劳动从家庭走向社会、从自我服务走向社会服务是大势所趋，家政服务等弹性就业形式也必将成为社会经济生活中的不可缺少的就业形式。所以要加大宣传力度，要逐步改变家政服务工作在人们心中低人一等的陈旧观念，宣传家务劳动社会化的新观念，宣传家庭服务从业人员的社会贡献，引导家庭及社会尊重家庭服务从业人员，营造有利于家政服务业持续健康发展的良好环境，努力提高家庭服务从业人员的社会地位。

On Status of Employment of Domestic Servant in Beijing

Bai Suxia　Shen Ziyou　Li Dajing

Abstract: With the increasing living standard of residents in the capital city, the increasing number of aging people and the newly-born in the past few years, there is a bad need of domestic servants among residents. However, the market is short of such servants, which is reflected by the limited number and shortcomings in structure. The thesis proposed a task to promote the employment of domestic servants by analyzing the problems in domestic service in Beijing, its employment and the future of its employment based on a conclusion of the history, the category of domestic service, the efforts employed by and the achievements acquired by Beijing.

Key Words: Domestic Service in Beijing; Domestic Servant; Status of Employment

B.11
2010年北京社区居家养老：
进展、困境及对策

周 艳*

摘　要：2009年底北京60岁及以上户籍老年人口达226.6万人，常住老年人口263.3万。面对日益严重的老龄化趋势，北京市政府于2009年和2010年相继出台了关于老年人的"十一条优待政策"和"九养政策"，社区居家养老作为一种新兴的社会化养老制度模式，在北京市已经初步建立起来。但是，这一模式在执行中仍然存在不少的困难和问题。本文尝试从目前社区居家养老需求和供给的角度入手进行分析，揭示居家养老的发展困境，并为进一步完善北京市社区居家养老模式提出对策建议。

关键词：养老模式　"九养"政策　社区居家养老　社会组织

一　2009年底北京市老年人口信息与社区居家养老的新进展

（一）2009年底北京市老年人口信息

1. 户籍老年人口信息

2009年底，北京市户籍总人口1245.8万人，其中，60岁及以上老年人口226.6万人，占总人口的18.2%；65岁及以上老年人口166.7万人，占总人口的13.4%；80岁及以上老年人口32.6万人，占总人口的2.6%。

---

* 周艳，北京工业大学博士研究生，讲师；研究方向：社会管理。

表1　2006～2009年北京市分年龄段老年人口状况

分年龄段	2006年		2007年		2008年		2009年	
	人数（万人）	占总人口比例（%）	人数（万人）	占总人口比例（%）	人数（万人）	占总人口比例（%）	人数（万人）	占总人口比例（%）
60 +	202.4	16.9	210.2	17.3	218	17.7	226.6	18.2
65 +	152.9	12.8	158.8	13.1	162.2	13.2	166.7	13.4
70 +	105.1	8.8	110.5	9.1	115.9	9.4	121.2	9.7
75 +	57	4.8	60.5	5	65.2	5.3	71.2	5.7
80 +	25.8	2.2	27.7	2.3	29.4	2.4	32.6	2.6
90 +	3	0.3	3.1	0.3	1.9	0.2	2.1	0.2
100 +	311（人）	—	354（人）	—	396（人）	—	417（人）	—
总人口	1197.6	100	1213.3	100	1229.9	100	1245.8	100

数据来源：北京市老龄工作委员会办公室：《北京市2009年老年人口信息和老龄事业发展状况报告》，2010年10月。

2. 常住老年人口信息

北京市民政局局长吴世民2010年9月17日在北京市十三届人大常委会第二十次会议上作《关于"推进老龄事业发展，完善养老服务和保障体系"议案办理情况的报告》时说，2009年底，北京市有老年人口263.3万，占总人口的15%。预计2015年和2020年，全市老年人口将分别达到360万和450万，分别占总人口的17.6%和20%，人口老龄化形势更为严峻。[①]

（二）北京社区居家养老的新进展

面对日益严重的老龄化趋势，北京市政府相继出台了关于老年人的"十一条优待政策"和"九养政策"。

"十一条优待政策"全称为《关于加强老年人优待工作的办法》，自2009年1月1日起施行。优待项目涉及医疗保健、生活服务、文体休闲、维权服务等方面，包括65岁以上老人免费乘坐地面公交车、免费游公园和高龄津贴等11项优待政策，凡具有本市户籍的60周岁（含60周岁）以上老年人均可申请办理优待卡，凭卡享受《办法》规定的各项优待内容。同时，在城八区和房山、顺义10

---

① 《北京老年人口逾260万老龄化形势严峻》，2010年9月17日，新华网，http：//news.xinhuanet.com/politics/2010-09/17/c_12580713.htm。

个区开展居家养老服务试点工作，为8万老年人发放居家养老服务券，150个街、镇（乡）配发无障碍服务车，为1万户家庭进行了无障碍改造，部分社区建立老年餐桌和托老所。

在十一项优待政策出台一年后，北京市民政局等13个部门又联合发布了"九养政策"，全称为《北京市市民居家养老（助残）服务（九养）办法》，自2010年1月1日起正式实施。"九养"包括9项服务老年人和残疾人的利民政策，具体内容如下：建立万名"孝星"评选表彰制度；建立居家养老（助残）券服务制度和百岁老人补助医疗制度；建立城乡社区（村）养老（助残）餐桌；建立城乡社区（村）托老（残）所；招聘居家服务养老（助残）员；配备养老（助残）无障碍服务车；开展养老（助残）精神关怀服务；实施家庭无障碍设施改造；为老年人（残疾人）配备"小帮手"电子服务器。

目前北京市已建成2000余个社区托老（助残）所。2010年五一前，除少数偏远山区外，全市已实现托老所及老年餐桌覆盖全部社区的目标。[1] 可以说，社区居家养老作为一种新兴的社会化养老制度模式，在北京市已经初步建立起来。

从政策设计来看，服务内容多样化、服务对象多样化、服务选择便捷化、服务队伍职业化、服务方式社会化是"九养政策"的突出亮点。[2]

二　北京社区居家养老模式目前存在的问题分析

北京市的社区居家养老模式虽然已经启动，但是通过走访基层社区，笔者发现目前这一模式在执行中仍然存在不少的困难和问题。究其原因，社区居家养老需求供给不匹配，是导致问题出现的症结所在。

（一）养老需求分析

1. 老年人基本需求的理论分析

从整体上来看，老年人是弱势群体。经济上他们不再有拼搏的机会，且历尽

---

[1] 《北京市政协深入调研：社区居家养老，能走多远？》，2010年5月7日《人民政协报》，http://cppcc.people.com.cn/GB/34962/34995/11541658.html。
[2] 李玉玲：《北京"九养"：体现民生福利——解读〈北京市市民居家养老（助残）服务（"九养"）办法〉》，《社会福利》2010年4月。

沧桑，口袋"捂得紧"；精神上他们孤独、寂寞，逐渐变得迟钝、固执；躯体上他们全身都有退行性病变。对于老年人来讲，过于劳碌磨损肌体，过于孤独销蚀精神，彻底休息致肌体僵化，红火热闹又令人疲劳烦躁。这就是老年人，一个需要倍加呵护理解的群体。总结而言，老年人口的基本需求主要有以下几个方面。

医疗护理保健需求。随着年龄的增加，身体机能的下降，大多数老年人都患有高血压、糖尿病、心脑血管疾病等各种各样的慢性病。慢性病使得老年人的生活质量和生活满意度有所下降，潜在的和实际的医疗卫生保健需求量大大增加。

日常生活照料需求。身体机能的下降，健康问题的困扰，使得老年人存在各种各样的日常生活照料需求。这些日常生活照料需求主要涉及以下几个方面：首先，买菜、购物、做饭、洗碗、洗衣、洗澡、打扫房间等一系列普通的家务活动和生活起居，对于身体活动不便或高龄老人来说非常需要。其次，家居维修服务是日常生活中常遇见的问题，技术性和专业性较强，老年人由于身体行动不便，在家的时间相对较长，因此非常需要门窗、家电、上下水等维修服务。再次，除了一般的维护修补外，方便老年人的家庭设施安装及改造工作也很重要，例如扶手、浴室防滑、伤残老人通道、自助设施、门铃等。

社会活动和精神文化需求。老年人的精神需求是源于衰老和社会环境条件的变化而产生的主观心态失衡，是为维持和恢复主观心态平衡，实现充实、满足和尊严而引发的一种渴求状态。老年人的精神需求尽管存在较大的个体差异，但一般包括情感需求、文化娱乐需求、教育需求、人际交往需求、政治需求、自我实现需求等内容。① 第一，情感需求是老年人一种普遍强烈的精神需求。老年人脱离工作岗位后，丧失了以前所承担的社会角色和责任，随着与社会政治文化生活的疏远，收入降低，生活单调闭塞，这也会引起老年人心理上强烈的不适应和孤独感，渴求获得他人的爱，害怕孤独、寂寞，期望享受到天伦之乐。第二，退休后老年人闲暇时间大大增加，为了排遣孤独、寂寞，希望参加更多的文化娱乐活动，渴望获得文化教育的机会，充实晚年生活。第三，老年人大多赋闲在家，离开了熟悉的工作群体，或因行动不便，交往圈子明显缩小，倍感无聊和失落，他们渴求走出去，形成新的人际交往的圈子。第四，人到了老年阶段，是社会

---

① 周绍斌：《老年人的精神需求及其社会政策意义》，《市场与人口分析》2005年第6期。

阅历最丰富的阶段,丰富的社会政治活动经验,不断提高的教育文化水平,充足的时间以及证明自身价值的冲动,孕育着老年人较强的政治参与意识,他们积极参加选举活动,关注国家大事,也关心社区公共事务决策。当他们的需求需要满足,利益受到损害时,他们也会组织起来通过政治渠道来求得解决。第五,老年人有追求"老有所为、老有所用、老有所成"的愿望。尤其是原来从事专业技术工作的老年人,尽管已经卸下了工作重担,但依然期望能够发挥余热,期望自己生活得有意义,期望自己所掌握的知识和技能对他人和社会仍有价值。

2. 北京市老年人需求的现实考量

(1) 老年群体细分与需求的多样化

以上是对老年人口基本需求的理论分析,现实中,北京市60岁及以上户籍老年人口226.6万人,常住老年人口263.3万,如此庞大的老年人群体,由于年龄、性别、职业、身体、经济、性格、心理、受教育程度等的不同,对养老服务有着不尽相同的期望。

一般而言,老年群体可以根据人口特征、社会经济特征、社会心理、健康状况、行为方式等变量进行细分。这些细分变量可以单独使用,也可以结合使用。不同的细分变量,刻画出了多样化的老年需求图景。刚刚退休且身体健康状况良好的年轻老人,有精神、心理的追求和向往,有参与社会活动的能力,许多人退休后还去应聘其他的工作或在原单位返聘,经济状况较好,对健康保健比较关注。随着年龄的逐渐增大,身体机能的日益下降,老人在继续追求社会活动和精神文化需求的基础上,对医疗护理和生活照料的需求将会渐渐增加。

下面结合统计年鉴数据和能够获得的北京市老年人口信息,选取年龄、性别、收入、身体健康状况等关键变量进行具体分析。

——按年龄、性别进行细分

按照中国传统划分,人到了50岁称为"天命之年",是老年的开始;到60岁是"花甲之年",70岁是"古稀之年",80~90岁是"耄耋之年",活到百岁那是"人瑞"寿星。随着物质和精神生活水平的提高,人的寿命在延长,联合国世界卫生组织于2000年提出新的年龄分段:44岁以下为年轻人,45岁至59岁为中年人,60岁至74岁为年轻老年人,75岁至89岁为老年人,90岁以上为长寿老人。目前,我国通常将老年人口划分为四个年龄段:青年老年期(60~69

岁)、中年老年期(70~79岁)、老年期(80~89岁)、长寿老年期(90岁以上)。结合北京市数据,如表2所示。

表2 2009年北京市老年人口的性别、年龄构成

单位:万人,%

	人数	占总人口比例	占60+的比例	男		女	
				人数	占同年龄组人口比例	人数	占同年龄组人口比例
60~69岁	105.5	8.5	46.5	50.6	48	54.9	52
70~79岁	88.5	7.1	39.1	42.8	48.3	45.7	51.7
80~89岁	30.5	2.4	13.5	14.5	47.5	16	52.5
90岁以上	2.1	0.2	0.9	0.9	42.7	1.2	57.3
合 计	226.6	18.2	100	108.8	48	117.8	52

数据来源:北京市老龄工作委员会办公室:《北京市2009年老年人口信息和老龄事业发展状况报告》,2010年10月。

——按收入进行细分

2009年,北京市参加城镇职工基本养老保险的离退休人员189.28万人。企业退休人员基本养老金较大幅度提高,月人均养老金水平由2008年的1633元增加到1844元。

2009年,北京市在新农保的基础上建立了统筹城乡的居民养老保险制度,实施了《北京市城乡居民养老保险办法》。享受城乡居民养老保险待遇人数为12.72万人,城乡居民养老金月人均水平400余元。全市共有64.19万城乡无社会保障老年人享受福利养老金,待遇水平每人每月200元,全年发放福利养老金15.78亿元。

截至2009年底,全市享受城乡居民最低生活保障待遇的60岁及以上老人49693人,占全市老年人口的2.2%。全市60岁及以上的低保对象中,享受城市低保待遇的有20081人,占40.4%,月人均390元调整到410元;享受农村低保待遇的有29612人,占59.6%,标准由各区县根据当地经济发展状况和财政收入水平自行制定,最低标准为年人均2040元。全年共对低保老年人支出生活救助金46258.32万元。

另外,90~99周岁老年人每月享受100元的高龄津贴,百岁老年人享受每

月200元的高龄津贴。①

北京市大部分的户籍老年人的收入以离、退休金为主，基本生活需求不成问题，在经济上一般没有后顾之忧。同时，城镇职工基本医疗保险、城镇居民医疗保险、新型农村合作医疗、贫困老年人医疗救助等社会保障制度为北京市的老年人提供了医疗保障，减轻了子女的赡养压力。

——按身体健康状况进行细分

曾有学者通过现场调查的方法，对北京市1018名社区老年人进行健康疾患状况及卫生服务需求的调查。结果显示老年人对健康自我评价一般，23.7%的老年人认为自己的健康状况不好或很不好；慢性病时点患病率高达78.2%；不能完全自理的老年人的比例约为7.5%，出现明显功能障碍的比例为15.5%；老年人对家庭病床的需求比较高，希望能提供更多的公益性医疗服务。②

目前，北京市社区居家养老尚未有按身体健康状况对老年群体进行细分，但是借鉴日本的经验，可以按身体健康状况将老年人分为"自立"、"需要援助"、"需要护理"等不同的群体，不同级别需要不同的服务和帮助，如表3所示。

表3　日本护理保险的认定标准

级　　别	身　体　状　态
自　　立	健康状况良好,日常生活不需帮助
需要援助1	基本能够独立如厕、吃饭,但是部分日常生活需要一定帮助,较为可能维持或改善现有健康状态
需要援助2	能够独立如厕、吃饭,但洗澡等需要一定帮助,有可能成为需要护理的对象
需要护理1	部分日常生活需要一定帮助,排泄、洗澡、穿脱衣服等需要一定护理
需要护理2	排泄、洗澡等需要部分或全面护理,穿脱衣服等需要帮助
需要护理3	重度需要护理的状态,或伴有老年痴呆症等,排泄、洗澡、穿脱衣服等均需要全面的帮助
需要护理4	重度需要护理的状态,或伴有老年痴呆症程度加深,吃饭、排泄、洗澡、穿脱衣服等均需要全面的帮助
需要护理5	卧床不起,日常生活所有方面需要全面的帮助

资料来源：表中内容参考陈竞《日本护理保险制度的修订与非营利组织的养老参与》，《人口学刊》2009年第2期。

---

① 北京市老龄工作委员会办公室：《北京市2009年老年人口信息和老龄事业发展状况报告》，2010年10月。
② 郝晓宁：《北京市社区老年人健康状况及卫生服务需求的调查研究》，《中国全科医学》2010年第25期，第2850~2852页。

(2) 责任伦理与居家养老老年人需求的现实水平

前述对老年人口基本需求的理论分析，从一般意义的角度，假定老年群体是个弱势群体，将老年人默认为需要他人和社会给予资助或照料。但是，有学者基于社会调查的经验研究，给出了关于北京市老年人需求的另类解释。

北京城区的老年人，在生活来源方面主要依赖于他们的离退休金，在收入有限的情况下，他们通过降低生活标准、量入为出来克服自己生活中遇到的困难从而减少子女的付出。在日常生活照料方面，当他们到了需要别人帮助或者至少是在观念上被认为是需要他人帮助的时候，他们也是尽量不给子女添麻烦，尽量做到"自力更生"。反过来看，子女在这两方面对父母的帮助都是很有限的。根据我们的经验和观察，他们的子女是把对自己的孩子的责任摆到了第一位，即"先顾小，后顾老"（正因为这样，老年人希望从自己子女那里得到的精神慰藉也不可能完全被满足），而这一做法其实也得到老年人的赞同（多数老年人愿意让子女住在自己家里而又不需要子女的帮助，正是想反过来给子女以帮助），他们为自己的子女照看孩子，承担力所能及的家务。老年人对子女的这种付出正是达到了"春蚕到死丝方尽"的地步。[①]

"责任伦理"机制的存在，使得北京大多数的老年人在生活来源和日常照料方面可以不依靠他人的帮助来走完他们的一生，他们非常关注自己的身体健康状况，尽量做到不给子女和他人添麻烦。即使当生活自理能力低下时，也主要通过老两口"互养"或雇保姆的方式来解决。另外一项关于北京市西城区老年人的需求调查也印证了这样的事实，通过对日常照料服务（包括送餐上门、洗衣、买菜、打扫卫生、日间照料）、医疗康复服务（陪同看病、家庭病床、健康护理、社区卫生站、专科医院、取药、散步）和精神文化生活服务（法律咨询、法律援助、文化生活、聊天读报、学习专长）等方面的需求进行询问，结果表明老年人对社区服务的需求主要体现在医疗康复需求上，为78.9%，对于日常照料服务，分别只有10%、3.2%、2.9%的老年人选择了打扫卫生、洗衣服、买菜等服务，而对于送餐、日常照料等服务所选者寥寥无几。[②]

上述研究结论，有助于我们理解理论上老年人的期望需求与现实中老年人的

---

① 杨善华、贺常梅：《责任伦理与城市居民的家庭养老——以"北京市老年人需求调查"为例》，《北京大学学报（哲学社会科学版）》2004年第1期，第71~84页。

② 赵迎旭：《城市社区养老的需求与供给现状调查》，厦门大学论文，2007。

实际需求之间的差距，当然这种现实需求既出于文化和自愿，也包含被迫无奈的成分，但不管怎样，都为我们后面分析社区居家养老服务的供需矛盾提供有力的论据。社会和子女应该更注重老年人的实际需求，将有限的社会资源用到最需要帮助的老年群体中。

（二）北京市目前社区居家养老服务供给分析

1. 供给内容

（1）敬老优待。2009 年，65 周岁及以上老年人持老年人优待卡免费乘坐市域内 969 条公交线路。2009 年，全市已公布实施老年人优待政策的 115 个 A 级旅游景区，免费接待老年人约 1212 万人次，优惠接待老年人约 1707 万人次；市属公园共接待享受门票优待的老年人 7800 万人次；全市共发售 60～64 岁老年人优惠公园年票约 24 万张。2009 年，全市各级文化馆（站、宫、活动中心、室）对老年人免费开放，为老年人文化文艺活动提供场地；市属、区县属 42 家博物馆对 60 岁及以上的老年人持证（卡）参观实行免费。2009 年，全市共有各级老年活动站（中心、室）6436 个，全年参加活动人数 77.3 万人次；共有各级老年学校（大学）3694 个，全年参加学习人数累计 29.9 万人次。①

（2）居家养老助残服务券。只要是具有北京市户籍的 80 周岁及以上老年人、60～79 岁的重度残疾人，均可在居住地申请每月 100 元的居家养老（助残）服务券。持券可向定点的养老服务单位购买生活照料、医疗保健、送餐和日托照顾等方面的服务。养老（助残）服务券可以全市流通，同时还可跨市、跨年使用。

（3）社区老年餐桌。基本上所有的社区都办起了老年小餐桌。老人可以集中就餐，也可以买回家吃，每天可接待十几到几十位老人就餐，行动不便的老人则由服务人员送餐上门。有的社区还拥有多个签约养老服务的养老餐桌，所有签约的养老餐桌都挂上了"九养"政策养老餐桌的牌子。

（4）日间托老所。实现全市 2600 多个社区日间托老所全覆盖。利用现有的社区服务中心，社区"星光老年之家"等场所建立社区托老所，不同社区托老所的床位有几张、十几张不等。

---

① 北京市老龄工作委员会办公室：《北京市 2009 年老年人口信息和老龄事业发展状况报告》，2010 年 10 月。

（5）招聘居家服务养老（助残）员。北京市优先从"4050"人员和取得社会工作者资质且符合本市就业特困认定标准的人员中招聘居家服务养老（助残）员，纳入公益性岗位。通过对高龄独居老人和重度残疾人开展居家养老（助残）服务，巡视探访、了解需求，反馈信息，组织、监督社会组织提供养老服务等形式，为老年人和残疾人居家养老（助残）做好协调、监督服务工作。

（6）精神关怀服务。依托96156社区服务热线，为老年人提供电话咨询、上门服务。

（7）小帮手电子服务器和智能电话。为65岁以上老年人和16～64岁重度伤残人士配备小帮手电子服务器。为60岁以上空巢老年人家庭免费安装老年人专用智能电话机。

（8）医疗保健护理服务。依托社区卫生站，为居家老人开通院前诊治、急救、住院、转诊、医疗和康复服务通道，为地区老人提供院前急救、健康咨询、慢病防治、康复指导、心理咨询、临终关怀为主要内容的服务。截至2009年底，北京市正式运行的社区卫生服务中心322所、社区卫生服务站2549个，为老年人建立健康档案185万余份，新建家庭病床802张。[①]

（9）组建社区老年兴趣团队。不同的社区开办有形式多样的各类老年人合唱队、艺术队、舞蹈队、书画班等兴趣组织，有的社区还设立阅览室、棋牌室、健身场，丰富老年人的文化生活。

2. 供给对象

敬老优待的受益群体仅为北京市60岁以上或65岁以上的户籍老年人。居家养老服务的对象原则上为所有居住在北京的60岁以上老年人，其中北京户籍的符合规定条件的老人可以享受由政府出资补贴的居家养老服务。

3. 供给主体和服务组织

目前，北京市居家养老服务的供给主体包括政府、社区居委会、社区内签约服务商等。服务组织可大致分为以下几类：①街道居家养老服务中心；②各社区居家养老服务分站；③社区卫生站；④餐饮、家政等市场服务组织和服务信息网络；⑤社会公益性组织。

---

① 北京市老龄工作委员会办公室：《北京市2009年老年人口信息和老龄事业发展状况报告》，2010年10月。

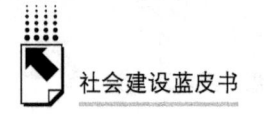

（三）供需矛盾与问题分析

1. 老人参与的积极性不高

目前北京市的居家养老服务主要是自上而下推动式的供给模式，其具体路径是：民政局、老龄委等市政府部门制定政策—各区县政府办公室传达政策—区民政局和区老龄工作委员会办公室负责细化各项指标、任务，并宣传、部署文件实施—体育、卫生、文化等部门和街道办事处接受上级下达的任务，负责落实文件中的各项工作要求—各社区居委会和社区服务站、社区卫生服务站负责社区内协调和具体执行各项工作。

在整个推进的过程中，政府都发挥着重要的作用，使居家养老服务具有较浓的行政色彩。在这样的情况下，作为社区居家养老服务的直接消费者的老人成为政策的被动接受者，一方面，由于享受政府补贴的群体有限，没有享受补贴的老年人则认为居家养老和自己没有关系；另一方面，由于不同老人的接受程度不一样，因此，很多老人对社区居家养老参与的积极性并不高，甚至社区工作人员和服务员上门有时会遭遇老人不信任，吃闭门羹，在提供服务中，部分老人还会认为服务员有什么企图。

2. 现有服务的提供与老人的现实需求存在差距

首先，从服务项目来讲，目前社区居家养老所提供的服务内容虽然已经可以涉及日常生活照料、健康护理保健和精神慰藉等多个方面，但是从已签约的服务商来看，所能提供的服务仍然主要集中在打扫卫生、洗衣、买菜、理发、就餐等日常照料方面。前面我们在分析北京老年人的现实需求时已经指出，大多数的老年人在生活来源和日常照料方面可以不依靠他人的帮助来走完他们的一生，他们对于日间照料服务的需求寥寥，甚至在身体状况欠佳的时候也主要通过夫妻"互养"或雇保姆来解决照料问题，因此，老年人对现有的社区居家养老服务的利用频度较低，其寻求服务也主要是为了把手中的服务券花出去而已。

其次，对于老年人所迫切需要的医疗护理保健服务，则由于社区卫生服务整体发展水平有限、发展不均衡等体制性原因的限制，而很难得到满足。笔者在社区访谈中，很多老人反映"看病难"、行动不便的老人"在家输液困难"等问题，有些社区居委会也曾为此协调过社区卫生服务站，但并没有得到很好的解决。同时，由于所招聘的居家养老（助残）服务人员多为"40"、"50"人员，虽然上岗前接受过短期培训，但是为老服务的专业化程度仍很欠缺，她们除了能够提供生活照料服务之外，无法胜任老年护理和康复等专业性较强的工作。

最后，现有社区居家养老服务的提供多为自上而下的，而于增强社区老年人间的横向人际交往和邻里间的互助无益，对老年人尤其是低龄健康老年人的社会活动和精神文化需求的满足仍然远远不够。

3. 服务的提供没有充分考虑老年群体的细分与需求多样化

从目前的社区居家养老供给内容来看，并没有充分考虑老年群体细分与需求的多样化。如居家养老服务券的发放标准是80周岁及以上老年人、60~79岁的重度残疾人，虽考虑到了年龄和身体健康状况，但是没有考虑收入因素，帕累托效用理论告诉我们，同样的100元钱，放在月离退休收入达几千元的较富裕老年人身上与放在没有收入来源的贫困老年人身上的效用是大大不同的，社会资源配置只要还存在使消费者效用增加的可能，就没有达到最有效率的状态。再有，目前多数社区还没有建立起居民信息系统，没有掌握包括收入和身体健康状况等级在内的社区内居住老年人的详细情况，因此也就无法对不同身体健康状况和不同收入的老年人采取有针对性的预防和护理服务。

4. 供给主体错位、缺位与供给不足

目前，具体执行政策中规定的各项社区居家养老服务工作的是各个基层社区。社区作为基层自治组织，实际上成为上级政府布置各项工作的落实机构，所谓"上面千条线，下面一根针"，工作千头万绪，而老年人工作只是其工作之一，由于人手不足，人员配备不能够及时到位等因素，社区工作人员无法腾出更多的时间和精力考虑老年人群体的管理和服务问题。有些社区居委会工作人员利用社区场地开办老年饭桌，仅仅能够满足十几个老人的中午就餐，每天就已经忙得不亦乐乎；多数社区应上级要求设立日间托老所，但是居委会空间有限，只能摆放几只床位，多者也不过十几只，面对本社区几百、上千老人的潜在需求群体，如何能够满足？况且，居委会中没有专业的养老护理员，面对身体状况欠佳、不能完全自理的老人则束手无策，最终很多社区的托老所流于形式，那些有日间托老意愿的老人的需求仍然无法满足。这些问题的产生，不能归咎于社区的不作为，其根本原因在于供给主体的错位、缺位。市场和社会非营利组织缺位，单靠政府及社区工作人员无法承担起居家养老服务的重任。

三 进一步完善北京市社区居家养老模式的政策建议

综上所述，2009年、2010年是北京社区居家养老取得重大进展的两年，具有开天辟地之划时代的意义。北京市政府、民政局、老龄委、各区县政府、区民政局、老龄委、街道办事处、社区工作人员以及相关单位为此作出了巨大的努力，初步搭建起了居家养老服务的制度体系，切切实实为老年人做了许多实事。当然，北京市的居家养老模式还处于起步阶段，仍然存在着各种各样的问题和不完善的地方，需要不断地修正和改进。根据前述对北京社区居家养老模式目前存在的问题分析，笔者建议应从着重如下几个方面入手来进一步完善北京市社区居家养老模式。

（一）政府、市场、社会组织、社区和老年人等应共同合作，推动养老服务社会化

为推动居家养老服务的发展，在初始阶段政府的行政推进是非常必要的，但如果长期下去，这种管理模式则会阻碍居家养老服务的进一步发展。随着居家养老服务的不断推进，政府应从具体事务中逐步淡出，鼓励市场、社区、社会组织等力量通过各种方式和手段参与养老服务，实现养老服务供给的多元化。

首先，与市场上现有的服务商合作，通过补贴经济困难老人的方式，增加老年人的社区居家养老服务购买和消费能力。

其次，目前存在的一些非政府组织（NGO）、非营利组织（NPO）等社会组织，在承接政府职能，参与养老事业，管理养老机构，提供专业化的养老服务，并评估养老服务质量方面具有相当的积极性和服务能力，并且已经在某些试点社区取得了不错的业绩，应该加强与它们的合作，扩大合作范围，从而增大社区居家养老服务的供给能力，满足老年人多样化的需求。活跃在北京石景山区的乐龄合作社就是社会组织参与社区居家养老的一个典型案例。

案例：乐龄合作社

组织介绍：一家由志愿者发起的中国民间草根公益机构。

使命：整合资源，扎根社区，建立适合中国国情的社区居家养老模式，提高和改善老年群体的生活质量。

愿景：让老人在家中享受乐龄年华。

机构工作：老年妇女援助、社区老人支持网络、居家老人专业照顾服务。

服务流程：申请乐龄服务卡—工作人员上门了解老人需求—派遣志愿者上门服务—反馈评估。

2010年乐龄合作社在五个社区与社区居委会紧密合作，催生了社区公益小组17个，社区32位贫困老年人参与老年援助项目，通过手工获得生活补助，为59户100多位行动不便老人提供固定的上门服务，有将近1000位社区老人参与进来，乐龄通过以参与式的工作手法帮助老年人最大限度地参与社区活动，丰富晚年生活，搭建起社区老年人参与互助的平台。

（资料来源：http：//gongyi.sina.com.cn，2010年10月8日。）

再次，在政府、市场、社会组织、社区共同合作和努力下，营造全社会敬老、助老的良好氛围，并进一步调动社区居民和老年人积极性，增强社区居民和老年人的社会联结度，重塑社会网络，重新构建新的社会共同体，建立社会信任，从而更多地进行邻里互助和老年人互助养老等。

（二）明晰政府和社区的职责，逐步完善社区居家养老的运作机制

在政府、市场、社会各司其职、共同合作的社会管理体制逐步形成的过程中，政府和社区的职责将会更加明晰，社区居家养老的运作机制也会逐步完善。

政府支持居家养老服务发展的基本工作有四项：一是从政策上给予支持，促进居家养老服务持续发展；二是建立服务规范标准，加强服务监督和评估；三是按照公共财政的要求，保障居家养老服务的经费投入；四是要做好对生活困难老人、生活自理能力低下的空巢老人等的补贴和扶助。

社区居委会不应对社区居家养老服务工作进行大包大揽，并参与到具体的服务工作中去，而是应该发挥主导作用，体现协调功能，做到收集信息、界定需求、联结供需。具体表现在以下几个方面：①收集核定社区内60岁以上老年人的基本信息和需求信息；②协助政府为本社区的享受政府福利和补助的老人发放服务券；③向相关服务部门提供享受政府福利补助老人和60岁以上老人的自然状况资料和和身体健康状况资料；④对本街道和社区的各种居家养老资源进行资源整合，协调各个为老服务的政府、市场和社会组织，为本社区60岁以上的老人开展居家护理、居

家托管、社区关照服务等居家养老服务；⑤对各项服务质量进行指导、检查和监督。

合理的社区居家养老运作机制大致如图1所示：

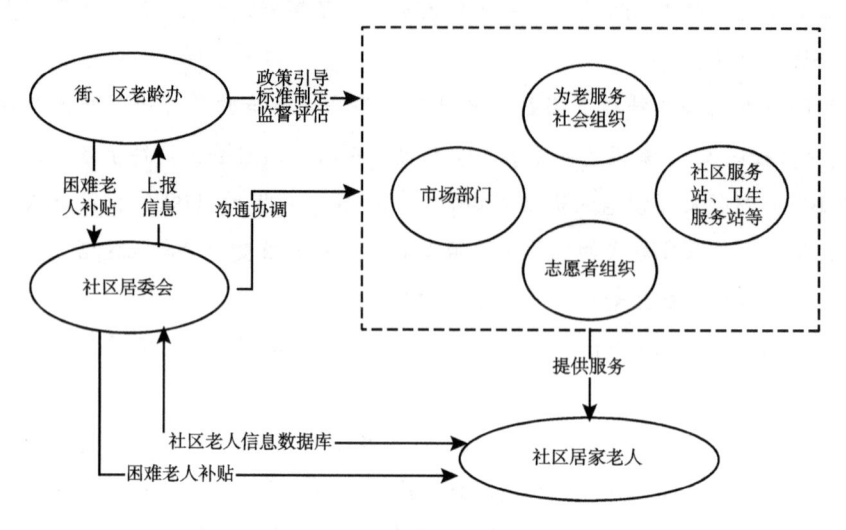

图1 社区居家养老运作机制

（三）建立起完善的社区老年人管理信息系统和居家养老服务信息化平台

完善的社区老年人管理信息系统和居家养老服务信息化平台可以为辖区内的老龄人群及服务机构建立准确翔实的数据库及服务档案，将周边的服务商户、社会组织、志愿者组织等优化整合进入社区的服务中心，为社区老人提供服务。

基于社区老龄人群的数据库应该包括社区所有居住老人的年龄、性别、收入状况、身体健康状况、空巢情况等，通过这一数据库，可以对社区老年人群体进行细分，从而有利于政府、社区工作人员和相关服务方更加全面、及时地了解到社区老人的需求，并根据需求提供更加具有针对性的、更加细致的援助和服务，使有限的资源发挥最大的社会效用。

（四）着力改造和充分发挥社区卫生服务站在社区居家养老中的作用

老年人多是慢性病患者，而慢性病常缺乏有效的治疗方法，需要依靠长期的医疗、预防、保健和康复措施。同时，老年人由于年龄、身体状况等原因所限，更希望能接受家庭病床或上门访视等服务。社区卫生服务机构要改变原有坐等患者上门的工作方式，变被动为主动，通过体制机制改革，吸引合格的医疗卫生人才，积极参与到社区居家养老服务体系之中，为社区老人提供家庭病床、定期体检、医疗康复服务、紧急救护服务、出诊医疗、老年门诊、送药上门等迫切需要的医疗保健护理服务项目，如图2。

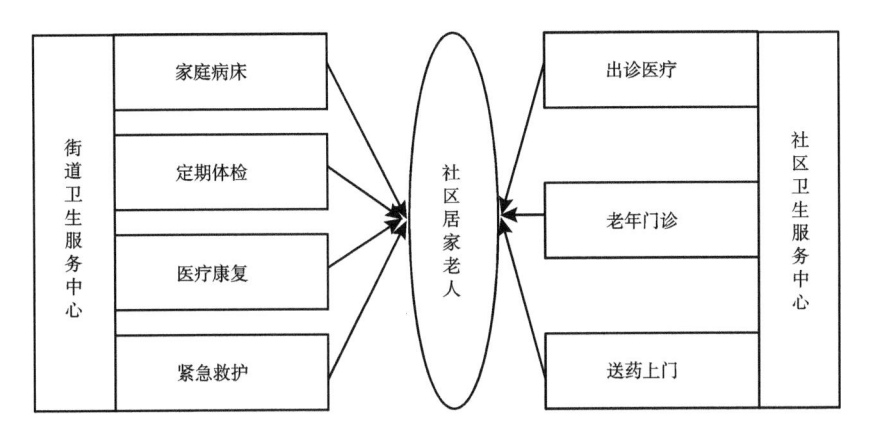

图2　街道和社区卫生服务站在居家养老模式中的作用

总而言之，如何养老事关每个家庭和老年人的福祉，社会各界都应作出应有的努力，不断促进社区居家养老模式的完善，积极应对日益严重的老龄化趋势。

Progress, Problems and Corresponding Countermeasures of the Community-based Housing Support of Beijing in 2010

Zhou Yan

Abstract: By the end of 2009, there are above 226.6 million elders with Beijing Domiciles, and the resident elderly population totaled 2633000. Facing the increasingly serious ageing trend, the Beijing municipal government successively promulgated

"Eleven Preferential Policies on the elderly" in 2009, and the "Beijing Citizens Old-Age (Disabled) Home Care Service Approach" (also known as "Nine-Support" Approach) in 2010. Community-based Housing Support as a new model of social pension system, has been initially established in Beijing. However, This model is still exist many difficulties and problems in the course of execution. Starting point of demand and supply of Community-based Housing Support, this paper analyzes the development plight of the mode, and put forward suggestions to further improving the model.

Key Words: Mode of Providing for the Aged; Community-based Housing Support; Social Organization

社会管理篇
Reports on social management

B.12
完善社会管理格局　健全社会建设体系
不断推动首都社会建设与管理创新发展

岳金柱*

摘　要：社会建设与管理的根本目的是使人民群众幸福安康。在新的历史时期，社会建设与管理面临新的形势与问题，创新社会管理、加强社会建设具有重大意义。当前，对于北京来说，创新社会管理、加强社会建设，主要是围绕完善社会服务、创新社会管理、动员社会参与、优化社会环境、协调社会关系，进一步健全党委领导、政府负责、社会协同、公众参与的社会管理体系和社会管理格局，着力构建具有时代特征、中国特色、首都特点的社会建设体系，努力建设生活幸福社会、人文有序社会、充满活力社会、文明守信社会、和谐稳定社会。

关键词：首都　社会管理　社会建设

---

* 岳金柱，博士，中共北京市委社会工作委员会研究室主任；研究方向：社会建设与社会管理。

创新社会管理、加强社会建设，与人民群众幸福安康息息相关。党的十七届五中全会和胡锦涛总书记在省部级主要领导干部社会管理及其创新专题研讨班上的重要讲话，反复强调加强和创新社会管理，明确提出加强社会建设的重点任务。不断加强和创新社会管理，全面推进社会建设，进一步健全党委领导、政府负责、社会协同、公众参与的社会管理体系和社会管理格局，构建具有时代特征、中国特色、首都特点的社会建设体系，是当前和今后一个时期推动首都科学发展、促进首都社会和谐的重大战略任务和必然发展要求。

一 深刻认识重大意义

加强和创新社会管理、全面推进社会建设，是继续抓住和用好我国发展重要战略机遇期、推进党和国家事业科学发展的必然要求，是构建社会主义和谐社会、推动经济社会全面协调可持续发展的必然要求，是维护最广大人民群众根本利益、促进每个社会成员全面发展的必然要求，是提高党的执政能力和巩固党的执政地位的必然要求，对于实现全面建设小康社会宏伟目标、实现党和国家长治久安具有重大战略意义和深远影响。

加强和创新社会管理、全面推进社会建设，是推动首都科学发展、促进社会和谐的重大战略任务，是适应建设中国特色世界城市新形势、顺应广大人民群众过上更好生活新期待的重大战略选择，是推进"人文北京、科技北京、绿色北京"建设的重大战略举措，是建设生活幸福社会、人文有序社会、充满活力社会、文明守信社会、和谐稳定社会的重大战略行动。

二 充分肯定已有成绩

近年来，全市上下深入学习实践科学发展观，以贯彻党的"十七大"精神、成功举办北京奥运会、残奥会和圆满完成新中国成立60周年庆典活动为契机，不断推动社会服务管理创新，着力健全党委领导、政府负责、社会协同、公众参与的社会管理格局，初步构建完善社会服务、创新社会管理、动员社会参与、优化社会环境、协调社会关系五大体系，首都社会建设取得了新成效，进入了新阶段，迈上了新起点。

1. 围绕保障改善民生，不断完善社会服务

近年来，全市社会保障制度率先实现城乡一体化，率先实现养老、医疗保险制度城乡全覆盖，职工基本养老保险和居民养老保险制度实现城乡一体化，社会福利由补缺型向适度普惠型发展，城乡救助体系、新型养老服务格局、残疾人社会保障服务体系基本形成，充分就业形势良好，城乡居民收入不断增加，较好地实现和保持了"五无"目标。社会公共服务体系建设取得突破性进展，基础教育、医疗卫生、文化体育等服务资源人均拥有量和保障水平全国领先，许多指标达到或接近发达国家水平，人民生活水平显著提高。

2. 围绕突出人文关怀，不断创新社会管理

近年来，全市社会管理体制改革走在全国前列，率先成立市、区（县）两级社会建设工作机构，街道全部成立社会工作党委，乡镇社会工作党委逐步覆盖，初步形成社区党建、社区自治、社区服务"三位一体"的工作格局，基本构建社会组织"枢纽型"工作体系，规模以上非公有制企业全部建立党组织，商务楼宇全部建立党建工作站。网格化社会服务管理、村庄社区化管理试点全面启动。先后出台加强社会建设一系列文件，建立社会建设专项资金，初步形成社会建设政策体系框架。

3. 围绕激发社会活力，不断动员社会参与

近年来，全市社会广泛参与赢得世人瞩目，在成功举办北京奥运会、残奥会，圆满完成新中国成立60周年庆典和支援汶川抗震救灾等重大活动中，全市上下积极行动，社会各界广泛参与，志愿服务世人瞩目，群防群治成效显著。奥运会后，及时把绿色、科技、人文的奥运理念转化为建设"人文北京、科技北京、绿色北京"的发展战略；国庆60周年庆典活动后，适时提出建设中国特色世界城市的长远发展战略，不断引领、动员社会各界和公众积极行动起来，共同建设美好家园和和谐小康社会。与此同时，大力推进社区工作者专业化、职业化，培育发展社会组织，动员驻区单位参与社区建设，共建共享局面基本形成。

4. 围绕创建城乡文明，不断优化社会环境

近年来，全市精神文明建设成效显著，深入学习和自觉实践科学发展观，顺利完成"五五"普法宣传教育，积极开展"迎讲树"活动，广泛开展创先争优活动，大力宣传表彰道德模范，积极创建学习型城市，文明社区、文明村镇、文明单位、文明区县创建活动富有成效。以奥运会和新中国成立60周年庆典为标

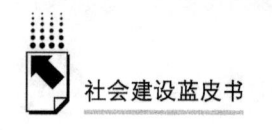

志，首都精神和首都风采展示于世人面前，市民文明素质和城市文明程度显著提升，文明新风尚日益彰显。

5. 围绕构建社会和谐，不断协调社会关系

近年来，全市和谐社会建设取得丰硕成果，大力开展和谐社区、和谐村镇创建活动，着力加强流动人口和特定人群服务管理，推广劳动纠纷调解"六方联动"机制、"人民调解进派出所"等，完善利益协调机制、诉求表达机制、矛盾调处机制和风险评估机制，健全社会治安防控体系，加强食品药品监管，完善应急管理体制机制，公共安全保障能力显著提升，社会保持和谐稳定。

三　准确把握面临形势

党的"十七大"以来，党中央对加强社会建设作出了一系列部署，并提出了一系列要求。2011年2月，胡锦涛总书记在省部级主要领导干部研讨班上的重要讲话，为加强和创新社会管理指明了方向。国家和北京市"十二五"时期国民经济和社会发展规划纲要，为加强全市"十二五"时期社会建设提供了科学依据。首都经济社会平稳较快发展和创新驱动转型，为全市社会建设提供了可靠保障和强大动力。近年来全市社会建设所取得的成绩、积累的经验，为今后五年工作奠定了坚实基础。实施建设中国特色世界城市发展战略，进一步建设"人文北京、科技北京、绿色北京"，为加快构建具有时代特征、中国特色、首都特点的社会管理体系、社会管理格局、社会建设体系创造了有利契机。

与此同时，当前和今后一个时期，全市社会建设与管理面临许多可以预见和难以预见的风险和挑战，特别是人口与资源环境之间矛盾凸显，社会矛盾纠纷多发多样，流动人口、各类人群和社会组织、非公有制经济组织服务管理问题突出，公共安全事故多发，信息网络管理面临严峻挑战。这是我国经济社会发展水平和阶段性特征的集中反映，是发展过程中迫切需要解决的重大课题。随着经济体制的深刻变革，必然会带来就业、收入分配、劳动关系协调等一系列问题；随着社会结构的深刻变动、利益格局的深刻调整，必然会产生越来越多的"社会人"和各种各样的社会问题；随着思想观念的深刻变化、互联网等新媒体迅猛发展，必然会带来人们思想活动独立性、选择性、多样性、差异性的不断增多，公平意识、民主意识、权利意识、法治意识、监督意识的不断增强，同时也带来消极腐朽观念滋生和心理失衡、道德失范等现象时有发生；随着社会建设工作的深入开展，社会服务管理理念思路、体制机制、法律政策、方法手段、投入力度等不适应问题越来越突出，加强和创新社会管理越来越迫切。总之，当前和今后一个时期，加快创新社会管理、推动首都社会建设机遇与挑战并存，且机遇远远大于挑战，可谓机遇难得、大有可为，必须抢抓机遇、乘势而上、全面推动、科学发展。

四 科学确立发展目标

社会建设的实质是紧紧围绕对人的服务和管理建设社会，促进人的全面可持续发展。党的十七届五中全会强调，加强社会建设，着力保障和改善民生，逐步完善符合国情、比较完整、覆盖城乡、可持续的基本公共服务体系，提高政府保障能力，推进基本公共服务均等化，加强社会管理法律、体制和能力建设，创新社会管理机制，维护社会和谐稳定。明确社会建设主要包括促进就业和构建和谐劳动关系、合理调整收入分配关系、健全覆盖城乡居民的社会保障体系、加快医疗卫生事业改革发展、全面做好人口工作、加强和创新社会管理。2011年2月，胡锦涛总书记在省部级主要领导干部社会管理及其创新专题研讨班上指出，加强和创新社会管理的根本目的是维护社会秩序、促进社会和谐、保障人民安居乐业，为党和国家的事业发展营造良好的社会环境，强调社会管理的基本任务包括协调社会关系、规范社会行为、解决社会问题、化解社会矛盾、推进社会公正、应对社会风险、保持社会稳定等。

根据中央的指示精神，结合多年来北京工作实践和探索研究，当前和今后一个时期，北京社会建设与管理应主要围绕进一步健全党委领导、政府负责、社会协同、公众参与的社会管理格局，构建完善社会服务、创新社会管理、动员社会参与、优化社会环境、协调社会关系五大社会建设体系，进行系统设计、整体推进，力求勾画出社会建设体系的总体框架，力求充分体现当前和今后一个时期社会建设工作基本内涵的系统性、创新性、综合性和科学性等特点。

1. 社会管理目标

社会管理的根本出发点和落脚点是人民群众的幸福安康。在新的起点上创新社会管理、加强社会建设，必须结合近年来全市社会建设与管理实践，充分发挥

党委的领导核心作用，强化政府社会管理职能，完善社会协同机制，动员公众广泛参与，完善中国特色社会管理体系和社会管理格局，使社会管理更加以人为本、充满人文关怀。

（1）加强党的领导。坚持党委的领导核心作用，总揽全局、把握方向、整合力量、统筹各方，加强党对社会建设与管理工作的领导，科学制定大政方针，支持政府履行职能，引导社会各方面积极参与，全面推进新形势下的社会建设工作，提高引领社会、组织社会、管理社会、服务社会的能力。充分发挥基层党组织和党员服务群众、凝聚人心的作用，努力渗透到社会管理的各方面和各个环节，把党的政治和组织优势转化为管理和服务优势，实现党的领导全覆盖。

（2）强化政府职能。发挥政府的主导作用，按照转变职能、理顺关系、优化结构、提高效能的要求，健全政府职责体系，科学界定各职能部门在社会管理和公共服务中的职责任务，强化社会管理和公共服务职能，办好由政府承担的社会管理和公共服务事务，确保社会管理职能部门形成运转协调的管理和服务工作合力，深化街道管理体制改革，努力建设服务型政府，提高服务型管理能力，提供更多更好的公共服务。

（3）推动社会协同。发挥人民团体、基层自治组织和企事业单位的协同作用，引导社会团体、行业协会、中介机构、志愿者团队等各类社会组织加强自身建设，增强服务社会的能力，加强社会工作人才队伍建设，发挥社会各方面力量的协同、自治、自律、他律、互律作用，形成党委和政府与社会力量互联、互补、互动的社会管理和公共服务网络，共同推进社会管理规范化、专业化、社会化和法制化。

（4）动员公众参与。广泛动员和组织人民群众依法、理性、有序地参与社会管理和服务，充分发挥群众参与社会管理的基础作用，扩大公民有序参与，拓宽群众参与渠道，健全公众参与机制，培养公民意识，增强遵纪守法的自觉性，积极履行公民义务，实现自我管理、自我服务、自我发展，形成社会管理人人参与、社会建设人人共建、和谐社会人人共享的良好局面。

2. 社会建设目标

社会建设的根本目的是使人民群众幸福安康。在新的起点上创新社会管理、加强社会建设，必须结合近年来全市社会建设与管理实践，按照系统设计、整体推进、创新驱动、科学发展的要求，围绕完善社会服务、创新社会管理、动员社会参与、优化社会环境、协调社会关系,进一步探索和构建具有时代特征、首都特点的社会建设体系框架,使社会服务更加完善,建设幸福北京;使社会管理更加科学,建设人文北京;使社会参与更加广泛,建设活力北京;使社会环境更加优良,建设文明北京;使社会关系更加协调,建设和谐北京。

(1)完善社会服务,建设生活幸福社会。民生为重,服务为先,不断完善和发展社会公共服务,全面推进社会管理创新,努力使基本公共服务居全国前列并达到中等发达国家水平,人人享有社会保障、享受公共服务,家家充分就业,城乡居民收入显著增长,加大政策保障性住房提供力度,倡导做健康北京人,文化教育继续保持全国领先地位,公交出行比例明显上升,人民群众幸福指数不断提升。

(2)创新社会管理,建设人文有序社会。以人为本,加强人文关怀,在不断完善服务过程中加强社会管理创新,进一步健全党委领导、政府负责、社会协同、公众参与的社会管理格局,人口规模科学调控,基本实现各类人群服务管理全覆盖,基本实现社会服务管理网格化、社区建设规范化、村庄管理社区化,基本形成社会组织"枢纽型"工作体系,使城乡社会更加有序地运行。

(3)动员社会参与,建设充满活力的社会。公众参与,多元治理,使基层民主自治更加完善,社会组织活力明显增强,企事业单位履行社会责任更加自觉,社会工作专业化职业化加快推进,志愿服务更常态,群防群治更长效,社会协同越来越密切,公众参与越来越广泛,社会创造活力竞相迸发。

(4)优化社会环境,建设文明守信社会。诚实守信,文明守法,社会主义核心价值观深入人心,"做文明有礼的北京人"成为市民的自觉行动,形成文明有礼、守法诚信、崇尚科学、积极向上的社会风尚,营造服务优质、秩序优良、环境优美的社会氛围。

(5)协调社会关系,建设和谐稳定社会。维护权益,促进和谐,使利益协调更完善,诉求表达更顺畅,矛盾化解更有效,风险防范更科学,群众合法权益得到切实保障,人际关系、群体关系、民族关系、劳动关系、邻里关系、家庭关系更加协调,社会更加和谐稳定。

五 全面推进创新发展

紧紧围绕建设幸福北京、建设人文北京、建设活力北京、建设文明北京、建

设和谐北京，完善社会服务、创新社会管理、动员社会参与、优化社会环境、协调社会关系，进一步明确创新社会管理、加强社会建设的重点工作及相应举措，不断推动社会建设与管理创新发展。

（一）完善社会服务，让发展成果惠及人民

围绕建设幸福社会，强化以人为本、服务为先，以保障和改善民生为重点加强社会建设，让人民生活更幸福。坚持民生为重、服务为先，按照全覆盖、保基本、多层次、可持续和先保险、再救助、逐年逐步有提高的原则，完善覆盖城乡的社会保障体系，进一步提高社会公共服务水平，着力解决好人民群众最关心、最直接、最现实的利益问题，加快发展教育、医疗卫生、文化、体育等社会事业，不断推进基本公共服务城乡一体化和均等化，使发展成果惠及人民。大力发展社会福利事业、社会公益事业和社区便民服务，让群众生活更便捷。尤其是围绕提高社会公共服务水平，努力实现基本公共服务覆盖各类人群，把更多的公共文化体育场所和设施向公众开放，大力发展社会服务业等创新举措；围绕完善社会保障体系，打破户籍、地域、身份界限，构建"职工＋居民"的社会保障体系，实现社会保障人群全覆盖。通过完善社会公共服务，使人人享有社会保障、享受公共服务，适龄劳动者充分就业，城乡居民收入不断增长，提供更多的保障性住房，市民争做"健康北京人"，文化教育保持全国领先地位，公交出行比例明显上升，城乡环境更宜居，人民群众生活幸福美好。

（二）创新社会管理，充分体现人文关怀

围绕建设人文社会，坚持以人为本，突出人文关怀，使一切工作都落实到对人的服务和管理上来，在不断完善服务过程中加强和创新社会管理，努力实现各类人群社会管理和服务全覆盖。适应经济社会发展的新形势、新要求，围绕协调社会关系、规范社会行为、解决社会问题、化解社会矛盾、推进社会公正、应对社会风险、保持社会稳定，强化执政为民、服务为先的理念，不断加强和创新社会管理，努力实现社会管理与服务的有机统一，让人民群众心情更加舒畅。尤其是围绕实现各类人群管理服务全覆盖，明确区县在调控人口总量上的属地责任，建立健全居住证制度，完善包括在京居住的外国人在内的流动人口及特定人群管理服务等创新举措；围绕更好地管理和运用互联网新媒体，推动新一代互联网建

设和运用，完善网络信息管理手段和机制，确保互联网健康发展。通过加强和创新社会管理，健全党委领导、政府负责、社会协同、公众参与的社会管理格局，科学调控人口规模，社会服务管理覆盖各类人群，社会服务管理网格化、社区建设规范化、村庄管理社区化基本实现，社会组织"枢纽型"工作体系基本形成，虚拟社会管理全覆盖，群众对社会管理更加满意。

（三）动员社会参与，最大限度激发创造活力

围绕建设活力社会，大力推动社会协同，广泛动员公众参与，最大限度地激发社会活力，动员公众广泛参与、激发社会组织创造活力，推进企业更好地履行社会责任，推进社会积极协同。巩固发展北京奥运会和残奥会、新中国成立60周年庆祝活动社会动员和社会参与成果，强化多方参与、共同治理的理念，坚持党的领导和政府主导，推动社会积极协同，动员公众广泛参与，充分发挥社会力量在社会管理中的协同、自治、他律、自律、互律作用，充分调动人民群众积极性、主动性和创造性，努力形成社会建设与管理的整体合力，不断激发社会生机活力，加快创新驱动发展。尤其是围绕推进基层民主自治，总结推广东城区社区居民会议常务会模式，建立健全村务监督委员会等；围绕推动企业履行社会责任，促进包括非公有制经济组织在内的各类企业履行社会责任，推进非公有制企业健康发展，实现商务楼宇社会服务管理全覆盖。通过社会协同、公众参与，使基层民主更加完善，社会组织活力明显增强，企事业单位履行社会责任更加自觉，社会工作专业化职业化加快推进，志愿服务更加常态化规范化，群防群治更加长效持久，公众参与更加广泛，社会协同更加密切，社会充满创造活力。

（四）优化社会环境，共建共享社会文明

围绕建设文明社会，营造文明、守法、科学、健康、安全的社会环境，深入开展理念信念教育，深入开展法制宣传教育，广泛开展科学普及活动，广泛开展群众性精神文明创建活动，大力加强公民道德建设，倡导科学理性的生活方式，健全和完善社会诚信体系，注重社会舆论引导，加强社会心理关怀，完善心理援助服务，营造文明有礼的社会风尚，形成学法、遵法、守法、用法的社会环境，倡导科学理性的生活方式，培育健康向上的社会心态，提供规范有

序的公共安全保障，不断为人民群众创建文明的社会环境。尤其是围绕引领社会风尚、推动精神文明建设，完善社会诚信体系和行为规范、提炼和弘扬北京精神、深化"做文明有礼北京人"主题活动等；围绕培育健康向上的社会心态，注重舆论引导、加强社会心理关怀、完善心理援助服务、强化重点人群心理干预等。通过优化社会环境，使社会主义核心价值观深入人心、武装头脑，"做文明有礼的北京人"成为市民自觉行动，形成文明有礼、守法诚信、崇尚科学、积极向上的社会风尚，营造服务优质、秩序优良、环境优美的社会氛围。

（五）协调社会关系，最大限度增加和谐因素

围绕建设和谐社会，坚持源头治理、协商协调，不断增强社会管理的前瞻性、主动性、有效性，切实加强和完善党和政府主导的维护群众权益机制，着力完善"五大机制"，即完善利益协调机制、完善诉求表达机制、完善矛盾调解机制、完善风险评估机制、完善社会和谐创建机制，形成科学有效的利益协调、诉求表达、矛盾调处、风险评估与和谐创建机制，统筹协调各方利益关系，妥善处理人民内部矛盾，切实维护群众合法权益，促进首都社会和谐稳定。尤其是围绕完善利益协调机制，加强利益平等协商，建立员工工资集体协商机制，推广调解劳动争议"六方联动"，注重困难群体法律援助等措施；围绕完善诉求表达机制，坚持用群众工作统揽信访工作、推广连民心恳谈室和"信访代理制"以及"一单式"工作法等举措；围绕强化预防矛盾纠纷，健全覆盖全面的基层矛盾排查化解网络，把95%以上的矛盾纠纷化解在社区、商务楼宇和企业的措施。通过协调社会关系，使各方利益更协调，诉求表达更顺畅，矛盾化解更有效，风险防范更科学，群众合法权益得到切实保障，人际关系、群体关系、民族关系、劳动关系、邻里关系、家庭关系更加和谐，努力创造既有民主又有集中、既有统一意志又有个人心情舒畅的生动局面，使社会更加和谐稳定。

加强和创新社会管理，全面推进社会建设。北京具有独特的优势和条件，必须走在全国前列，以完善的社会管理体系和管理格局、健全的社会建设体系、一流的社会建设与管理水平，搞好"四个服务"，建好首善之区，为全国做好表率。

Improve the Social Management Pattern, Perfect Social Development System Push Forward the New Development of Capital Social Development and Management

Yue Jinzhu

Abstract: Social development & management aims at the people's well-being. At the beginning of new history, there are new situation and problem before social development & management. so it is of significance to innovate social management and enforce social development. As to Beijing to innovate social management and enforce social development, improve social service, innovate social management, social participation, optimize social environment, coordinate social relationship, and improve the structure of social management comprising Party committee leadership, government responsibility, nongovernmental support and public participation. Endeavors must be made to build a new system of social development with time, Chinese, and capital characteristics, and build a society with happy life, humanities order, full of energetic, civilized and honesty, harmony and stability.

Key Words: Social Development; Social Management; Innovation

B.13
社会矛盾中利益受损人群的群体界限特征及其行为选择分析[*]

——基于北京市公众的社会矛盾调查

薄 钢　张宗林　范 文

摘　要：为了深入把握北京社会发展中的负面信息与主要矛盾，明确北京市目前社会矛盾的形式、公众的实际受益受损情况及其行为反应，本文对利益受损人群的背景特征、矛盾水平与利益受损比较等群体界限特征进行了分析，对公众应对社会矛盾的主动行为选择、被动行为选择等行为方式进行了分析，发现公众利益受损时不作为居多，遇集体行为时具维稳意愿，公众利益受损面越广，不满情绪越高，行为越具冲突性。

关键词：社会矛盾　利益受损者　行为选择

我国已进入社会矛盾凸显期。维护社会的公平正义，促进社会的和谐稳定，都需要对社会矛盾的整体状态有清晰、深入的认识和了解。为了深入把握北京社会发展中的各种负面信息与主要矛盾，明确利益受损群众应对矛盾的各种行为方式，形成一个社会发展和社会矛盾监测指标，对社会不稳定因素起到预警作用，为信访工作研究以及市委、市政府有关决策提供基础依据，北京市信访矛盾分析研究中心运用民意调查的方法，从普通公众层面出发，对社会矛盾现状进行了实证调查研究。

---

[*] 本文章摘自薄钢、张宗林、范文主编的北京市"社会矛盾指数"研究报告。

一 利益受损人群的群体界限分析

(一) 利益受损人群的群体背景特征

利益受损人群主要分为三类群体：①潜在诉求人群，以低学历、中年、农业户口以及收入较低为主要特点；②诉求人群，主要以高学历、青年、非农户口且收入处于中高水平为特征；③冲突人群，主要为老年人与高学历、高收入的青年人两个典型人群。经过比较分析以及统计学检验，发现不同人群在性别、政治面貌、宗教信仰的分布上不具有显著差异。

1. 年龄分布：青年人中诉求人群比重高，老年人中冲突人群比重高

调查发现，35岁以上的年龄层中潜在诉求人群占了接近一半，但34岁及以下的青年人中这一比例只有41.8%，显著偏低。然而，青年人中却有49.1%的诉求人群，明显多于其他年龄层中的诉求人群分布。而在冲突人群方面，55岁以上的老年人的这一比例最高，达11.6%，稍高于其他年龄层。

2. 户籍分布：农村户口居民中潜在诉求人群比重高，城市户口居民中诉求和冲突人群比重高

在户籍方面，三种人群在本地人与外来人之间的分布上较为一致。通过对比分析可以发现，农业户口的居民平均有超过半数为潜在诉求人群，高于城市户口的居民；而城市居民主要以诉求人群为主，比例均在一半左右，多于农业户口的居民；在冲突人群上，以城市居民中分布更多，均在一成左右。如图1所示。

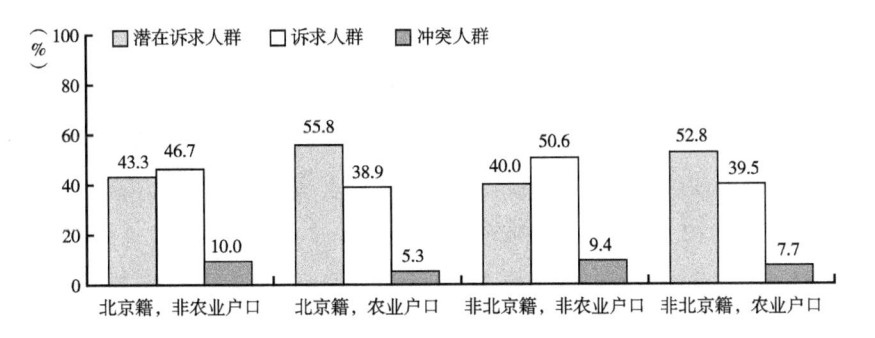

图1 不同户籍的人群分布

3. 学历分布：低学历者潜在诉求人群比重高，高学历者诉求和冲突人群比重高

学历的高低往往与制度化申诉手段的使用程度与比例大小直接相关，调查结果也证实了这点。数据显示，初中及以下学历的居民中，55.9%属于潜在诉求人群，比例高于其他学历的居民；而本科学历的受访者中，超过六成为诉求人群；另外，研究生及以上学历的公众中，26.3%为冲突人群，比例也比其他学历的居民要高。

4. 资产与收入分布：贫困阶层中潜在诉求人群比重高，中等和富裕阶层中诉求与冲突人群比重高

如果以汽车与房屋作为衡量个人及其家庭的资产拥有状况的指标，那么本次调查发现冲突人群在各种资产拥有状况的阶层中分布没有显著差异，而没车没房的居民中有过半皆为潜在诉求人群，有车没房的人中也有55.2%属于诉求人群。可见，在家庭资产不多的人群中分布有更多的潜在诉求人群和诉求人群。

在个人月收入和家庭月收入方面，调查发现，低收入人群中有着更多的潜在诉求人群，而中高等收入者中则有着更多的诉求人群和冲突人群。具体来看，在个人月收入方面，1500元以下的低收入者中有56.0%属于潜在诉求人群，在各种收入水平中比例最高；而6000元以上的高收入者中有超过六成属于诉求人群，在各种收入水平中比例同样最高。至于冲突人群，则是收入在4001~6000元水平的有15.0%，相对较多。① 在家庭月收入方面，4000元以下的平均有半数以上为潜在诉求人群，比例高于其他收入水平；而收入在6001~20000元之间的则有五成左右属于诉求人群，比例也高于其他收入水平；收入水平达8000元以上的，冲突人群的分布相对较多，均在14%以上。

5. 主观社会流动：无流动者潜在诉求人群比重高，向上流动者冲突人群比重高

总体而言，主观上认为自身未实现阶层流动的居民有52.1%属于潜在诉求人群，比例明显多于向下流动者和向上流动者，但同时需要看到的是，其诉求人群的比例也仅有四成左右，相对最低。另外，向上流动的居民中有着更多的冲突人群，其比例为12.3%。如图2所示。

因此，我们或许可以从主观社会流动的角度对三类人群的行为选择进行理

---

① 个人月收入8000元以上的数据由于样本量过少，因此仅供参考，不作比较分析。

解。潜在诉求人群在学历、户籍、收入等方面表现出弱势群体的特点，由于流动比例低，意味着弱势状况将被不断再生产，而潜在诉求人群遭遇利益受损仍不做声、不争取的沉默态度也不断在代际得以传承，容易导致"弱者恒弱"的恶性循环。而实现向上流动的居民由于更看重自身的利益保护，同时也有着更多的利益诉求，所以更可能采取各种行为方式来维权。

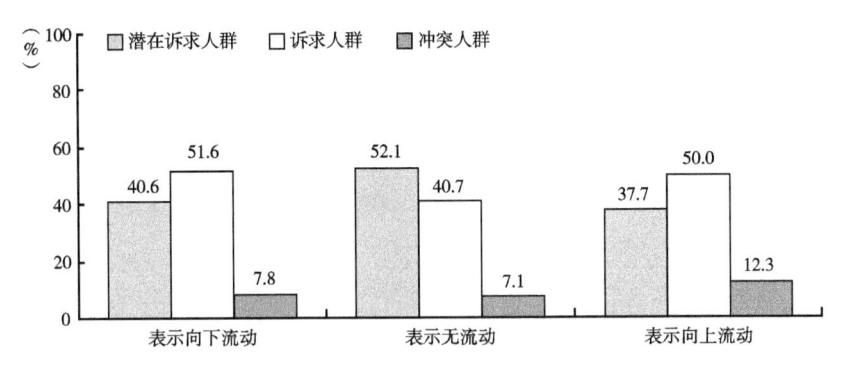

图2　不同人群的主观社会流动

（二）利益受损人群的矛盾水平与受损比较

1. 诉求人群与冲突人群的矛盾水平较接近，均明显高于潜在诉求人群

根据社会矛盾指数的测算分析，潜在诉求人群、诉求人群与冲突人群的社会矛盾总水平得分分别为39.5分、49.8分和48.5分。可见，诉求人群、冲突人群的社会矛盾显著比潜在诉求人群更激烈。而这种激烈主要体现在物质性矛盾方面（诉求人群与冲突人群的得分均高出潜在诉求人群10分以上），表明物质性矛盾更容易引起诉求乃至冲突行为。另外，在价值性矛盾方面以诉求人群的矛盾最为激烈。

2. 物质性矛盾与价值性矛盾得分以及权重比较分析

总体而言，潜在诉求人群在物质性矛盾七个方面的激烈程度都低于诉求人群与冲突人群。具体来看，在教育问题、社会保障、市政管理等方面，以冲突人群得分最高，表明其矛盾水平最激烈，也表明这三个民生领域中的矛盾最容易激发上访、曝光媒体乃至游行示威等行为；在医疗问题、住房问题、治安问题、劳动就业等方面，以诉求人群得分最高，表明其矛盾水平最激烈，也表明这四个民生领域中的矛盾最容易激发协商、抱怨、投诉、信访等行为。

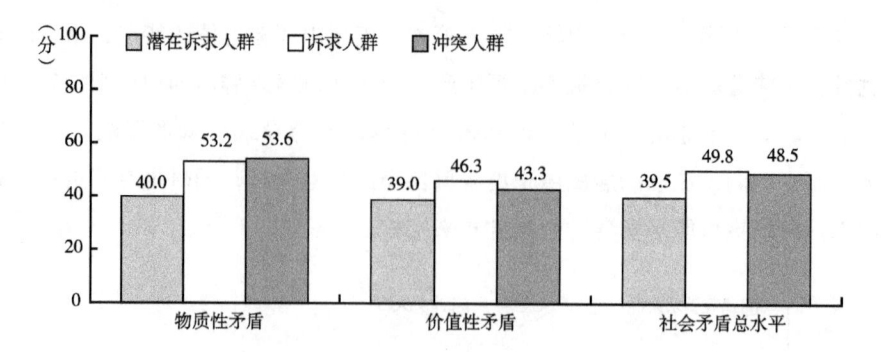

图3 不同人群社会矛盾主观水平得分比较

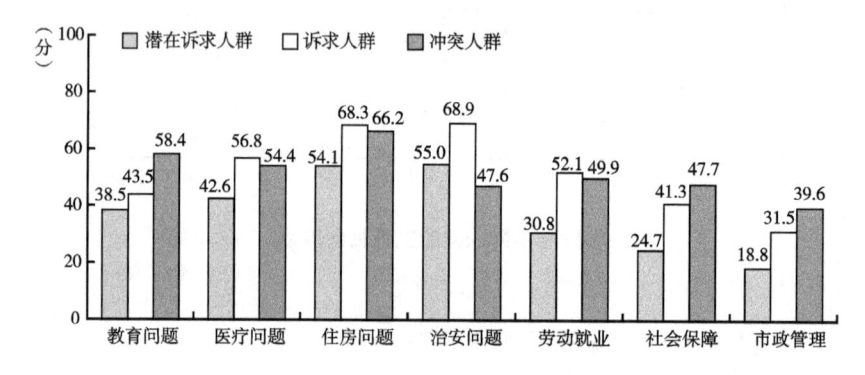

图4 不同人群不同物质性矛盾得分比较

而在价值性矛盾的四个方面,总体来看,潜在诉求人群的矛盾激烈程度要低于诉求人群和冲突人群。具体而言,在经济改革造成的问题方面,以冲突人群的得分最高,表明其矛盾最激烈,亦即这方面的社会问题最容易激发上访、曝光媒体乃至游行示威等行为;而在治理绩效以及民主建设方面,以诉求人群的得分最高,表明其矛盾最激烈,也表明对这两方面的问题有更多的北京公众愿意通过诉求方式来缓解或解决矛盾。而在依法治国方面的社会矛盾中,三类人群的得分比较接近,表明尚不能认为国家与政府的法制建设问题能够显著导致权益诉求行为乃至冲突行为的发生。

从矛盾重要性来看,在物质性矛盾方面,医疗问题和住房问题在冲突人群看来尤其需要优先改善,而教育问题和治安问题分别对于诉求人群和潜在诉求人群的重要性相对更高;在价值性矛盾方面,潜在诉求人群和诉求人群对经济改革方面的社会矛盾最敏感,认为其最需优先改善,而依法治国问题对冲突人群的重要性显著更高。显而易见，社会矛盾的改善优先序对潜在诉求人群和诉求人群而言差异并不大，而冲突人群对社会矛盾改善的排序则更有特点。

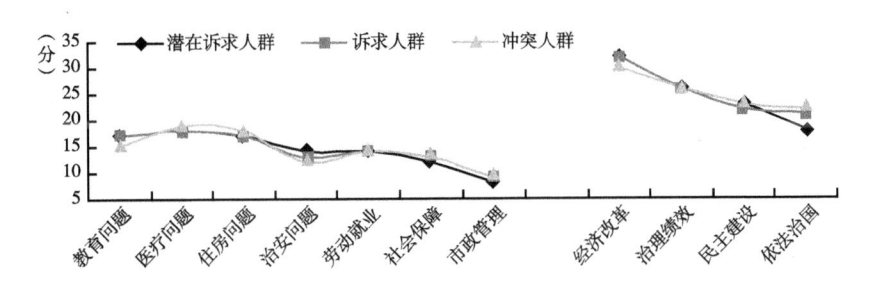

图5 不同物质性矛盾与价值性矛盾对不同人群的重要性比较

3. 冲突人群利益受损程度最高

数据显示，在总体矛盾、教育、医疗、住房、治安、劳动就业、社会保障和市政管理方面，潜在诉求人群的利益受损程度均低于诉求人群的利益受损程度，而后者又均低于冲突人群的利益受损程度。这表明，利益受损程度与公民受损后的主动行为选择显著相关。受损程度越深，越倾向于进行申诉，甚至采取上访、法律控诉以及媒体曝光等具有冲突性的行为反应方式。

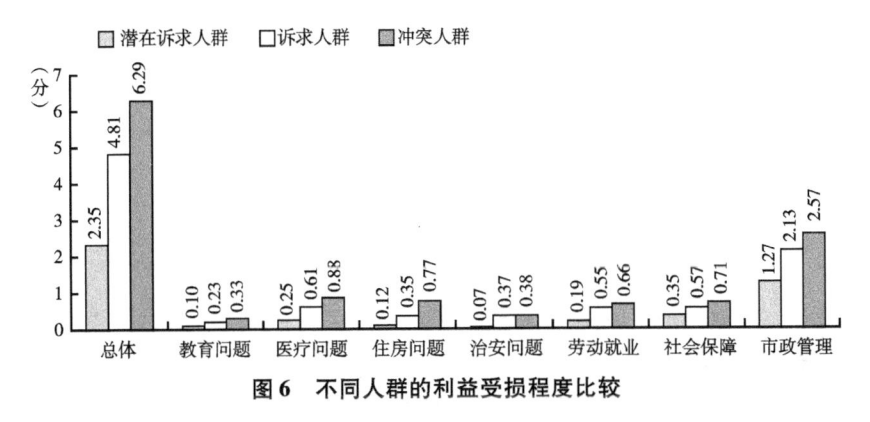

图6 不同人群的利益受损程度比较

（三）利益受损人群的具体特征

1. 潜在诉求人群具体分析

——潜在诉求人群低知、低收，中年农民多，社会流动率低，情绪偏消极

通过以上的对比分析，我们可以概括出潜在诉求人群的四个较明显的特点，

即低学历、低收入、中年、农民。低学历，主要是指潜在诉求人群有超过四成只接受过初中及以下的教育；低收入，主要是指接近六成的人的月收入都在2500元以下；中年，主要是指超过半数的人集中在35~54岁之间；农民，主要是指有44.7%的人是农业户口，远高于北京市总人口中的农业户口比例。

从人口学特征来看，潜在诉求人群在目前我国社会中处于相对弱势的地位，其利益受损程度较高。但其面对自身利益受损却既不表达，也不维护，从而造成了弱者愈弱的现象。对于这种现状，潜在诉求人群虽然沉默，但其近期情绪展现出消极的一面，表现为有46.0%的人表示在最近的生活中以消极情绪居多。

在社会流动方面，高达63.0%的潜在诉求人群认为自身与父辈相比并没发生阶层流动，即表明其认为自身与父辈的社会位置基本一致，这意味着潜在诉求人群的"弱势"在代际不断被再生产。

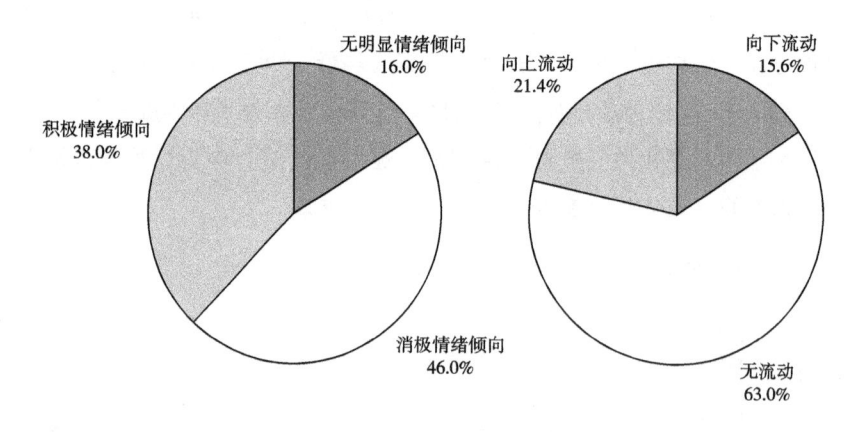

图7 潜在诉求人群的近期情绪倾向与主观社会流动

可以看出，潜在诉求人群具备弱势群体的特点，生活压力与困难带来了不少的负面情绪，但由于融洽家庭关系的缓冲，以及长期以来在低社会流动的背景下对利益受损的习以为常，因而并未形成维权与保护自身的合法权益的思维与意识。然而，一旦被动员起来，后果将会相当严重。为此，政府更应该多加关注与重视，加强对弱势群体的保护。

——潜在诉求人群对物质性矛盾与价值性矛盾感受接近

根据社会矛盾指数的统计分析，潜在诉求人群的社会矛盾主观水平总得分为39.5分，远低于总体水平。其中，物质性矛盾得分为40.0分，稍高于价值性矛

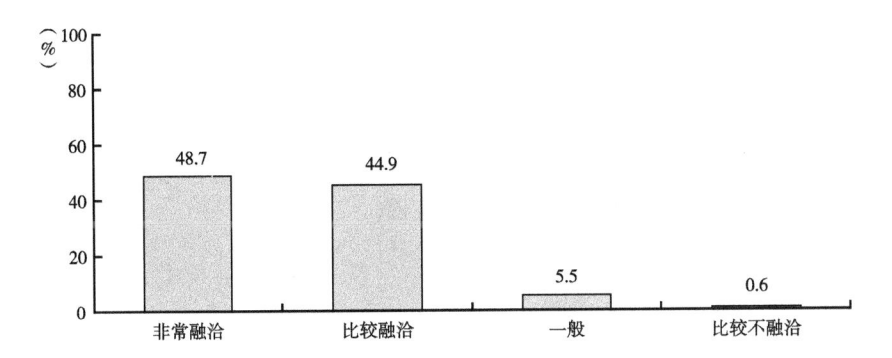

图8 潜在诉求人群的家庭关系

盾，表明潜在诉求人群对物质性方面的不满情绪更为强烈。

具体来看，物质性矛盾中以治安类矛盾得分最高，达55.0分；其次为住房方面的矛盾，为54.1分。可见，潜在诉求人群对治安问题的不满情绪更为强烈。而在价值性矛盾方面，以经济改革类矛盾得分最高，为50.0分。但紧随其后的是民主建设的37.3分，表明潜在诉求人群对民主建设要比对政府的绩效以及法治更为不满，这也从侧面反映出潜在诉求人群希望打破沉默，通过民主机制来反映诉求和主张。

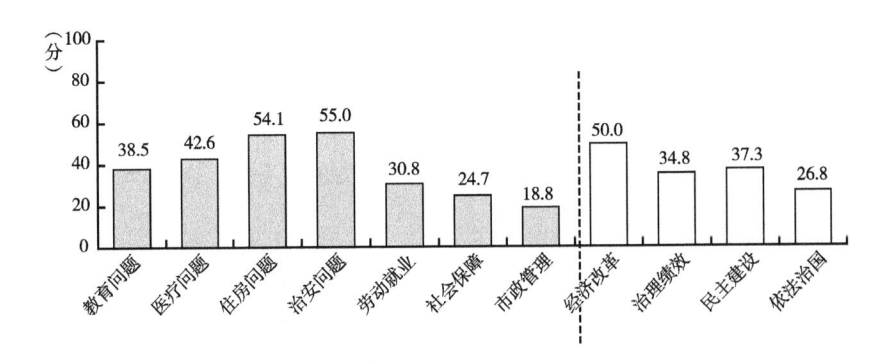

图9 潜在诉求人群的不同物质性矛盾与价值性得分

——潜在诉求人群在社会保障与市政管理方面利益受损最深，但未引起强烈不满

根据社会矛盾指数的统计分析，对潜在诉求人群而言，市政管理方面的利益受损程度平均为1.27，得分最高；其次为社会保障方面的利益受损，达0.35，

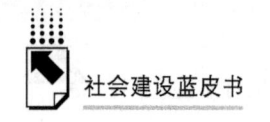

表明这是潜在诉求人群遭受问题最多的两大方面。然而结合潜在诉求人群对社会保障和市政管理的不满情绪得分来看，潜在诉求人群利益受损最深的这两方面并未引起其强烈的不满。相反，利益受损最少的治安问题反而最能引起潜在诉求人群的强烈不满，其次为住房和教育；同时，医疗方面的利益受损要大于劳动就业方面，其引发的矛盾情绪也强于劳动就业方面。

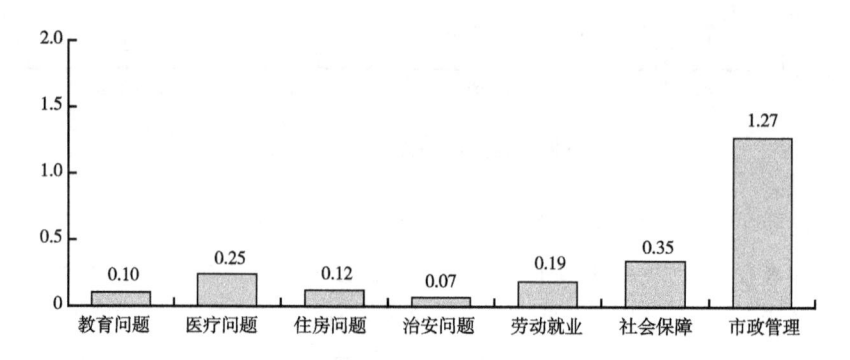

图10 潜在诉求人群的利益受损程度

2. 诉求人群具体分析

——诉求人群具有中产阶层特征

从年龄上来看，超过1/3的诉求人群处于34岁以下，同时35~44岁之间的也占到总体的27.0%，表明诉求人群更趋向于年轻。从经济状况来看，诉求人群有近七成至少有房，其中超过两成有车有房，表明其资产拥有状况相对较佳；而在收入方面，处于1500~4000元之间的占总体的64.9%，表明诉求人群在收入上基本处于中等水平。

从以上的一些信息可知，诉求人群主要以中产阶层居多。他们由于生活压力与工作强度大，缺乏足够的时间与精力来维护自身权益，故而在很多时候只能选择一些基本诉求行为，而难以上升至上访、控诉、游行示威等行为。另外，诉求人群的情绪倾向中积极者与消极者基本持平，而社会流动、家庭关系与总体情况相比无太大差异，故不作特别分析。

——诉求人群对住房和治安问题皆有强烈不满

根据社会矛盾指数的统计分析，诉求人群的社会矛盾主观水平总得分为49.8分。其中，物质性矛盾得分为53.2分，高于价值性矛盾的46.3分，表明诉求人群对物质性方面的不满情绪更为强烈。

具体来看，物质性矛盾中以住房类矛盾和治安类矛盾得分最高，分别为68.3分和68.9分；而教育类矛盾得分则只有43.5分，低于总体水平的50.1分。可见，诉求人群对住房和治安都产生了强烈的不满，相对而言对教育的不满情绪较轻。而在价值性矛盾方面，以经济改革类矛盾得分最高，为60.0分；其次为政府治理绩效矛盾得分，为48.5分，即诉求人群对贫富分化与贪污腐败的社会问题尤为不满，同时也对政府的效率与政策的执行效果产生了较强的矛盾意识。

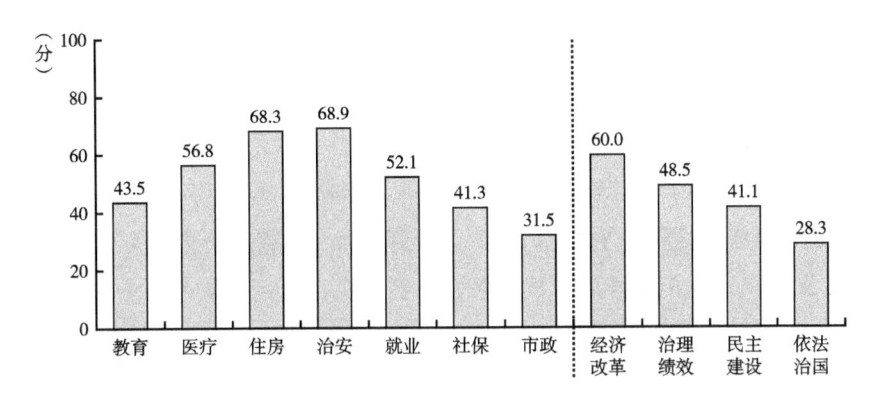

图11 诉求人群的不同物质性矛盾与价值性得分

——诉求人群医疗利益受损严重，住房与教育受损最易引起强烈不满

根据社会矛盾指数的统计分析，诉求人群在市政管理方面的利益受损程度为2.13，在物质性矛盾的各方面中最高，但其引起诉求人群的不满情绪却并不强烈；其次，诉求人群利益受损较深的依次还有医疗问题、社会保障问题和劳动就业问题，分别为0.61、0.57和0.55。而从利益受损引起社会矛盾不满情绪的角度来看，诉求人员的住房和教育问题受损更能使其产生强烈的不满。

3. 冲突人群具体分析

——冲突人群高龄、高知、高收，家庭欠融洽，向上流动多，情绪偏积极

从年龄上看，冲突人群中有接近1/4的人处于55岁以上，既高于沉默人群的19.2%，也高于北京市55岁以上人口的比例。这表明相对于其他两种人群而言，冲突人群中有份额更高的老年人。

同样需要引起注意的是，有超过三成的冲突人群年龄处于34岁以下，表明青年人在冲突人群中占有了更高的比例，即相对于其他两种人群而言，冲突人群

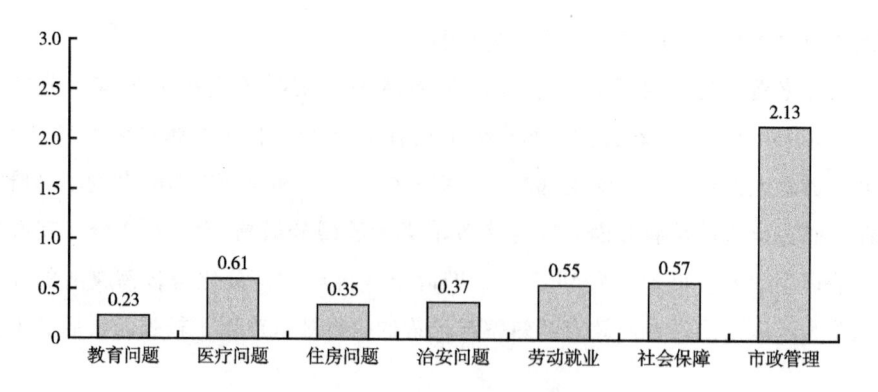

图12 诉求人群的利益受损程度

由更高比例的青年人构成。结合学历与收入的情况来看，可发现这部分青年人呈现高文化程度与高收入水平的两大特征。具体来看，有14.6%获得了本科及以上的学历，其中3.5%为研究生，比例高于其他两个人群；有11.1%的人月收入在4000元以上，比例同样高于其他两个人群。换言之，冲突人群中包括了两大典型人群：老年人与高学历高收入的青年人。结合国情，可以推测前者主要利用闲暇时间想方设法争取自身合法权益；后者则维权意识强烈，维权知识充分，懂得利用法律手段与法律武器争取自身合法权益。

相对而言，冲突人群的家庭关系有12.5%为一般水平，表明其家庭融洽程度明显低于其他两种人群。

在户籍方面，冲突人群有58.7%拥有京籍非农业户口。可见，大部分冲突人群为北京本地城市居民。这在一定程度上表明了对居住地的了解与熟悉①会促使居民采取更激烈的行为方式来维护权益。

在社会流动方面有接近四成的冲突人群认为自身与父辈相比实现了向上的阶层流动，而在近期生活中感到情绪消极的只有40.3%，比例低于有消极情绪倾向的人。

以上这些表明，冲突人群从客观上讲并不弱势，其采取相对更激烈的行为方式来表达利益诉求，维护自身权益，在很大程度上并非因为其利益受损严重，而是由于其更多地实现了向上的社会流动，具备了维权意识与手段（对利益受损

---

① 我们认为拥有居住地户口的居民会对居住地更为了解与熟悉。

更敏感也更重视),这从冲突人群中有更高比例的人在近期生活中具有积极情绪可以看出。

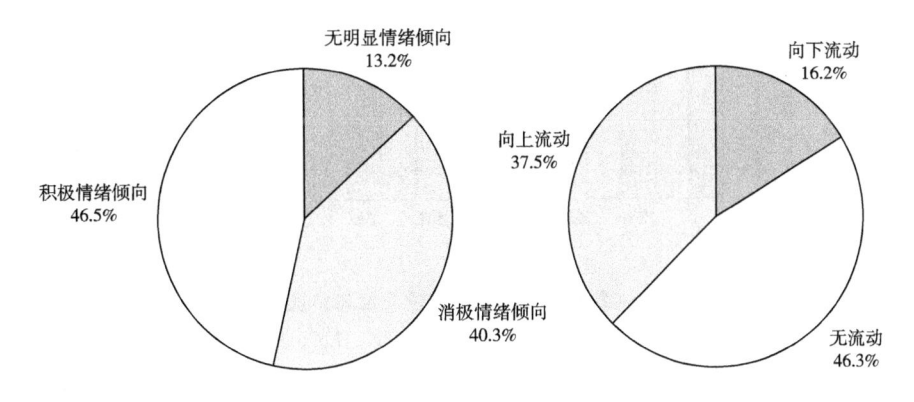

图13 冲突人群的近期情绪倾向与主观社会流动

——三类人群对住房、教育不满情绪均较高

根据社会矛盾指数的统计分析,冲突人群的社会矛盾主观水平总得分为48.5分。其中,物质性矛盾得分为53.6分,高于价值性矛盾的43.3分。这说明,冲突人群对价值性矛盾不太关注,而对物质性矛盾有着更为强烈的不满情绪。换句话说,冲突行为由物质性矛盾引发的可能性更大。

具体来看,物质性矛盾中以住房类矛盾得分相对最高,达66.2分;其次即为教育矛盾,得分为58.4分。因此,除了住房矛盾这三类人群都共同感到最不满的因素以外,教育问题也成为冲突人群的不满焦点。而在价值性矛盾方面,以经济改革类矛盾得分最高,为65.6分,远高于价值性矛盾的其他三方面。由于经济改革引发的贫富分化和贪污腐败与物质性矛盾关系更密切,因而对这方面的不满情绪高可以看做冲突人群物质性矛盾水平高的一种延伸与渗透。

——冲突人群市政管理、医疗受损高,教育受损尤能激发强烈不满

根据社会矛盾指数的统计分析,冲突人群在市政管理方面的利益受损程度为2.57,相对最高,其次为医疗,为0.88。同时,冲突人群在住房和社会保障方面的受损程度也较高,分别为0.77和0.71。而结合冲突人群对物质性矛盾七个方面的不满情绪得分可以发现,冲突人群对教育问题最为敏感。换而言之,教育问题的受损更能引起冲突人群的强烈不满。

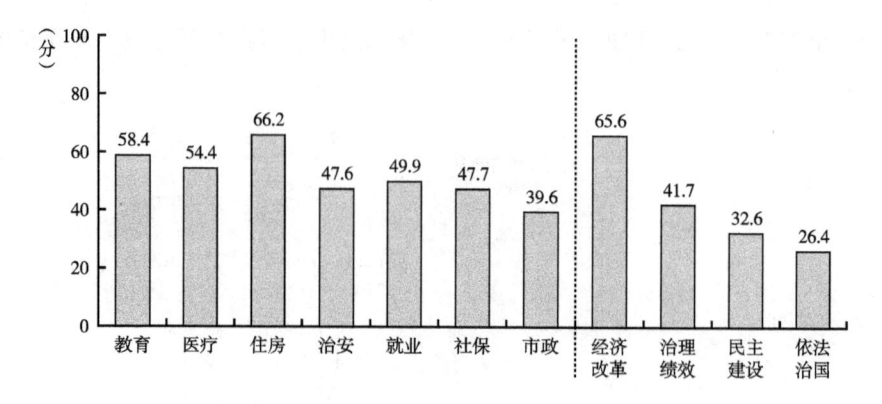

图14　冲突人群的不同物质性矛盾与价值性得分

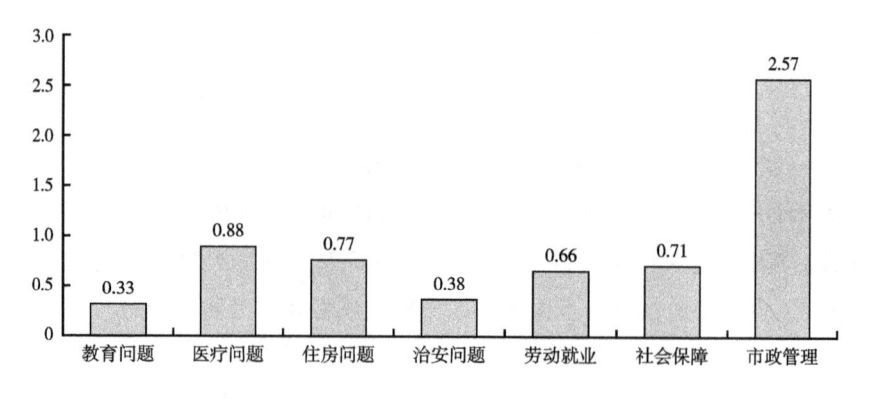

图15　冲突人群的利益受损程度

二　利益受损人群救济行为选择分析

（一）公众利益受损时沉默以对，遇集体行为时具维稳意愿

1. 主动行为选择①——沉默为主，抱怨与信访等诉求行为凸显

调查显示，目前北京公众中有47.1%在遭遇各种实际问题时并未采取任何行为方式。这说明大部分公众对待切身利益被损害的态度仍以沉默为主。与此同

---

① 将物质性矛盾受损时的所有行为反应变量（共7个）以及价值性矛盾的行为变量（共1个）加总合并而得。

时，有30.4%选择诉说抱怨（包括人际诉说抱怨以及网络诉说抱怨），有12.4%选择电话、信件、邮件等信访方式，一方面表明诉求行为趋势凸显，另一方面也显示北京公众目前的诉求行为主要以人际抱怨和信访为主。另外，有小部分人已经采取了上访、法律控诉、曝光媒体乃至游行示威等升级行动来表达对利益受损的不满，可以想象当社会矛盾不断积累而没有得到有效缓解时，这些行为以及过激行为的出现比例会有所增加。

2. 被动行为倾向——维稳为主，沉默次之

如果说上述行为选择是基于主体作出的选择，是一种主动的行为选择，那么在本次调查中还对北京公众的被动行为倾向作出测量。

所谓"被动行为倾向"，是指当受访者身边的人（如同事、亲友等）由于某些社会问题而采取集体上访、游行示威等集体行为来维护自身利益时，受访者的行为选择。近年来，各地不乏群体事件的发生，而随着社会转型的不断深化，不少人都预测社会矛盾与群体事件会进入多发期，因而了解公众面对集体行为时的参与倾向意义重大。

调查发现，有半数以上（52.7%）的受访者会劝阻集体行为的发生，同时分别有14.5%和29.5%的受访者选择旁观和同情但不参加，即处于沉默状态。而表示会参与其中的北京公众比例较少，只占总体的3.3%。可见，目前北京市公众从总体上看存在一种维稳倾向，这有利于社会秩序的维持。

3. 温和反应中主动选择影响被动倾向，激烈行为中被动倾向促进主动选择

主动行为选择和被动行为倾向反映的是公众在不同情境下应对社会矛盾的行为方式，可以视为社会矛盾在不同情境下的外显。尽管如此，主动行为选择与被动行为倾向之间并非相互独立，而是相互影响的。数据表明，如果把主动行为选择视作沉默—抱怨—申诉—冲突的连续谱，而把被动行为倾向视作劝阻—旁观—同情—参与的连续谱，则两者存在显著的等级正相关。①

首先，从主动行为选择来看，利益受损依然沉默的居民，有64.0%在面对身边集体行为的发生时选择劝阻，体现维稳特征；而抱怨者的劝阻比例只略高于四成，同情比例则从沉默者的24.6%上升至34.1%，表明有集体行为参与倾向基础的人有所增加；从申诉者到冲突者，其参与集体行为的意愿逐步提升，分别为8.8%和11.1%。

---

① 斯皮尔曼相关系数为0.209。且易见等级越低位，行为越温和；等级越高位，行为越激烈。

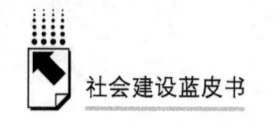

其次，从被动行为倾向来看，劝阻者有接近六成在利益受损时主动沉默，但旁观者的比例只有33.9%，而且有接近一半开始选择抱怨；在同情者中，虽然抱怨的比例有所下降，但申诉的比例却已升至14.9%，而参与者的申诉比例超过三成，同时采取冲突性行为的比例也高达29.1%。

因此，交叉结合来看可以发现，主动行为选择沉默的人在面对集体行为时劝阻意愿高而参与意愿低，而反过来参与集体行为倾向高的人则在主动行为选择中也更多地采取冲突性的行为。简而言之，温和行为反应中北京公众主动的选择更能影响被动的倾向，而激烈行为反应中的高参与倾向也能推高主动冲突性行为。

4. 积极情绪倾向者参与集体行为意愿高，消极情绪倾向者劝阻集体行为发生

通过数据对比发现，在近期生活中具有不同情绪倾向的北京公众其主动行为选择虽然差异较小，但被动行为倾向却有显著差异。

具体而言，情绪上以积极方面为倾向的北京公众在参与身边发生的集体行为上意愿稍强，为4.3%；而情绪上以消极方面为倾向的北京公众在劝阻身边发生的集体行为上意愿达61.3%，明显高于无明显情绪倾向以及有积极情绪倾向的人。

以上结果挑战了一般的看法（消极情绪者更倾向于通过参与集体行为进行发泄与表达，而积极情绪倾向者意味着对目前状态总体更满意，因而会采取更保守的做法），表明了消极情绪倾向者反而更保守，积极情绪倾向者相对更激进。

但结合积极情绪倾向者和消极情绪倾向者的背景信息就可以对此进行解释。

通过对比发现，消极情绪倾向者以女性相对更多，年龄多在45岁以上，即以中老年人为主，因而更具保守性，参与集体行动的意愿自然不高。

（二）公众利益受损面越广，不满情绪越强烈，行为越激烈

1. 利益受损越多不满情绪越高，尤以教育与治安两方面更突出

我们发现，利益受损程度越深，负面情绪就会越强烈，换而言之就会有更大可能让公众产生强烈的不满情绪。

在本次研究中，我们把物质性矛盾总体及其各方面是否产生了强烈的不满情绪与利益受损程度（包括特定领域内的利益受损程度以及领域外的利益受损程度）建立logistic回归模型[①]，得出如下结论。

---

① 模型均同时控制受访者的年龄、性别、受教育程度等个人因素，下同。

首先，在控制个人背景因素的情况下，发现北京公众的物质性矛盾利益受损程度每增多一个单位（即物质性矛盾中每多遭遇一个切身的问题），其产生强烈不满情绪的可能性就要增加32.2%。可见，遭遇到越多物质性问题或者物质利益受损越多，个体的不满情绪就越强烈。

表1 物质性矛盾强烈不满与利益受损程度的 logistic 回归模型

变 量	物质性矛盾强烈不满
物质性矛盾利益受损程度	1.323 * (-0.28)
年龄	1.017 * (-0.017)
性别（以男性为参照）	-0.813 * (-0.207)
学历（以初中及以下为参照）	
高中/中专/技校	1.168 (0.156)
大专	1.093 (0.089)
大本及以上	1.218 (0.198)
模型常数项	1.452 * (-1.267)
样本数	1659

* 表示通过统计学检验（a = 0.05）。

由于物质性矛盾分布在各个不同领域，其与个人生活的密切相关程度也有所差异，因而各个方面的利益受损对不满情绪产生的作用也有差异。

对物质性矛盾七个领域的不满情绪以及领域内外的利益受损程度分别建立 logistic 回归模型，结果表明：无论在物质性矛盾的哪个领域，领域内的利益受损程度的增加以及领域外的利益受损程度的增加都会促使个体产生强烈不满情绪，其中又以前者的增加对不满情绪深化的影响更大。举例来说，即医疗方面的利益受损程度的增加比起医疗以外的利益受损程度的增加对医疗方面的不满情绪深化的影响更大，如此类推。

具体来看，以教育和治安方面最为突出。教育方面的利益受损程度每增加一个单位，个体在教育方面产生强烈不满情绪的可能性会极大地增加，达原来的 5.7 倍；而教育以外的利益受损程度每增加一个单位，个体在教育方面产生强烈不满情绪的可能性会增加 14.8%；治安方面的利益受损程度每增加一个单位，个体在治安方面产生强烈不满情绪的可能性会极大地增加，达原来的 5.0 倍；而治安以外的利益受损程度每增加一个单位，个体在治安方面产生强烈不满情绪的可能性会增加 8.6%。

以上分析结果表明，民生领域的各方面是相互影响、相互关联的，一个领域的利益受损不仅会使该领域的不满情绪激化，而且会对其他领域的不满情绪激化有影响。公众在某些领域遭受利益损害并产生了不满情绪，就有可能会在其他领域通过某种方式，如集体行为、群体事件等表达出来。这就在一定程度上解释了为何目前集体行为的大部分参与者均为"无直接利益相关者"。

表 2　物质性矛盾七方面不满情绪与利益受损程度的 logistic 回归模型

变　　量	教育	医疗	住房	治安	劳动就业	社保	市政管理
领域内利益受损程度	6.679* (1.899)	1.730* (0.548)	1.657* (0.505)	5.979* (1.788)	1.980* (0.683)	1.492* (0.400)	1.415* (0.347)
领域外利益受损程度	1.148* (0.138)	1.140* (0.131)	1.100* (0.096)	1.086* (0.082)	1.116* (0.110)	1.106* (0.101)	1.064* (0.062)
年龄	0.984 (0.016)	1.020* (0.019)	1.001 (0.001)	1.039* (0.038)	0.989 (-0.011)	1.030* (0.030)	1.001 (0.001)
性别（以男性为参照）	1.107 (0.101)	0.813* (-0.206)	0.912 (-0.092)	0.819 (-0.200)	0.561* (-0.579)	0.994 (-0.006)	0.851 (-0.162)
学历（以初中及以下为参照）							
高中/中专/技校	0.577 (-0.550)	1.117 (0.111)	1.539* (0.431)	1.181 (0.167)	2.332* (0.847)	1.085 (0.082)	1.096 (0.092)
大专	0.506 (-0.680)	0.960 (-0.041)	1.480 (0.392)	1.736 (0.551)	2.082* (0.733)	0.965 (-0.036)	0.910 (0.094)
大本及以上	0.157* (-1.850)	0.750 (-0.288)	2.146* (0.764)	1.206 (0.188)	2.247* (0.810)	1.256 (0.228)	0.979 (-0.021)
模型常数项	0.573* (-3.291)	0.530* (-2.188)	0.065* (-2.730)	0.005* (-5.270)	0.873* (-1.845)	0.025* (-3.696)	0.273* (-1.300)
样本数	1659	1659	1659	1658	1659	1659	1312

* 表示通过统计学检验（a = 0.05）。

2. 强烈不满情绪更易激发公众作为，物质性矛盾方面尤为如此

结合物质性矛盾和价值性矛盾两方面，从总体上来看可以发现，是否有强烈不满情绪的北京公众在遭遇矛盾问题时的主动行为选择上有显著差异。

具体来看，有强烈不满情绪的公众在面对矛盾时所作出的行为选择也更激烈。其中，沉默不作为的只占总体的45.6%，明显低于无强烈不满情绪的公众的比例60.2%；同时作出抱怨诉说的人在有强烈不满情绪的公众中占31.0%，稍高于无强烈不满情绪的25.8%；再者，在进行亲身上访、法律控诉、曝光媒体、集体行为等方面，有强烈不满情绪的公众提及率为9.2%，显著高于无强烈不满情绪的4.7%。

对比发现，激烈不满情绪对个体主动行为选择的上述影响在物质性矛盾方面比在价值性矛盾方面更为突出与明显。

具体来看，在物质性矛盾方面，有强烈不满情绪的北京公众选择沉默不作为的比例仅有34.9%，显著低于无强烈不满情绪的人的比例56.6%；而选择抱怨诉说行为的，其占有强烈不满情绪的公众的36.5%，稍高于无强烈不满情绪的29.8%；而采取冲突性行为的，如亲自上访、法律控诉、曝光媒体和集体行为等，其占有强烈不满情绪的公众的7.6%，显著高于无强烈不满情绪的3.5%。

但在价值性矛盾方面，有无强烈不满情绪的公众只在选择沉默不作为和网络抱怨等行为方式上有少量差异，而在其他行为选择方式上并无太大不同。

可见，在物质性矛盾所涉及的民生领域中，公众持强烈不满情绪会更容易降低其不作为的可能性，进而引发激烈的行为。

同时还可以看到，积极情绪倾向者更多属于低收入阶层：有33.4%其家庭没车没房；个人月收入在2500元以上的比例明显低于消极情绪倾向者，仅有23.4%；家庭月收入在8000元以上的比例也低于消极情绪倾向者，仅有3.6%。而低收入则意味着占有的资源与利益较少、相对处于劣势，因而争取优势资源与利益的意愿自然更强，所以更可能参加能够减少利益受损的集体行动。

另外，在政治面貌方面，消极情绪倾向者中中共党员比重相对更高，达14.0%。这意味着维护社会稳定与社会秩序的意识会更强，所以更可能劝阻集体行动的发生。

（三）价值性矛盾更不容易引发公众采取行动来维护自己的权益

在物质性矛盾的各方面受损时，共有43.9%的北京公众选择不作为，除此以外还有33.8%采取抱怨诉说的方式宣泄不满，有14.6%通过电话、信件、邮件等方式进行信访①投诉,同时更有小部分人选择了亲自上访、法律控诉(包括行政诉讼)、曝光媒体甚至集体情愿、游行示威等方式。但在价值性矛盾方面,北京公众有高达87.7%的人选择沉默不作为,比例远高于物质性矛盾的主观沉默比例。可见,北京公众对价值性矛盾的敏感程度更低,态度更倾向于沉默。

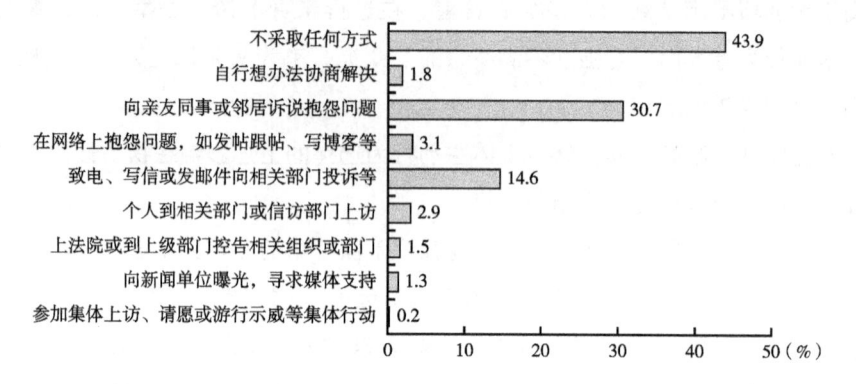

选项	比例(%)
不采取任何方式	43.9
自行想办法协商解决	1.8
向亲友同事或邻居诉说抱怨问题	30.7
在网络上抱怨问题,如发帖跟帖、写博客等	3.1
致电、写信或发邮件向相关部门投诉等	14.6
个人到相关部门或信访部门上访	2.9
上法院或到上级部门控告相关组织或部门	1.5
向新闻单位曝光,寻求媒体支持	1.3
参加集体上访、请愿或游行示威等集体行动	0.2

图 16 物质性矛盾主动行为选择

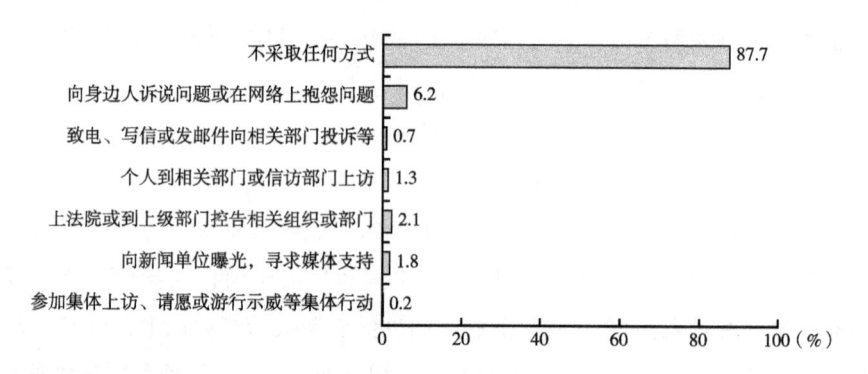

选项	比例(%)
不采取任何方式	87.7
向身边人诉说问题或在网络上抱怨问题	6.2
致电、写信或发邮件向相关部门投诉等	0.7
个人到相关部门或信访部门上访	1.3
上法院或到上级部门控告相关组织或部门	2.1
向新闻单位曝光,寻求媒体支持	1.8
参加集体上访、请愿或游行示威等集体行动	0.2

图 17 价值性矛盾主动行为选择

三 结论

通过对北京市公众的社会调查发现,不仅物质性矛盾和价值性矛盾之间存在

---

① 本研究中所说的"信访"均为狭义信访,包括通过电话、信件、邮件等方式反映意见,但不包括上访行为,下同。

相互转化的关系,社会矛盾与公众行为选择之间也有着密切的关系。因此,社会矛盾的产生、发展是和整个社会的运行机制、社会管理水平分不开的,合理的社会结构与和谐的社会发展并非指社会矛盾完全消失,而是指在社会层面已经建立了一套能够自发减少矛盾与缓解矛盾的机制,从而使社会矛盾不影响社会和谐和社会秩序。

Analysis on the Character and Behavior Choice of the Groups Whose Interest are Harmed in Social Contradictions

—Based on the Social Contradictions from Masses

Bo Gang　Zhang Zonglin　Fan Wen

Abstract: In order to grasp the negative information and main contradictions, the paper analyzes the character and behavior choice of the groups whose interest are harmed in social contradictions, and holds that the group often has done nothing when their interest is harmed, and they hope that the society will be stable when the mass incidents broke out. The paper come to a conclusion that the wider the interest is harmed, the more dissatisfied people feel, and the stronger the conflict.

Key Words: Social Contradictions; People Whose Interest are Harmed; Behavior Choice

B.14 "十一五"期间北京信访工作的新理念与新发展

张宗林*

摘　要："十一五"期间，北京信访机构顺应时代要求，运用新视角、新思维看待信访工作，进行理念创新，积极推动信访工作的科学化、学科化、专业化、数字化。在新理念的引领下，北京信访机构建立健全工作机制、积极转变自身职能，推动实现北京信访工作由传统秘书型向职能型，由参与保障到参与决策的转变。

关键词：理念创新　制度创新　职能转变

"十一五"时期是北京经济和社会发展史上极不平凡的五年，也是北京信访工作健康快速发展的五年。在市委、市政府领导下，北京市信访部门深入贯彻党的"十七大"精神，坚持跳出信访看信访，运用新视角、新思维、新理念看信访工作，加强信访工作的基本理论研究，注重探索分析社会问题的成因和社会矛盾的普遍规律；从加强和创新社会管理的角度重新审视信访制度的定位和功能；积极推动信访工作的科学化、学科化、专业化、数字化，以信访作为畅通和汇集民意诉求的渠道与窗口，以分析和研究信访反映出来的社会矛盾为切入点，积极探索我国社会主义初级阶段社会管理的基本规律，使北京信访工作实现了由传统秘书型向职能型，从参与保障到参与决策的转变。

一　北京信访工作的理念创新

信访是一门学问，甚至可以说是一门很深的学问。遗憾的是，长期以来人们

---

* 张宗林，北京市委北京市人民政府信访办公室副主任。

并没有把它当成一门学问来研究。"十一五"期间，北京市信访机构重视加强信访理论研究，并用理论指导信访工作的实践创新。2008～2010年，北京市信访办连续三年举办信访工作高层论坛：2008年，举行了"以民为本、情系民生"信访工作理论研讨会；2009年，举行了"首都信访——新视角·新思维·新理念"信访工作高层论坛；2010年，举行了"理论探索、实践创新"信访工作高层论坛。这些理论研讨打破了信访工作长期以来相对封闭的状态，搭建各省市信访工作者与政府官员、专家学者的交流平台，促进理论界与实务界的交流沟通，推动了信访工作深层次的变革。2009年11月，北京信访办在全国率先成立信访矛盾分析研究中心，专门从事信访理论研究。该研究中心的成立是一个制度的创新，也是首都信访机构坚持理论联系实际，积极创新信访理念的标志性事件。理论与实践的不断碰撞，引发对信访工作的深层次思考，首都信访机构提出推动信访工作科学化、学科化、专业化、数字化的新理念。

（一）信访工作的科学化

信访工作的科学化是新时期信访工作的核心。科学就是对规律的揭示，科学化是人们的认识越来越接近规律，并使自身行为越来越符合规律的过程。信访工作科学化，就是进行信访研究发现规律，按规律办事有效推进信访工作的过程。长期以来，信访部门普遍存在理论知识的贫乏与实践知识的丰富之间不平衡的问题。信访实践固然重要，但如果我们局限于实践经验，不能从感性认识上升到理性认识，我们的认识就只能在低层次徘徊，"只见树木，不见森林"，不能有效地指导信访工作。只有重视信访问题的分析研判，从纷繁复杂的实践经验中探寻普遍的规律，并将这些规律制度化、规范化，用于指导实践，才能提升信访工作的科学性。信访工作科学化的理想状态是形成一套从实践中采集信息、整理归纳、分析研判、科学决策、制度建设、指导实践的良性动态循环过程。

（二）信访工作的学科化

信访工作学科化是信访工作科学化的内在要求。信访是一门学问，遗憾的是还未形成一整套科学、完备的信访知识结构体系。传统的信访工作具有鲜明的经验主义色彩，缺乏信访基础理论和规范方法论的指导，也缺少对信访史、信访心理和应用信访的基础研究。信访工作学科化要求建立科学、完备的学科体系，探讨并解决信访工作中的重大理论和实践问题。首先，信访工作学科化体现为信访知识的系统化。这就需要研究界定信访工作的主体、功能、对象、环境和运行方式，从而构建起一个"信访事实—信访研究—信访理念—信访理论—信访语言—科学决策—制度建设—指导实践"的信访运行系统。其次，信访工作学科化需要规范的研究方法。作为社会科学研究的一个领域，信访研究需要遵循社会科学研究的基本范式。在信访研究中，应该综合运用定量分析法、定性分析法、文献研究法、个案研究以及数理统计分析等多种社会科学的研究方法，推进建立规范的信访学科体系。

（三）信访工作的专业化

信访工作专业化指科学划分信访的业务工作，推动信访工作的标准化，推进信访人才的专业化，塑造良好的组织文化。专业化可以提高信访工作的效率，是信访工作发展的必然趋势。信访工作专业化要求对信访工作进行合理的业务分工，可将信访部门分为三大体系：来信办理、网络电话、来访接待、复查复核和排查督查是一个体系；信息中心、综合调研、建议征集、研究中心是一个体系；人事教育、党委工会、秘书宣传是一个体系。根据不同的业务性质，建立不同的专业化机制，实现信访业务标准化。信访工作专业化离不开信访人才队伍的专业化。信访人才队伍已经难以适应新时期信访工作的要求，存在专业素质结构水平低、人才引进困难、人才教育培养机制不健全等问题，影响制约了信访事业的健康发展。推进信访人才的专业化，需逐步实现信访人才学科结构的多元化、学历层次的多元化、年龄结构的合理化。此外，还应该加强信访文化的培育，树立信访部门和信访干部为人民服务的良好形象，开创信访工作的新局面。

（四）信访工作的数字化

信访工作数字化指将纷繁复杂的信访信息转变为可以度量的数字、数据，由计算机统一处理。信访的数字化是推进民主决策、提升信访工作科学管理水平的有效途径。信访工作的数字化要求信访部门建立完善的数据收集机制、数据传递机制和数据分析机制。数据收集机制是信访工作尤其是信访研究的基础和出发点，它包括制定信息分类规则，建立数据库，形成数据采集、更新、管理、使用和共享机制。数据传递机制指对内建立便捷有效的信息管理系统，整合信访部门内部资源，对外实现信访形式的不断完善和政务信息的互联互通。数据分析机制要坚持宏观与微观相结合、定性与定量相结合、过程与结果相结合、分析与预测相结合的原则，通过信息的汇总和分析去挖掘隐藏在数字之后的深层次社会矛盾规律，寻找矛盾纠纷解决的长效机制。

二 北京信访工作的制度创新

信访理论的创新带动了北京信访工作的制度创新，而制度创新又是推进信访工作科学化、学科化、专业化和数字化的重要标志。制度创新是信访工作科学化的具体体现，制度创新的过程就是对信访规律的认识逐渐深入的过程。制度创新是信访工作学科化的客观需求，通过可持续性的制度更新，不断丰富信访专业知识，为信访工作的学科化奠定了基础。制度创新是信访工作专业化的必要保障，科学、规范的制度为信访工作的专业分工、人才引进提供了有力保障。制度更新是信访工作数字化的重要推动力，有利于推进信访数据收集、传递和分析机制的建立健全。在新理念、新思维的引领下，"十一五"期间，首都信访机构大力推进制度、机制建设，形成了"纵向到底、横向到边"的信访工作框架，建立健全五大信访工作体系，推动北京信访工作的系统化、规范化。

（一）形成"纵向到底、横向到边"的工作框架

2005年，国务院颁布实施了国务院《信访条例》。2006年，北京市人大常委会审议通过了《北京市信访条例》。2007年，中共中央、国务院颁布《关于进一步加强新时期信访工作的意见》（中发〔2007〕5号）。这些法律法规、政策的颁布实施，为北京信访工作的规范化、制度化奠定了基础。"十一五"期间，北京信访机构逐步形成了"纵向到底、横向到边"工作框架。

1. "纵向到底"的工作框架

在市级、区县、街乡、村社和基层楼门院五层级分别设立相应的信访机构（人员）：市级机构指市委、市政府领导下的北京市联席会议；区县机构指区县社会矛盾调处中心；街乡机构指街乡矛盾调处分中心；村社机构指社区工作站和"连民心恳谈室"；基层楼门院设立信访信息员。北京信访的五层级信访机构（人员）在畅通信访渠道，事前源头预防问题、事中依法受理问题、事后推动解

决问题的过程中各司其职，形成一套完整的工作体系。

2. "横向到边"的工作框架

整合政府中所有与百姓密切相关的部门，形成化解矛盾纠纷的合力。具体而言，"横向到边"是指充分发挥北京信访联席会议综合协调和8个专项工作组的职能，积极探索与市委、市政府相关工作部门、群众团体、行业组织的有机联动，建立和完善与市人大、市委组织部、市纪检监察部门、市民政局、市司法局等部门和相关群众团体组织的14项联动机制，有效地推动了矛盾纠纷的化解工作。

（二）建立五大信访工作体系

"十一五"期间，北京信访机构加快工作机制、制度的建设，逐步规范了办信、接访、电话和人民建议征集工作流程，形成一套相对完整的工作体系，具体包括信访渠道工作体系、信访工作网络体系、矛盾纠纷排查化解落实工作体系、信访服务工作体系、信访应急处置工作体系五大工作机制。

1. 信访渠道工作体系

下设6个机制与22项制度。具体包括接访工作机制、接信工作机制、市长信箱工作机制、复查复核工作机制、非紧急救助工作机制、人民建议征集机制。

2. 信访工作网络体系

由两部分组成，一是日常信访工作网络，由市信访办负责专项工作指导，以16个区县和主要委办局为基础，延伸全市的街道、乡镇信访部门，畅通信访渠道，领导干部定期接访，依法受理、解决群众合理诉求。二是联席会议对全市信访突出问题及突发群体事件的处理工作网络。

3. 矛盾纠纷排查化解落实工作体系

下设5个机制与18项制度。包括重大决策信访风险评估工作机制、矛盾纠纷排查工作机制、矛盾纠纷化解工作机制、督查督办落实工作机制等。

4. 信访服务工作体系

下设4个机制与13项制度。包括非紧急救助服务工作机制、逐级指导工作机制、信访信息情况报告机制等。

5. 信访应急处置工作体系

下设4个机制与8项制度。具体包括异常来信、来访、来电处置机制，非正常访分流劝返工作机制，群体性信访事件应急处置机制、应对境外媒体采访工作机制。

三 北京信访工作的基层经验

基层信访是推进信访工作科学化、学科化、专业化和数字化的现实难点。长期以来，基层信访工作力量仍较为薄弱，基层信访工作机构设置和工作人员编备还不能满足繁重的信访工作的需要，部分基层干部的能力素质偏低，基层信访工作的水平还有待提高。"十一五"期间，为推进信访工作科学化、学科化、专业化和数字化，北京信访机构重视总结基层先进工作经验，坚持"抓小抓早抓苗头"，强调将矛盾化解在基层，推广了"怀柔模式"、原崇文区"信访代理制"、昌平区"一单式"、门头沟区"连民心恳谈室"等基层信访经验，推动信访问题在基层的有效化解。

（一）怀柔模式

怀柔模式是以信访部门为依托，整合各方资源，在区、镇（乡、街道）设立社会矛盾排查化解中心，并抽调相关职能部门人员合署办公；在村（社区）和企事业单位设立由基层组织和社会人士组成的排查化解工作站、信息员，形成共同参与、上下联动的社会矛盾纠纷大排查、大调处工作格局。通过推广"怀柔模式"，在北京全市形成社会矛盾纠纷排查化解工作大格局。在"怀柔模式"的推广过程中，各区、县结合实际，不断完善和丰富模式的内容。

（二）信访代理制

信访代理制是指有关单位按照《信访条例》的规定和程序，代理信访人到有权办理的单位和部门咨询政策、反映解决诉求的一种制度。通过实施信访代理制，把群众的诉求变为干部的工作，形成群众"动嘴"、干部"动腿"的局面，由代理干部全程推动信访问题的解决。信访实践中，由信访代理人与信访人就信访事项签订代理书，并由信访代理人收集、传递信访信息，全程代理。信访代理制落实了政府作为群众利益代理人的职责，体现了各级党政机关全心全意为人民服务的宗旨。

（三）"一单式"工作方法

"一单式"工作方式是指形成信访办理单，客观反映受理、协调、办理、终

结、反馈、归档等各个环节的信访情况,对信访事项处理进行全过程监督。"一单式"工作方式就是把信访工作规范化,而且变成政府各部门间流转的文件,把群众的利益诉求直接转化为政府职能运转的有效方式。

(四)"连民心恳谈室"工作方法

"连民心恳谈室"工作方式是通过与群众面对面交流,把群众的一件件小事当成大事办,及时解决群众日常生活中出现的诸多困难、问题和矛盾纠纷,把为群众排忧解难纳入政府工作议程中。

四 北京信访工作的职能转变

职能转变是推进信访工作科学化、学科化、专业化和数字化的重要标志。"十一五"期间,顺应新形势的要求,为更好地服务社会、服务公众,北京市信访机构积极创新,拓展信访机构的职能。在原有职能(包括承接群众来信、来电、来访,转给相关部门办理;对群众反映的突出问题提出综合分析报告;督促检查,推动信访事项最终解决)的基础上,将信访工作链条向两头延伸:向前延伸指积极开展矛盾纠纷排查化解、矛盾纠纷源头预防和矛盾纠纷分析研判,及时发现矛盾、及时解决矛盾,防止矛盾纠纷的演化和激化,努力把矛盾纠纷化解在基层、化解在萌芽状态;向后延伸指成立相应的工作机构,依法推动信访问题的解决,并组织开展多种形式的思想疏导和协调,切实做到"案结事了",减少重复上访和历史积案。此外,北京信访机构还参与北京市的社会建设和城市管理工作,工作职能进一步丰富。

(一)参与北京市社会建设和城市管理工作

2007年,北京市信访办在原北京市政府服务热线电话的基础上,成立非紧急救助服务中心。成立至今,非紧急救助服务中心运转良好,受理公众电话超过6000万件,内容涉及公共服务、社会管理、市民工作生活等各方面。截至2010年8月,市中心直接向分中心和有关责任单位交办电话诉求46万件,各分中心承办市中心交办的诉求和自身受理的诉求共计1091万件,办结率90%,电话回访满意度高达70%。目前,非紧急救助服务中心的"12345"热线电话已成为北京的一个品牌，非紧急救助服务中心在北京市整体工作中发挥了畅通社情民意、提供公共服务咨询、为民排忧解难、推进城市管理、促进政府科学决策、监督和推动政府工作作风转变等重要作用。非紧急救助服务中心的成立搭建起了城市综合信息服务平台，实现了政府热线从单纯信访投诉向综合服务转型，拓展了北京信访机构的职能，推动首都信访工作由传统秘书型向职能型的转变，也迈出了北京市政府公共服务与世界接轨的重要一步。

（二）承担北京市复查复核委员会办公室的具体工作

2008年，北京市人民政府办公厅成立了北京市人民政府信访事项复查复核委员会。北京市信访办下设北京市复核委员会办公室，承担北京市人民政府信访事项复查复核委员会的具体工作，负责接收、审查、承办信访人向市政府提出的信访复查、复核申请，负责建立和完善全市信访复查复核工作制度，对基层信访复查复核工作进行指导、培训、检查、考核等工作。北京市信访办复查复核办公室的成立是对《信访条例》的贯彻落实，使信访部门依法进行信访工作进入一个新阶段。同时，复查复核办公室对复查复核职能的履行是对信访三级终结机制的积极探索，为推动问题解决、实现案结事了提供了制度保障。

（三）成立全国首个信访矛盾分析研究中心

2009年11月，北京市信访办在全国率先成立了信访矛盾分析研究中心（下称"研究中心"），研究中心是全国信访系统第一个分析和研究通过信访渠道反映出来的社会矛盾和社会问题的专业机构。研究中心坚持理论联系实际，依托大量信访资源，汇总情况、分析矛盾、研究问题、查找原因、总结规律，为市委、市政府的科学决策、维护社会稳定以及推动和谐社会的建设提供科学依据。成立一年多来，研究中心开展了课题、专题研究，取得了一批研究成果。课题成果《科学编制"十二五"规划，减少经济发展的社会代价》得到刘淇书记、郭金龙市长的重要批示。课题《北京市"社会矛盾指数"研究报告》得到学术界的充分肯定，著名社会学家陆学艺认为该课题开启了社会矛盾检测的时代，将成为北京市政府部门研究、缓解社会矛盾的里程碑。此外，研究中心还创办了两个刊物，其中《信访与社会矛盾问题研究》刊物是全国信访系统第一个理论期刊。研究中心的积极探索得到社会各界的广泛赞誉，在第六届中国公共服务评价国际研讨会（由零点研究咨询集团和美国福特基金会等组织共同发起）上荣获2010年度"倾听民意"政府奖之"倾听民意积极进取奖"。研究中心的成立是信访机构主动探索信访规律、研究社会矛盾的有益尝试，研究中心的有效运作构建了理论与实践的桥梁，推动了北京信访机构由传统的参与保障向参与决策的转变，深化北京信访机构的职能。

综上所述，回顾"十一五"，北京市信访机构坚持以理念创新引领制度更新，推动职能转变，使北京信访工作实现从传统秘书型向职能型、由参与保障到参与决策的重大转变，使北京的信访工作更具时代感。展望"十二五"，我国正处于经济社会发展的重要战略机遇期和社会矛盾凸显期。新时期、新形势对信访工作和信访理念提出了更高、更迫切的要求，只有深入推进信访工作的科学化、学科化、专业化和数字化，把理论和实践结合起来，把思辨与经验结合起来，不断完善和发展信访制度，才能把握时代的脉搏，切实发挥信访制度的功能和作用。

On Beijing Municipal Government of Letters and Calls during the Period of "11th Five-Year Plan"

Zhang Zonglin

Abstract: During the period of "11th Five-Year Plan", complied with the demand of The Times, The Office of Beijing Municipal Government of Letters and Calls used new perspectives and new thoughts on work, innovated ideas, actively promoted the work more scientific, more emphasized, more professional and more digital. In the new concept, The Office of Beijing Municipal Government of Letters and Calls perfected the work system, and the function of The Office of Beijing Municipal Government of Letters and Calls transformed from traditional secretarial type to functional type, from participating in guarantee type to participating in the decision-making type.

Key Words: Concept Innovation; System Innovation; Function Change

B.15
2010年北京维稳状况分析

张 荆*

摘 要：2010年是北京的"维稳"之年，治爆缉枪、校园安保、赛事禁赌、打击卖淫嫖娼、抑制诈骗犯罪、强化村庄社区化管理、排查化解社会矛盾等举措确保了北京社会秩序的稳定。2010年又是北京维稳面临挑战的一年，刑事立案数稳步增高、流动人口犯罪问题依然严重、"拆迁"中职务犯罪与干群冲突，以及企业内部的劳资冲突等，问题和挑战提示北京应加快社会建设和社会管理创新的步伐。2011年北京"维稳"的任务依然艰巨，科学调控城市化的发展速度，加快收入分配制度改革，改革现有户籍制度，改善流动人口的生存环境，扩大社会福利，构建新型的警民关系，强化社区和家庭建设等将使"维稳"成为"创稳"，推动北京犯罪预防和社会矛盾化解，促进社会的长治久安。

关键词：维稳 社会冲突 村庄社区化管理

"维稳"，顾名思义是指社会秩序的稳定。从近年的相关资料分析，"维稳"工作主要包括两大部分的内容：一是打击和控制犯罪；二是排查化解社会矛盾和纠纷。2010年是北京的"维稳"之年，其重要的标志是北京市政府进一步加大"维稳"经费的投入。据《关于北京市2010年预算执行情况和2011年预算草案的报告》显示，2010年公共安全等支出83.0亿元，与2009年（73.4亿元）相比，增长13.1%，全年完成预算的110.3%，超额完成预算主要是增加首都维稳经费等。①2010年是北京市公共安全经费增加最快的一年，表明了全市对维稳工作的高度重视。

---

* 张荆，北京工业大学人文学院教授，中国预防青少年犯罪研究会常务理事，一桥大学法学博士；研究方向：法社会学、犯罪学。
① 《关于北京市2010年预算执行情况和2011年预算草案的报告》，北京财政网，http://www.bjcz.gov.cn/yszx/t20110201_311099.htm。

一 2010年北京维稳工作总体形势分析

2010年北京的刑事立案数呈平稳上升，达10万余起，与2009年的98750起相比，增加近4%。① 从刑事案件的类型看，侵犯财产罪占总数的40.2%，居各类刑事案件的首位；侵犯公民人身权利及民主权利罪占23.2%，居第二位；妨碍社会管理秩序罪占22.2%，居第三位；破坏社会主义市场经济罪、危害公共安全罪分别居第四和第五位。②

2010年北京市继续保持对刑事犯罪严打整治的高压态势，为确保上海世博会和广州亚运会的安全成功举办，北京市公安系统根据公安部的部署先后开展了"治爆缉枪"专项行动；强化学校及周边治安秩序的维护；推进赛事禁赌专项整治。北京市还根据地方特点，整顿娱乐服务场所，整治嫖娼卖淫；推动村庄全封闭管理。在排查化解社会矛盾方面，整合相关组织机构，成立了综治维稳机构，建立了全国首家信访矛盾和社会问题分析研究中心；举行局级干部维稳培训班；预防拆迁中的职务犯罪活动等，有效地维持了北京的社会秩序稳定。

（一）"治爆缉枪"消除治安管理隐患

2010年初，为确保上海世博会和广州亚运会的安全举办，实现"不打响、不炸响"的目标，公安部成立了"治爆缉枪专项行动领导小组"，从3月起在全国展开整顿爆炸物、枪支的专项活动，挂牌督办56起重大涉爆涉枪案件。根据公安部的部署，北京市公安系统积极投入治爆缉枪专项行动，检查危险物品从业单位3200余家次，发现并整改各类问题隐患30余处；收缴仿真枪150余支，弩6把，管制刀具1600余把，以及炸药、雷管、废旧炮弹等一批危险物品，依法刑事拘留18人，治安拘留818人。③ "治爆缉枪"专项整治行动有效地消除了治安管理隐患，确保了上海世博会和广州亚运会的顺利成功举行。

---

① 《北京统计年鉴（2010）》，http://www.bjstats.gov.cn/nj/main/2010-tjnj/index.htm。
② 根据2009年法院刑事案件结案数统计，http://www.bjstats.gov.cn/nj/main/2010-tjnj/index.htm。
③ 《上半年有效净化治安环境效果显著》，北京市公安局网，http://www.bjgaj.gov.cn/web/detail_getArticleInfo_271352_col1159.html。

（二）强化学校及周边的治安综合治理

2010年3月23日上午，曾在福建南平一社区卫生服务站担任医生的郑民生持刀在南平实验小学大门口行凶，55秒钟造成该校小学生8死5伤；一个多月后的4月28日下午，广东雷州市一名男子闯入市第一小学，持刀砍伤18名学生和1名教师；4月29日上午，江苏泰兴镇一男子徐玉元持刀闯入镇中心幼儿园，砍伤32人，其中包括29名幼儿、2名教师、1名保安；5月12日，陕西郑县一所私人幼儿园发生凶杀案，9人死亡，其中有7名儿童、2名成人。多起以小学生和幼儿园儿童为对象的"屠童惨案"震惊全国。

针对全国"屠童惨案"的频发，北京市"防患于未然"，迅速制订工作方案，采取刑侦总队、治安总队、巡特警总队、交管局分工负责的办法，确保校园及校园周边安全。具体做法是：①刑侦总队重点加强对校园周边各种违法活动的持续集中打击行动，全力遏制各类刑事案件的发生。②治安总队加大对校园周边歌舞厅、电子游戏厅等娱乐场所"黄、赌、毒"等社会丑恶现象的整治和查处力度，净化校园周边治安环境。③巡特警总队调整巡逻车组和警力部署，加大校园周边的巡逻控制力度和密度，加强重点学校、重点地段、时段巡逻警力布控，有效防范、及时发现处置各类侵害师生人身财产安全的案件。④交管局对地处交通复杂路段的学校、幼儿园，在上学、放学期间，派出交通民警或协管员维护、疏导校门前及周边道路的交通秩序。北京公安机关还会同教育部门组建各校警务室，配备校园保安。全年北京市未发生涉及中小学及幼儿园师生安全案件，取得了良好的社会效果。

（三）推进赛事禁赌

2009年初，公安部根据国际刑警组织新加坡国家中心局发出的红色通缉令，对王鑫在新加坡非法操纵足球比赛一案展开调查，4月王鑫在沈阳被捕。拔出萝卜带出泥，2010年3月，中国足球运动管理中心主任南勇、足协副主席杨一民等多名高官因涉嫌操纵赌球、收受贿赂纷纷落网，中国掀起了"足球反赌风暴"。

针对重大体育赛事网络赌博猖獗的状况，2010年2月公安部、中宣部、中央综治办等7部门联合部署了为期8个月的全国集中整治网络赌博违法犯罪活动专项行动,在此项专项行动中,侦破了一批大案要案,其中年投注额在300亿以上的5起,投注额在50亿元以上的21起;铲除一批境外赌博集团在境内的据点,共打掉130余个境外赌博品牌网站在我国境内的最上层团伙,抓获来自澳门、菲律宾等国家和地区的犯罪嫌疑人327名;有效切断网络赌博信息流、资金流,共封堵赌博网址12000余个,迫使境外赌博集团自行关闭赌博网址7600余个。北京市在这次赛事禁赌活动中,共打掉聚众赌博团伙130余个,其中网络赌博团伙19个,依法刑事拘留设赌抽头人员210余人,收缴赌资288万余元,查缴各种赌博机580余台。有力净化了亚运会等重大体育赛事的社会环境。

(四)整治卖淫嫖娼

2010年5月11日晚,北京公安系统会同工商、文委等部门先后对天上人间、名门夜宴、花都、凯富国际等娱乐场所进行突击检查,查获有偿陪侍小姐557人,对这些娱乐场所予以停业整顿3~6个月的处理。这是北京市自"4·11"禁绝"黄、赌、毒"的专项行动以来最有影响的行动之一。在此次专项行动中,北京市共打掉卖淫嫖娼团伙240余个,刑事拘留组织、容留、介绍卖淫嫖娼人员150余名,检查洗浴、歌舞等娱乐服务场所8400余户次,责令停业存在涉黄问题的娱乐服务场所39家,取缔涉嫌招嫖发廊445家,使全市卖淫嫖娼警情同比下降了30%①。

(五)抑制诈骗犯罪

2009年是北京电信类诈骗案件高发年,频发期间一周内,全市接到电信诈骗案件"110"警情7340余起(2009年12月16~22日)。② 电信类诈骗的主要手段为电话退税诈骗、网络交易诈骗、电话欠费诈骗、网络中奖诈骗、网络冒充熟人诈骗、短信中奖诈骗等。2010年电信诈骗有所抑制,以8月30日至9月5日的一周"警情提示"为例,全市共发生电信诈骗案件122起,环比下降。其中网络诈骗51起,占41.8%;短信诈骗44起,占36.1%;电话诈骗27起,占

---

① 《上半年有效净化治安环境效果显著》,北京市公安局网,http://www.bjgaj.gov.cn/web/detail_getArticleInfo_ 271352_ col1159.html。
② 《电话欠费诈骗显著下降》,北京市公安局网,http://www.bjgaj.gov.cn/web/detail_getArticleInfo_ 251131_ col1169.html。

22.1%。案值最高的仍是电话欠费诈骗案,造成损失 290 余万元。① 同时,涉房诈骗案件迅速增长,由于 2010 年房屋价格继续攀升,犯罪分子利用人们急于购房的心理,以低价代购、冒充房主、一房多卖等手段诈取钱财,损害购房者的切身利益,扰乱房地产市场的正常秩序。比如,犯罪嫌疑人段某谎称自己认识某知名楼盘的设计师,能以明显低于市场价的内部价格购买住房,为了骗取被害人信任,还带着被害人到售楼处看房,并私刻房地产开发商公章,与被害人签订房屋买卖合同,骗取被害人首付款近 40 万元。②

(六) 村庄社区化管理与预防犯罪

2009 年底北京大兴区连续发生了 3 起"杀亲灭门"案。11 月 27 日,大兴区清澄名苑小区北区 14 楼的男主人李磊持刀杀害其父母、妹妹、妻子和两个儿子共 6 人,潜逃至三亚被捕;③ 12 月 27 日,该小区南区 3 号楼男主人张武力持刀杀死妻子及 10 岁的儿子,并在墙壁上书写血书"为了人民"后,拨打 110 电话自首;12 月 31 日,大兴区旧宫清欣园小区 11 号楼张伟杀死友人申某后,又杀死女友和申先生的妻子及岳父母共 5 人,报警后自杀未遂。④ 为汲取 3 起恶性杀人案件的教训,全面提升大兴区治安管理水平,2010 年大兴区出台一系列治安维稳措施,并引起了其他区县的关注,具体措施为:一是区政府特批 4000 万元,招募 1000 名青壮年组成巡防队,加强巡逻和治安管理。二是对 54 个老旧小区进行封闭式治安管理。治理前的老旧小区无围墙、无大门,许多房屋的产权单位已不存在,治安管理漏洞多,区政府投资对这些社区进行"人防、技防、物防"建设。三是推进村庄的综合治理。在村庄建围墙、安街门,封闭不常用的路口,人员和车辆要持证出入村。⑤

---

① 《全市电信诈骗情况每周通报》,北京市公安局网,http://www.bjgaj.gov.cn/web/detail_getArticleInfo_275697_col1167.html。
② 《房价居高不下诈骗屡禁不止》,北京检察网,http://www.bjjc.gov.cn/bjoweb/minfo/view.jsp?DMKID=3&ZLMBH=7&XXBH=20175。
③ 《"大兴灭门案"一审宣判》,中国广播网,http://www.cnr.cn/china/gdgg/201010/t20101015_507177681.html。
④ 《北京第二起灭门案家中发现治疗精神病药物》,腾讯网,http://news.qq.com/a/20100104/000045.htm。
⑤ 《北京大兴连发 3 起恶劣杀人案后招千人维稳》,扬子晚报网,http://www.yangtse.com/news/gn/201001/t20100122_713407.htm。

2010年7月，公安部部长孟建柱、北京市委书记刘淇等到大兴区西红门镇调研，对村庄社区化管理给予充分肯定。孟建柱说，随着经济的快速发展，流动人口大量增加，给城市管理带来了许多新难题。村庄社区化管理新模式对破解城市管理难题是积极的探索和尝试。刘淇说，村庄社区化管理模式有四大成效：一是创新管理模式，提高了村庄管理水平；二是采取多种措施，大大降低了发案率，提高了社会治安水平；三是有效改善村庄环境；四是群众的安全感和满意度大幅提高，并提出要在全市大力推广。继大兴区实施村庄的社区化管理后，昌平区也在年内对100个村庄实行全封闭管理。

（七）排查化解社会矛盾和纠纷

2009年，中共中央办公厅、国务院办公厅转发了《关于领导干部定期接待群众来访的意见》、《关于中央和国家机关定期组织干部下访的意见》和《关于把矛盾纠纷排查化解工作制度化的意见》三个文件，强调加强社会矛盾的化解工作。2009年12月28日，中央政治局常委、中央综治委主任周永康在全国政法工作电视电话会议上，作了题为《深入推进社会矛盾化解、社会管理创新、公正廉洁执法，为经济社会又好又快发展提供更加有力的法治保障》的重要讲话，强调"社会矛盾化解工作的重心在基层"。乡镇（街道）要由党（工）委副书记牵头，把执法、综治、维稳、信访等方面的力量整合起来，形成综合治理的大平台，努力做到"小事不出乡（镇）、矛盾不上交"。①

为贯彻落实中央维稳工作部署，2010年，在首都综治办推进全市324个街道（乡镇）建立综治维稳工作中心，一些乡镇将综治办、维稳办、防邪办、信访办、司法所和安监所实行"六位一体"合署办公，由党政一把手或负责政法的副书记出任主任，提升排查化解社会矛盾的能力。

2010年3月，北京市成立了全国首家信访矛盾和社会问题分析研究中心，旨在分析社会舆情，培训信访研究人员等。10月，北京市举办首届局级领导干部维护社会稳定工作专题培训班，旨在提高局级领导干部维稳能力，推进大调解机制的建立，整合人民调解、行政调解和司法调解，形成三者合力，协调解决社

---

① 周永康：《深入推进社会矛盾化解、社会管理创新、公正廉洁执法，为经济社会又好又快发展提供更加有力的法治保障》，《求实》2010年第4期。

会矛盾。①

2010年北京的城市化水平继续提升，城市规模继续扩大，北京市人民检察院为缓解拆迁中的社会冲突，预防工程建设领域，尤其是拆迁中的职务犯罪，参与招投标预防监督126次，分析案件687次，开展预防咨询490次，开展警示教育328次，在拆迁工作领域，共查找制度漏洞近百条，提出检察建议185条，帮助有关部门完善内控机制72项。②

二 2010年北京维稳面临的问题与挑战

2010年，北京市在维持社会稳定方面投入了大量人力、物力和财力，在打击预防犯罪，排查化解社会矛盾方面做了大量的工作，取得良好的社会效果。但从经济与社会协调发展，建立社会稳定的长效机制等方面看，仍有许多亟待解决的问题和面对的挑战。

（一）寻求有效控制犯罪增长的长效机制

改革初期的1978年北京的刑事立案数为1.09万起，犯罪率为0.125%；2010年刑事立案数达10万余起，犯罪率为0.604%，分别是31年前的9.4倍和4.8倍。30余年中，北京市先后进行过1983年、1996年、2001年、2004年四次大规模的、针对刑事犯罪的严厉打击活动（简称"严打"）及各种专项整治行动。但犯罪率依然保持稳步增长的态势，特别是进入21世纪以来，犯罪率上升明显，并且居高不下。这说明我们还未建立起预防犯罪、控制犯罪增长的长效机制。

1. 流动人口与犯罪问题

据国家统计局2009年统计，全国流动人口高达2.11亿人，如此大规模的人口从农村流入城市，从一个城市流动到另一个城市可谓"史无前例"，北京市一直是接纳流动人口的主要城市之一。从20世纪90年代中期我国就已面对大规模流动人口所带来的两大社会问题的挑战。一是流动人口的犯罪问题；二是留守儿

---

① 《2010年首都综治工作十件大事》，首都综治网，http://www.sdzz.org/sdzzxw/xwrd/201101/t20110127_118084.html。
② 《先行一步预防拆迁领域职务犯罪》，凤凰网，http://news.ifeng.com/gundong/detail_2010_12/24/3683072_0.shtml。

童问题，北京也不例外。

人口的大量流动，特别是农民工流入城市，为城市建设和繁荣作出了突出贡献，同时，流动人口的犯罪问题日渐凸显。2006年，北京流动人口达383.4万人，占总人口的24.3%，上半年北京市公安局抓获的各类流动人口违法犯罪者17538人，占全部抓获违法犯罪分子总数的72%。从近年来昌平区法院的统计看，2009年流动人口犯罪者1339人，占犯罪人总数的77%，2010年上半年比重进一步上升，达到79%。① 北京市从2000年至今的犯罪率上升与城市化加速、流动人口增长，以及城市对流动人口管理无良策等有着逻辑上的联系。

关于留守儿童问题，也是大规模人口迁移的产物，因城市生活成本高，孩子就学难、就医难等问题的普遍存在，农民工让孩子们留在家乡，由老人或亲属抚养。从2009年的统计看，全国农村留守儿童达5800万人②，与留守儿童问题相伴随的还有流浪儿童的大量产生，民政部每年救济流浪儿童51万人以上，推算全国有100万～150万的流浪儿童。③ 留守儿童和流浪儿童生活在缺少父爱和母爱、缺少良好家庭教育的环境中，社会化过程严重受阻，其中一部分人将会成为未来犯罪的后备军。2010年初，广州大学发展研究院"新生代农民工犯罪问题研究"课题组的调研报告已初步提出此问题的严重性，该报告指出："有犯罪记录的新生代农民工中，80%在幼年时期被留守家乡无人看管，犯罪原因主要为成长环境不利、家庭教育缺失。"④ 留守儿童、流浪儿童的问题似乎与北京的治安形势无关，但它是北京等大城市都市化发展的后遗症，是都市发展中歧视性政策的结果，并将会对未来中国的社会秩序稳定产生不良的影响。

解决好流动人口的管理与服务是控制流动人口犯罪，进而有效控制全国犯罪增长的治本之策。

2. 贫富差距与犯罪

20世纪90年代，理论界有一种对社会风险"高发期"的解释称，按国际惯

---

① 《法院发布调研数据昌平区流动人口犯罪占79%》，腾讯网，http://news.qq.com/a/20100824/001746.htm。
② 李小菲：《全国农村留守儿童约5800万人沟通基本只靠电话》，搜狐网，http://news.sohu.com/20101007/n275454104.shtml。
③ 鞠青：《中国流浪儿童研究报告》，人民出版社，2008，第3页。
④ 张小磊：《新生代农民工幼年留守家乡占八成》，腾讯网，http://news.qq.com/a/20110109/000645.htm。

例，人均GDP在1000～3000美元之间时，容易导致社会失序、分配失衡、百姓失业、道德失范、犯罪增加，以及各种生产事故多发等，2007年中国人均GDP超过3000美元，有学者宣布，这"意味着一个经济社会矛盾的多发期行将进入尾声"。① 三年过去了，2010年中国国内生产总值达39.8万亿元，人均GDP达到4300美元左右，北京市2009年的GDP已突破1万美元大关，但是，社会冲突和犯罪率上升的趋势依然没有得到缓解，原因何在？"国际惯例"须重新审视，从这一时期的变化看，贫富差别过大所导致的"相对贫困"与社会稳定和犯罪率的增长有着更加密切的关联。

"相对贫困"与犯罪的关系是美国犯罪学家高伯瑞（J. Galbraith）在20世纪50年代出版的《富裕社会》一书中首次提出的。"相对贫困"不是事实上的贫困，而是一种感受的贫困，来源于心灵深处经比较而产生的贫困感。这种"贫困"并不产生于真正贫困时期和地区，而是产生于富裕的社会里，在这种社会里，可购买的东西太多，新式产品和消费品层出不穷，无法满足一般人的欲望，特别是贫富两极分化严重，刺激着"相对贫困"心理的滋长，许多人为了填补心理的不平，摆脱心灵上的贫困感而走上犯罪之路。

中国改革开放30多年，人民富裕起来了，但是贫富差别迅速拉大，特别是20世纪90年代的企业改制和承包、股票期货市场的建立与迅速膨胀、城镇住房体制和房地产业改革等，使贫富之间的差距变得不可逾越。如果说改革开放初期的农村联产承包责任制和城市"个体户"创造出了"万元户"，那么，企业改制和承包创造了"十万元户"和"百万元户"，房地产业的改革又创造了"千万元户"和"亿万富翁"。"一夜暴富"，以及巨大财富的诱惑从两个方面刺激着中国犯罪率的增长。一是经济领域的犯罪迅速增长，涉及县处级以上领导干部的人数不断刷新，贪污、贿赂、挪用公款的数额不断报出新高。二是经济差别迅速拉大带来的超前消费及"示范效应"，以及巨额资金和财物的流动，刺激着具有犯罪人格者的"攀比"和"暴富"心理，以巨额现金为目标的杀人、抢劫银行运钞车、绑架勒索等恶性案件频繁发生。

2009年，全国的刑事立案数继续以14%的速度增长，其中以获得财产为中

---

① 《中国人均GDP将超3000美元》，搜狐网，http://business.sohu.com/20090116/n261785823.shtml。

心的犯罪上升最快，盗窃上升了14.4%，诈骗上升了39.3%，拐卖人口上升了153.8%，伪造货币上升了253.8%。① 而当年的基尼系数为0.47，而改革开放初期的基尼系数仅为0.29。另外，10%的高收入人群与10%的低收入人群的收入差距从1988年的7.3倍上升到2007年23倍。北京的基尼系数好于全国，但收入差距的扩大依然明显，比如，2005年北京城镇20%的最低收入户比城镇平均收入户低9072元，2008年这一差距扩大到14044元。②

改革开放使中国富裕起来了，人们从中受益，但是，贫富两极分化严重，使相当一部分人群感受到"相对贫困"，使他们容易陷入犯罪，这就是"富裕社会中的贫困"的真正含义，也是犯罪率增长的"看不见的手"。我们应当采取有效措施，缩小贫富差距，这是有效控制犯罪特别是控制财产犯罪持续增长的治本之策。

3. 恶性犯罪与社会冲突

继2009年北京发生了3起"杀亲灭门"案，以及北京大学第一医院幼儿园，门卫持刀乱砍园内师生，造成1死17伤等恶性案件后，2010年北京未发生重大恶性案件，全国发生的多起以小学和幼儿园为对象的"屠童惨案"未波及北京。这与北京防患于未然，及时强化校园周边治安管理有关。目前，"屠童惨案"的犯罪者已伏法，似乎这些事件已经"尘埃落定"，但是它留给全国及北京的"维稳"的社会思考却并未"尘埃落定"。

从这些犯罪者的犯罪动机、成长经历、家庭背景、精神病史等因素分析，至少留给我们三点思考：①这些人大多是社会竞争中的弱者和失败者，生活在社会底层，生活比较艰辛。竞争是社会发展的"润滑剂"，但是如何在激烈的社会竞争中，给竞争的弱者和失败者以生存的机会，社会福祉如何惠及弱势群体，避免他们走上暴力犯罪的绝路，是我们必须思考的问题之一。②这些人的工作和生活经历都曾遇到过挫折，如失业、失恋、家庭纠纷、拆迁补偿等，他们将愤怒、仇恨迁移至社会，并残忍地指向最弱势的群体——儿童，以杀害最多的人造成民间最大的痛苦和恐慌，达到报复社会的目的，这类犯罪惨不忍睹，无法宽恕！但社会必须思考如何化解矛盾，积极开展心理咨询、司法援助，防止他们将愤怒、仇

---

① 国家统计局：《2010年中国统计年鉴》，中国统计出版社，2010，第889页。
② 陆学艺等：《2010年北京社会建设分析报告》，社会科学文献出版社，2010，第325页。

恨迁至社会。另外，在和平建设时期，我们的学校教育和社会教育应当适度减少仇恨教育，加强"珍惜生命"、"关爱他人"和"博爱"教育，弱化"挫折与复仇"的心理定式。③系列"屠童惨案"也使精神病患者的社会管理问题凸显，竞争社会增大了人们的紧张感和挫折感，使得精神病的患病率增加，要想防止他们危害社会安全，政府的医疗投入及良好的社会支持系统的建立是至关重要的。据了解，全国有8300万精神病患者，许多地区的精神病人处于失控失管的状态，甚至一些地方政府对精神病人的医疗投入为零。北京市海淀区是在精神病人管理上做得比较好的区县，但每位精神病人的药物投入每年仅为0.8元，实际需要投入1000元，治疗资金缺口很大。我们必须尽快完善精神病人的治疗和管理体制，做到政府资金投入到位，治疗到位，生活保障到位，并将精神病人的社会支持系统放置于社区。

（二）化解基层矛盾与维稳机制建设

2010年北京工业大学人文学院"社会建设课题组"以北京郊区为试点进行了百日调研，调查表明，至少有4类社会矛盾在基层聚集，如不能从源头予以解决，"维稳"只能是治标之举。

1. "拆迁"中的干群冲突

面对"国际金融风暴"，2009年，中央财政投入4万亿以缓解"金融风暴"对国内的影响，由此带动了各地基础设施建设、城市扩张的加速，同时，在土地财政成为地方收入的重要来源，刺激着新一轮"土地置换"的同时，全国有20多个省市出台了撤并村庄的规划和政策，要求农民进城上楼，以宅基地换取市民权和社会保障，由此导致2010年"征地补偿"、"暴力拆迁"，恶性案件、群体事件频发，干群冲突、农民与政府的冲突愈演愈烈。①

从2009年11月13日成都市天回乡金华村妇女唐福珍因城管强拆，在楼顶天台自焚之后，3月27日，江苏东海县陶惠西父子被劝配合310国道施工拆迁不服，点燃屋内汽油自焚；4月13日辽宁庄河市千名村民因征地补偿和村干部涉嫌腐败问题，到市政府门前下跪；4月21日，河北邢台村民孟建芬在拆迁中被铲车碾压受伤死亡；10月17日，广西北海市白虎头村委会主任带队集体抵抗

---

① 汝信等：《2011年中国社会形势分析与预测》，社会科学文献出版社，2011，第11页。

政府低价强征土地；10月9日抚顺市大乡小瓦村16岁少年抗拒征地上访，杀死截访者，900名村民签名为"凶手"求情。①信访是各级人民政府同人民群众密切联系的桥梁②，当一些民众试图通过信访中的"走访"方式解决矛盾时，而一些地方政府官员以"维稳是第一责任"，或在维稳"一票否决制"的压力下，"截访"、"堵访"，甚至违反《宪法》私设公堂，关押上访者，或轻率地将警力推到解决干群冲突的第一线，进一步激化了干群冲突，造成警民对立。比如，一些地方政府雇佣北京的"安元鼎保安公司"非法羁押和"遣送"本地区上访人员。③

拆迁中的干群冲突和警民冲突，北京市的情况要好于其他省市，但存在的问题和矛盾也应引起我们的高度重视，从北京市检察院对近十年来的北京拆迁工作的情况分析看，拆迁引发的各类矛盾相当复杂，给社会的稳定带来巨大的挑战。一方面由于人们对利益的追求，另一方面因部分政府信息不公开，或公开不及时、信息沟通不顺畅、有关部门缺乏统筹协调和风险评估。拆迁领域中的职务犯罪多发也是激化干群冲突的原因之一，北京近年来与拆迁相关的职务犯罪主要涉及行贿、受贿、贪污、挪用、滥用职权等，其中受贿案比例最高，成为主要的犯罪形态。这些案件的特点是：群体化窝赃、串案趋势明显；贪污贿赂犯罪与渎职犯罪相互交织，互为利用，形成恶性循环；发案单位较为集中，基层工作人员和干部是此类职务犯罪的高发人群。④

2. 村民换届选举中的势力冲突

《村民委员会组织法》已实施了12年，2010年是村民委员会第三届换届选举年。村民选举中的问题进一步显露，比如，一些地区村民委员会的换届选举存在贿选现象，还有一些地区由于家族势力对选举的控制，甚至地方黑势力的介入，村落内部不同势力群体之间的冲突加剧。一些指导村民委员会换届选举的地方政府对选举违规行为放任不管，甚至参与其中，导致了村民与政府的矛盾。村民选举中的主要问题是选举文化落后、选举程序欠科学，选举的公平性受到质

---

① 汝信等：《2011年中国社会形势分析与预测》，社会科学文献出版社，2011，第190页。
② 参见《国务院信访条例》第一条。
③ 《警方调查安元鼎》，京华网，http：//epaper.jinghua.cn/html/2010-09/26/content_589345.htm。
④ 《先行一步预防拆迁领域职务犯罪》，凤凰网，http：//news.ifeng.com/gundong/detail_2010_12/24/3683072_0.shtml。

疑，加之一些村委会的财务不透明、不公开，加剧了村干部与村民，以及村落不同势力之间的冲突。

我们需要进一步完善村民选举的程序和规则，强调候选人公开讲演竞选，要向选民阐述自己服务于村民的理念及承诺，严格禁止候选人的暗箱操作，对承诺兑现的情况进行民主监督，以及对任职者不作为的罢免。村民选举程序的法制化和科学化至关重要，严格执行法定的选举程序，并实行有效的监督，才能有效地防止贿选、地方家族势力和黑势力对村民选举的操纵，缓解村落家族势力间的冲突，缓解干群关系的紧张。

3. 劳资冲突

2010年网络舆论调查显示，在各种社会冲突中，"劳资冲突"仅次于"官民冲突"居舆论关注第二位。[①] 2008年中国进入《劳动合同法》实施元年，2009年企业职工维权意识和加薪意识高涨，由政府介入的劳资纠纷达到60余万起。2010年，发生较大规模的罢工分为两种类型，一是传统产业的罢工，如平顶山集团的工人罢工；二是外资或合资企业的罢工，如广东佛山本田公司的罢工，罢工主要表现为在薪酬、"五险"等利益方面的博弈。劳资纠纷的主体是"农民工二代"，他们被称为"比他们父辈更具权利保护意识的新生代"。不过，北京工业大学"社会建设课题组"在北京郊区调研中了解到，2010年一些中小企业继续受到"金融风暴"的影响，订单减少，同时，国家大力推进《劳动合同法》的执行使许多中小企业不堪重负，这些企业多以粗加工为主，处于产业链的末端，靠廉价劳动力获取利润，为职工上"五险"，使许多企业无利可图，甚至大幅亏损，一些老板丢下企业跑掉，工人工资无法支付、失业，他们反过来找政府，使劳资矛盾、工人与政府的矛盾复杂化。

4. 家庭伦理与家庭结构性冲突

中国目前的家庭结构以"核心型家庭"为主体，与传统的几世同堂的"扩大型家庭结构"相比，稳定性大大降低。近年来，家庭结构的进一步小型化的趋势明显，主要原因是丁克家族、离婚家庭、独身家庭、空巢家庭的数量在增加。家庭结构的进一步小型化加剧了家庭结构的不稳定性，据民政部统计，2003~2009年中国连续7年离婚人数递增，2009年，全国的离婚夫妇达246.8万对，比上一

---

① 汝信等：《2011年中国社会形势分析与预测》，社会科学文献出版社，2011，第190页。

年增加了 19.9 万对。① 北京是全国离婚率最高的城市之一，2009 年离婚夫妇达 3 万对，创历史最高。② 离婚家庭的大量产生致使"破损家庭"（Broken Home）的数量大幅增加，孩子抚养与家庭教育问题突出，各种家庭矛盾增加。

20 世纪 90 年代之前，房产为国家所有，家庭的财产分割问题并不突出，从 1991 年开始的住房改革以及近年来房产价格的飞速攀升，使家庭财产的分割矛盾日益突出。"文化大革命"时期的"亲不亲，阶级分"被"亲不亲，金钱分"所替代，传统家庭伦理遭遇第二次重创。因对房产分割不满，兄妹之间反目为仇，不履行对老人"精神慰藉"的"家庭冷暴力"现象增加。2009 年以来全国发生的多起"杀亲灭门案"和"屠童惨案"，分析犯罪者生长环境和成长经历多与家庭教育、婚姻家庭的不幸、家庭财产纠纷，以及家庭伦理混乱相关联。这些案件和现象迫使我们去思考，"是不是我们社会细胞——家庭出了问题"。家庭细胞的病变会带来整个社会机体的病变，家庭的不稳定会导致社会的不稳定。

"拆迁"中的干群冲突，村民换届选举中的势力冲突，《劳动合同法》实施中的劳资冲突，以及家庭伦理与家庭结构性冲突在基层聚集。2010 年北京警力从过去打击一般刑事犯罪转向解决拆迁中的利益纠纷、村民换届选举、校园周边环境治理等，说明化解基层矛盾问题突出，任务艰巨。

三 2011 年北京维稳展望与对策建议

2011 年是北京"十二五"规划的开局之年，是新一轮改革的"破冰之年"，经济发展方式转变、社会管理创新、政府职能转变等将进入攻坚阶段。北京市应当从"以经济建设为中心"逐渐过渡到"以社会建设为中心"，通过社会建设与社会管理创新构筑北京社会稳定的长效机制。

2011 年，随着全国经济的进一步向好，跨地域流动的劳动力人口数量仍会保持稳中有升，在北京市尚未出台对流动人口有效服务和管理重大措施的状态下，流动人口的犯罪仍会成为拉动北京市犯罪数上升的重要因素。贫富差距的缩

---

① 《中国离婚人数连续 7 年递增　婚外情系原因之一》，青岛新闻网，http：//www.qingdaonews.com/gb/content/2010 - 10/04/content_ 8508805. htm。
② 《北京离婚者九年猛增五倍　去年 3 万对夫妻离婚》，腾讯网，http：//news.qq.com/a/20100208/000744. htm。

小有赖于收入分配制度的改革，如果收入分配体制的改革没有重大举措，"相对贫困"与犯罪的关联仍将成为拉动整体犯罪率上升的要素。北京的"维稳"需要以推动社会建设为基础，需要社会管理创新，"头痛医头，脚痛医脚"只能是治标之策，"维稳"必须考虑不稳定现象背后的社会原因，并下气力解决这些社会问题，建立可持续维稳的制度机制，才是"维稳"的治本之策。

（一）科学调控北京城市化发展速度

城市化也称为都市化，具体表现为城市人口在总人口中所占比重增加，城市规模扩大和数量增加。科学地调控城市化发展速度会促进社会稳定，有效地降低犯罪率。比如，"强拆"问题除了土地财政的诱惑、领导干部管理水平低下等原因外，城市化推进速度过快也是重要的原因。由于城市化推进速度过快，政府与村民、企业与村民缺少协商博弈的时间，政府以行政命令压服，企业以非法手段治服，使得民怨四起。香港的经验值得借鉴，香港市建局确定建设目标后大约用6年到6年半的时间完成一个项目，其中规划、协商、收地、清场工作需要3年半的时间，充分协商是人权的尊重，也是减少社会冲突的重要手段。

根据笔者对城市化与犯罪关系的研究，我国的城市化发展速度与犯罪率的变化有着密切的相关性，1992~2006年城市化与犯罪率的相关分析显示，两者相关程度达0.935。将城市化的发展速度控制在0.5%~1%之间能有效地控制犯罪、环境污染、道路拥堵等"城市病"。

（二）加快收入分配制度改革

现阶段收入差距的持续扩大正成为影响中国社会稳定，包括财产犯罪持续走高的重大问题，历史经验告诉我们，市场经济不可能自发地调整和根本解决贫富差距扩大的问题，需要政府痛下决心，调整和逐步理顺利益分配格局，从鼓励一部分人先富迈向共同富裕。贫富差距缩小会消减民间的"相对贫困感"和仇富仇官心理，达到官民和谐、商民和谐、企业主与工人和谐、富有阶层与其他阶层的和谐，减少阶层之间的冲突，降低社会的犯罪率。

（三）改革现有户籍制度

传统的人口管理方式是"以证管人"，即通过管理户籍，进而管理人的衣食住行，管理社会治安。"以证管人"是新中国成立以来的基本做法，户籍管理的主体是公安派出所。改革开放30余年，市场经济繁荣和人口频繁流动，户籍管理原有的粮油配给功能、限制人口迁入迁出功能早已丧失，而户籍管理功能单一化和警察作为户籍管理的主体，已影响流动人口的居住申报，北京一些区县的流动人口居住申报仅占应申报总量的1/3，增加了城市人口管理的难度。

在户籍改革方面，我们可以借鉴一些国家的成功经验，使户籍管理逐渐与公安的治安防控相分离，与政府服务于百姓的福利制度相结合，与居民和流动人口的权益和福利保障相结合。使流动人口的户籍申报由现在的被迫转变为主动积极申报，因为申报的目的不是为了接受"管控"，而是让自己和家庭享受所在地区的更多社会服务。逐渐实现户籍管理由公安机关过渡到市区政府内设的户籍管理部门，这一管理机制的转变一方面容易实现户籍与区域社会福利和社会教育的联动，有利于密切政府和民众的联系，也使户籍管理更加人性化；另一方面，户籍管理与警察治安管理相分离，更有利于公安系统集中精力做好犯罪的预防和治理工作。

（四）改善流动人口的生存环境

流动人口或农民工的犯罪比例高的原因错综复杂，但有两个至关重要的原因不容忽视。一是城市和农村是两种不同的"文化板块"，农村人口向城市迁移会受到城市繁华的诱惑，城市的匿名性、竞争性、非血缘的业缘文化的冲击，带来心理的不适应。应当建立相应的社会服务组织帮助他们摆脱各种困境。二是城市的歧视性政策使农民工在收入分配、住房、子女教育、医疗、社会福利等方面低人一等，城市化过程中的"城中村"，以及"贫民窟"式的生活环境和生活方式容易导致其产生与城市主流文化相抗衡的亚文化，加大农民工融入城市的难度，滋生犯罪价值观，带来区域性犯罪的增加。因此，我们必须加快"同城待遇"的改革步伐，通过政府和企业建设、发展廉租房等手段，帮助农民工改善居住条件，摆脱"贫民窟"式的生活环境。北京市应当积极地接纳农民工子女就近入学，享受北京的义务教育，让农民工能够安心地把妻子和孩子接到城市，过上正常的家庭生活，这既是一种人本主义的关怀，也是抑制和预防流动人口犯罪的重要途径。

（五）扩大社会福利的辐射力度和范围

从国外的经验看，现代社会的福利制度既有扶助贫困、缩小经济差别的功能，也有控制由于"绝对贫困"和"相对贫困"而引发犯罪的功能。改革30多年来，北京的经济实力增强，应适度扩大社会福利的辐射力度和范围，让更多的社会群体受益，并会促进对犯罪的预防。这比投入大量的人、财、物进行"严打"或建造监狱更具有稳定社会的长远功效。

（六）构建新型警民关系

2004年9月公安部发出通知，用3年的时间将实施了40年的"治安联防"制度取消，传统的"治安联防"逐渐被保安公司提供的专职治安保卫所替代。随着社会治安管理专业化和职业化程度的提高，以及群众"自我保护"意识的增强，群众与警察、群众与治安管理机构的关系在疏远，群众参与犯罪治理和预防的积极性在降低。其中最明显的变化是群众对犯罪的举报率降低，并带来破案率的下降。

近年来，北京市公共安全财政支出大幅增加的原因之一是科技强警，其中电子探头等高科技的使用是一笔不小的财政支出。北京2008年的探头数已增至29.8万个[1]，2009年和2010年探头数还在大幅增加，随着探头数量的迅速增加，一些新的社会问题正在产生。探头具有一功多能的作用，一方面它能监视犯罪者的行为，增强破案的准确率和警察快速出警能力。另一方面它也容易侵害公民的荣誉权、隐私权、肖像权等基本人权。从英国的警务改革看，对治安重点地区的集中整治的"破窗论"更受市民欢迎，而以探头严格监控的"零容忍论"的治安改革，反而使市民对警察的信任大为降低，冷冰冰的罚单和传票会拉大警察与市民的距离。因此，我们在科技强警中应当慎用探头。

在维持社会稳定的过程中，警察的力量是不可忽视的。但是，为了警民和谐和社会冲突得到良性化解，我们应当用法规约束警察的出警行为，在官民的利益博弈中，在企业主和工人的利益博弈中应建立起谈判协商机制，并且慎用警力。我们要探索21世纪的新型警民关系，首先必须让群众更多地了解警察及其他执法人员的工作性质、工作流程。如果治安的专业化和职业化变得神秘化，变成了

---

[1] 北京市公安局：《2009北京公安年鉴》，2009，第82页。

普通百姓无法接近的东西，我们的社会治安就会脱离群众，检举率无法提高，犯罪率难以控制，警民之间隔阂加大，使维稳工作陷入越维越不稳的怪圈。

（七）强化社区和家庭建设

社区是现代都市的重要载体，是缓解社会矛盾、促进家庭建设的基础平台。2010年大兴区、昌平区实施的"村庄全封闭管理"被誉为"破解城市管理难题的积极探索和尝试"，但这种做法也受到一些学者的非议，"建围墙感觉退回古代城池形态，可能会引起居民情绪上的反感"。[①] 从犯罪学的角度看，以围墙、街门、岗亭为主要特色的"村庄全封闭管理"对预防入室盗窃、缓解人们对入室盗窃的恐惧等具有一定效果。但对类似于2009年发生在大兴区社区的"杀亲灭门"等突发性暴力犯罪的预防效果甚微，也很难带来全市总体犯罪率的下降。

在社区预防犯罪的问题上，建围墙等是"堵"的办法，至多只是治标之策，我们必须从治本的角度加强新型社区建设，通过社区服务、社区咨询、社区讲座、社区培训、社区庆典等多种方式改善社区的人文环境，凝聚居民，提高居民素质，鼓励社区组织积极参与社会管理，参与邻里和家庭冲突的调解，参与青少年教育指导，推进家庭教育环境的改善。在激烈竞争的社会中，压力与犯罪、与社会冲突的关系紧密，需要建立社会"缓压阀"，以社区为中心建立起行为疏导、心理咨询系统，及时发现、治疗、管理心理疾病和精神疾病。

我们的社会必须强化家庭建设，要使社会的细胞——家庭健康起来，倡导中国传统的家庭美德，强调长幼有序、尊老爱幼、孝敬父母、珍惜生命、关爱他人，强调婚姻和家庭的社会责任，用家庭和社区的健康发展保障社会的长治久安。

On Maintaining Social Stability in Beijing, 2010

Zhang Jing

Abstract：2010 was the year of Beijing "Sustaining Stability". Beijing made use of

---

[①] 《北京昌平100个村庄全封闭管理凭证见出入》，《京华时报》，http://www.chinanews.com/gn/2010/07-29/2432331.shtml。

many ways, like taking over guns, campus security, forbidding gambling and prostitution, controlling crime of fraud, strengthening village communization management and solving social contradiction, to keep the social order. Meanwhile, 2010 was a challenge year Beijing faced in sustaining stability. Many problems and challenges, like the increase of criminal cases, migrants' crimes, cardres-people contradictions with the housing removal, and capital-labor contradictions, shows that Beijing should accelerate the speed of society-building and social management innovation. The task of "sustaining stability" is still heavy in 2011. Beijing should make use of many different ways, like adjusting the development speed of urbanization, accelerating the income distribution reform, reforming the housing registration system, improving the living environment of migrants, enlarging social welfare, construct police-people new relationship, and strengthening community and family building, to change "sustaining stability" to "creating stability", pull the prevention of criminal and the solving the social contradition, and improve the long security of society.

Key Words: Sustaining Stability; Social Contradiction; Village Communization Management

B.16
2010年北京互联网舆情分析报告

鞠春彦*

> **摘　要**：2010年度北京互联网舆情继续围绕民生问题展开，在关注现象的同时对现象背后原因的关注持续升温。面对互联网舆情，政府主导的多元互动机制正在形成。如何建立健全有利于公众参与的互联网平台，探索互联网时代适合北京社会建设的新模式值得进一步探索和研究。
>
> **关键词**：互联网舆情　政府主导　多元互动

蓬勃发展的互联网不但深刻地改变了人们的日常生活，而且在社会建设和社会管理的改革与推进过程中扮演着日益重要的角色。面对网络舆论的监督，政府如何因势利导为实现社会有效沟通搭建平台并实现理性引导已经成为重要议题。在全国互联网的总体使用状况中，北京以网民规模大、网络普及率高、互联网发展水平高等特征长期居于全国互联网发展的首位。

表1　2007～2010年北京互联网网民规模数据

单位：万人，%

年　份	北京网民数	北京普及率	全国普及率	年　份	北京网民数	北京普及率	全国普及率
2007	737	46.6	15.9	2009	1103	65.1	28.9
2008	980	60	22.6	2010	1218	69.4	34.3

本文将在盘点分析2010年度北京互联网舆情的基础上，透视舆情资讯与市场、政府等各方的互动，总结当前北京互联网舆情的应对经验和存在的问题，进而提出有利于网络时代社会建设的参考性建议。

---

* 鞠春彦：北京工业大学社会学系教师。

一 2010年度北京互联网舆情盘点

下面将2010年度(2010年1月1日至2010年12月31日)北京互联网舆情按照热点分为八类进行简要梳理。

(一) 住房问题

在持续的高房价面前,房子问题是互联网上最为引人注意的词语。从2010年初开始,围绕房子产生的舆情热点的主旋律基本确定:首先是关于房价涨跌的关注,其次是关于房价调控政策的关注和讨论。如:2010年1月10日,国务院出台"国十一条",严格第二套房贷款管理。1月21日,国土资源部发布《国土资源部关于改进报国务院批准城市建设用地申报与实施工作的通知》,3月9日,温家宝总理所作的政府工作报告中强调促进房地产市场平稳健康发展,要坚决遏制部分城市房价过快上涨势头,满足人民群众的基本住房需求。3月10日,国土资源部再次出台了19条土地调控新政,即《关于加强房地产用地供应和监管有关问题的通知》。4月22日,北京楼市新政"京十二条"出台。4月28日,北京住房建设办公室称,将根据《关于加强经济适用房住房管理有关问题的通知》调整有关政策,还将在全市开展政策房轮候家庭复核。人民网针对"政策房轮候家庭复核"问题推出调查,六成多网民表示支持。5月19日,北京市政府《关于修改〈北京市房屋租赁管理若干规定〉的决定(草案)》在首都之窗网站上征求公众意见结束,群租房管理成为网民关注的焦点,而"人均十米下限"惹争议。12月1日,《北京市商品房预售资金监督管理暂行办法》、《关于加强商品房预售方案管理的通知》正式执行。

除了关注房价和房政之外,关于地王、内部低价房、限价房的爆料和热议不断,针对现象背后原因的追问增多。

表2 住房热点事件及追踪(一)

时间	热点事件	事件后续发展
3月15日	北京一天诞生三个地王	3月19日北京市国土资源局出台土地供应新政

续表

时间	热点事件	事件后续发展
4月11日	公务员买房内部价曝光,"北京公务员内部购房价格一览"的帖子在网上疯传	4月12日《新闻1+1》做"最后晚餐还要吃多久"的节目
8月9日	名为"震惊:海淀区此次限价房申请者全是专利局的,要团购???"的帖子出现在天涯论坛北京分论坛上,引起了广泛的关注	8月22日中国新闻网发文《探访北京限价房:社会分层明显奥迪和奔驰同在》;8月28日,经济观察报文章:《北京保障房已经跑出本应遵循的轨道》,称一些限价房的获得者90%都与政府相关
10月20日	网友在某房产论坛发帖,称位于北五环附近的观林园小区,被多个政府官员低价内部认购。在帖子上,该网友还公布了300余个认购名单及双方需要签订的"保密承诺书"	观林园项目开发公司首开宝晟董事长兼总经理周飚表示,网络流传的名单是真实的,是负责项目代理的公司积累的客户,但目前项目尚不具备销售条件,并未向这些客户售房
11月22日	海淀网上公示限价房轮候家庭意向登记情况时,出现"一个人配售3居室"、申请者电话号码被公示等情况,引发不满。海淀住房保障部门回应称,信息异常属录入出错	12月17日海淀区房管局为164户经济适用房和限价房摇号遗漏家庭,举行了配售摇号仪式,并在政府网站上公示了遗漏家庭摇号结果。12名代表现场监督

政府对于住房满意度的调查、空置房的调查等成为网友关注的新亮点。

表3 住房热点事件及追踪(二)

时间	热点事件	事件后续发展
4月18日	北京统计局首次调查住房满意度	6月30日调查结果公布:超七成北京居民家庭有房产,超四成家庭有购房意向,超四成居民对现居住房感到满意和比较满意
7月29日	北京市住建委首次公布三个公租房项目成本租金	网民质疑公租房价,时评《看不懂、想不通的公租房价》具有代表性
9月2日	北京市统计局新闻发言人于秀琴证实北京作为空置房调查试点城市的消息	《北京晨报》9月6日报道:空置房试点的消息刚见于报端,就有人推出"空房管家"服务。2011年1月5日《北京晨报》讯:因为"社会关注度高,怕被炒作",北京市统计局已悄然启动的空置调查结果很有可能不会向公众公布,而是直接上报至国家统计局

胶囊公寓、蛋形小屋也是2010年北京互联网上的亮丽风景线,它展示了群众的智慧,也是草根在创造性的光辉下发出的无奈叹息。在房价居高不下的现实面前,很多人开始了对保障性住房的期盼,同时公积金"试水"保障房建设的热议也开始了——"谁动了我的公积金"。

（二）教育问题

教育关系到当下的社会风气，更关系到社会的未来。在互联网上，关于教育的问题持续围绕义务教育、素质教育、学历教育、学术腐败等方面展开。具体如表4所示。

表4　教育热点问题事件及追踪

时　间	热点事件	事件后续发展
1月3日	北京科技大学一名女生杀死同班女同学后自首	4月5日北京科技大学大三女生跳楼自杀
1月13日	清华大学爆出大二女生为C语言作业而劈腿开房的故事	"C语言门"引发网友热议
1月25日	高校自主招生结束。清华北大的考题雷倒无数考生，引发网友热议	11月22日，北京大学等6所高校同时发布公告，宣布举行自主选拔联合考试。"北约"、"华约"对峙局面形成。12月初，"第四方面军"——北京联盟，宣布在2011年自主选拔录取中实行联考。招生集团联考模式惹争议
1月27日	"两会"上，义务教育均衡发展成为代表、委员热议的话题，而规范小升初招生、缓解择校热更是大家关注的热点	西城区试点"热点校接收电脑派位生"
2月2日	房山良乡华冠购物中心西侧2岁儿童被铁链拴街边引发媒体关注	3月3日，被关注的孩子结束街头放养生活，进入北京市房山区的打工子弟学校京蓼学校上学
4月15日	北京市教委正式对外公布2010年北京市小升初工作时间表	未来3～5年内，外来人口参加本市小升初将享"同城待遇"政策受关注
5月6日	《北京市人民政府关于废止〈北京市中、小学学生学籍管理办法〉等五项规章的决定》开始实行，中小学取消户籍壁垒，外地生可免费入学	
5月13日	海淀区政府官方网站设立的区政府与市民沟通平台"群众事务呼叫中心"一封主题为"有没有人管管历史老师袁腾飞"的群众来信被公布，并予以回复。教育部门调查袁腾飞事件受关注	袁腾飞单方宣布中止和北京摩铁公司的合约，并将摩铁告上朝阳法院，5月24日开庭
6月30日	北京理科状元李泰伯"遭11所美国高校拒录"引发热议	李泰伯回应申美不成"三宗罪"，称可从容应对网上质疑，自我剖析"六不足"
7月10日	北京广播电视大学（下简称北京电大）50余所分校、工作站正在进行统一的期末考试。记者暗访中国人民银行电化教育中心教学点，发现数百名学生存在作弊情况，但监考老师熟视无睹	网友称：学历崇拜自欺欺人

续表

时间	热点事件	事件后续发展
8月7日	"带孩子上班日"公益教育活动集结号吹响,爱迪乐在北京西单图书大厦举行了两场宣传活动	—
9月6日	一个关于北京大学大四毕业生"数学才子"柳智宇拒绝美国麻省理工学院全额奖学金,选择出家的帖子,在各大论坛迅速传播	凤凰网就"对于北大学子出家,你是什么态度"进行一项调查:70.7%的受访者选择"支持,应忠于理想",15%的受访者选择"反对,不能光顾自己",14.3%的受访者选择"说不清"

（三）就业问题与户籍管理

将就业问题与户籍问题归属一类,是因为当前两者之间的关联正日趋密切。

表5　就业与户籍热点事件及追踪

时间	热点事件	事件后续发展
1月11日	北京稳定就业系列政策2010年将延续	—
3月	北京两会议案中探索居住证管理模式受关注	2011年1月11日《北京晨报》讯,市人大代表、市公安局长傅政华说"预计年内居住证将有实质性进展"。
3月12日	北京大学双硕士因试用期过后未被录用跳楼	—
4月12日	北京有史以来最大规模公开选拔干部开始报名,京籍户口成门槛	—
7月17日	《关于促进首都人口与资源环境协调发展的建议案》引发关注:北京实际常住人口近2000万,98%的能源靠外调	8月3日北京人大代表常委会建议对吸纳大量流动人口的小企业小门店实行强制推出机制。消息引发社会各界关注。《中国青年报》推出调查,59.6%的被调查者认为"学生蚁族应该抓紧抢滩低成本、发展空间大的二、三线城市"
10月13日	赶集网二手交易频道"就业难我抗议,一元转让我北大本科文凭"帖子引发热议	北京大学马桶哥在赶集网发完帖子后接到数个事业成功的北大校友的电话,盛情邀请他去其公司工作
10月14日	中国房地产学会执行会长陈贵撰文表示,高房价、高租金和高生活成本,是控制北京等特大城市人口无序膨胀的唯一生态门槛,此说遭非议	腾讯网发起调查,88%的网友认为"高房价不能够让大城市人口减少"。"用高房价控制北京人口"入选2010年中国楼市雷人言论盘点——最有争议言论

续表

时间	热点事件	事件后续发展
12月17日	《经济日报》讯:"北京人口调控将按人群管理,封村模式可能获推广"使北京成为最受网民关注的地区	北京新政出台,大规模综合控制和限制措施开始实行

（四）社会管理问题

2010年北京互联网上，可以归属社会管理方面的突出事件包括：清理和规范各地政府驻北京办事机构、农村地区的社区化管理从大兴区试点到城乡结合部年内在50%以上的区域实行、"天上人间"被查封、北京校园监控系统与110联网、从2010年9月开始校园护卫队上岗、德云社小剧场停演整顿等。

同时，一些数据公布和政府的新举措更是成为网络新热点。2010年1月12日，2009年中国政府网站绩效评估结果发布会举行；北京市人民政府门户网站"首都之窗"分别于2003年、2007年、2008年、2009年四次获得省级评估第一；4月21日，北京有史以来规模最大的一次"公务员选拔"拉开帷幕；6月20日，696名局处级公选干部候选人资料在网上开始进行一周的公示，组织部首次要求候选人如实填报包括名下房产、婚姻状况、从事哪些投资项目等10项个人情况；7月13日，北京市公安局成立"公共关系领导小组"及领导小组办公室，这是全国省级公安机关成立的首个公共关系部门；7月20日上午，北京市公安局召开自公共关系领导小组成立以来的首次新闻发布会，3名局直属总队的首批新闻发言人正式亮相；10月10日，北京市邀请市民对89个市政府工作部门、各个区县和其他单位的政务网站进行公众评议；12月26日，由中国软件评测中心、人民网、腾讯网共同举办的"第九届中国政府网站绩效评估结果发布暨经验交流会"在人民大会堂隆重召开，北京在2010年省级政府网站绩效中排名第一。

（五）信访和拆迁问题

北京的信访事件仍然具有全国特色，外地信访进京者屡次出现。如2010年初，武冈自杀副市长妻子进京喊冤，被驻京办控制的事件受到网友热议。

拆迁事件在2010年度北京互联网舆情榜上引人关注。

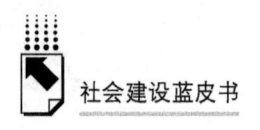

表6 拆迁事件及追踪

时间	热点事件	事件后续发展
2月22日	北京正阳艺术区遭暴徒袭击，这是自2009年底北京市朝阳区金盏乡进行城乡改造以来最激烈的一次矛盾冲突	张某等18人因涉嫌寻衅滋事、故意伤害已被朝阳警方依法刑事拘留，创意正阳艺术区内秩序恢复正常
4月4日	延庆镇政府对村民康顺清家进行强制拆迁，发生激烈冲突	—
4月7日	海淀城乡结合部的整治改造项目启动，"唐家岭将成为历史和记忆，海淀区不会再出现第二个唐家岭。"	6月，唐家岭开拆。11月18日，在集体土地上建设租赁房的试点方案获批准。唐家岭等5个村集体经济组织申请建设租赁住房10000多套
4月14日	因拆迁被控妨害公务罪的北京女律师倪玉兰在服刑2年后出狱	6月25日何杨人类学纪录片《应急避难场所》引发关注
6月1日	位于北京奥体中心体育场的悟本堂以违章建筑的名义被拆	—
6月13日	网友在人民网北京市长郭金龙的留言板上留言反映朝阳区平房堵路，"京城最牛钉子户"引发官方关注	7月9日，北京市朝阳区市政市容管理委员会转发给人民网一份情况说明，就近期多家媒体报道的北京最牛钉子户问题作出回应。11月房管局下拆迁裁决，房主认为不合理，申请行政复议
7月23日	中国科学院力学所发表声明称，22日至23日，怀柔基地再遭毁坏，中科院声明称，该基地是钱学森先生回国后亲自选址和创建的，是我国第一个火箭研究与试验基地	—
12月27日	北京大学者就新拆迁条例再上书	2011年1月19日北京大学法学院学者第二次以二次意见稿上书国务院，提出5方面12条修改意见，建议违章建筑不补偿成新亮点

（六）交通问题

根据《北京欢迎你》改编的网络歌曲《北京堵死你》在网上热传。政府的一系列治理交通拥堵的政策持续受到关注。

表7 交通问题热点事件及追踪

时间	热点事件	事件后续发展
4月初	北京市有关部门公布了缓解交通拥堵十大具体措施	零点调查公司进行的民意调查显示，90.4%的被调查者支持继续实行限行。截至4月5日下午，新浪网关于尾号限行的调查显示，82.9%的受调查者反对尾号限行，只有14%的赞成率

续表

时间	热点事件	事件后续发展
4月12日	错时上下班开始实行,有关部门称预计该政策涉及81万人	—
6月6日	《2010中国新型城市化报告》出炉,北京上班平均耗时52分钟,居全国城市首位	—
6月9日	一项有关北京"地铁车票在上下班高峰时段加价"提案的报道引发各方争议	北京发改委回应争议,称2元低价政策不变
8月9日	中国民航业呼吁已久的低空开放破冰,北京成为低空开放试点城市之一	—
10月1日	北京市委书记刘淇指出,将采取经济手段提高公交的使用比重	专家认为,北京有望试点收取私家车"拥堵费"
10月17日	北京交管局证实带4车牌推出号牌库。"取消带4车牌,数字吉凶惹争议"	—
12月13日	《北京市治理交通拥堵综合措施方案》开始征集民意,为期一周	北京公车占车辆总数近两成,是否征拥堵费引热议
12月23日	北京交通改善措施正式公布,史上最强硬治堵方案惹争议	2011年1月,《新京报》发起征集市民治堵建议54条

（七）与居民健康有关系列问题

与居民健康有关系列问题主要包括食品安全、医疗和环境等方面。医疗方面的具体事件包括：多家媒体播报了北京300多名"非典"后遗症患者仍遭病痛折磨的情况受到广泛关注；社保卡实现门诊实时结算提前半年实现；北京将全额补贴公立医院亏损以抑制过度医疗等政策都是互联网上的热点话题。此外，"养生专家"张悟本的悟本堂受到工商和卫生两部门的突击检查更是引起网上网下广泛的关注。

食品安全的事件包括外出就餐的食品安全，如雪碧"汞中毒"事件、"蘑菇被漂白"事件等。其中，3月30日，结石宝宝之家网站创建者赵连海在大兴法院受审，以寻衅滋事被起诉的事件受关注度最高。11月10日，赵连海案宣判获罪2年6个月。12月9日联合早报讯：赵连海被广东《时代周报》评为"年度民间人士"。

在环境与健康方面，持续受到关注的是阿苏卫垃圾焚烧厂的建设问题，新的亮点是——2010年2月22日，北京市市政市容委组织的赴日垃圾处理技术考察团整队出发，一直反对建设阿苏卫垃圾焚烧厂的社区维权积极分子，网名"驴

屎蛋儿"的市民代表在团员中最引人注目。6月8日，首都之窗网站发布了北京市政府办公厅《北京市2010年推进生活垃圾处理工作折子工程》，其中包括"开展阿苏卫循环经济园区前期工作和阿苏卫生活垃圾焚烧厂建设"，但仍有居民表示反对。另外比较引人注意的是：8月2日，海淀区碧森里、中国房子等7个小区的数百名业主第二次联合签名，反对上马中低速磁悬浮的S1线经过小区旁。

（八）其他方面

北京市消费者协会提出"降低固定电话月租费"的提案和座谈；谷歌高级副总裁和首席法律顾问大卫·多姆德在谷歌官方博客发文后，一些网友自发到谷歌在北京的清华科技园中国办事处逗留并献上鲜花，被当地保安制止，并创造出网络新词"非法献花"；绿坝·花季护航软件北京项目组人员被遣散；北京核心四区合并；旭日阳刚的《春天里》出现"史上最干净回帖"；挑战婚恋观的"一年包换女"；《2010~2011年中国男女婚恋观调查报告粉皮书》发布——最不能忍受"无房无车"的受访者比例北京居首位。

二 2010年度北京互联网舆情特点分析

相对于2009年度北京互联网舆情的情况，2010年度北京互联网舆情的特点主要表现为以下三个方面。

（一）互联网舆情的诉求表达形式存差异，但本质趋同

互联网舆情热点继续围绕民生问题展开，草根舆论的夸张与戏谑表达同大众传媒、官方网站之间的主流表达在形式上虽然存在差异，但本质趋同。

从前面2010年度北京互联网舆情的盘点中可以看出，住房、食品安全、医疗、教育、交通、社会稳定、就业、社会管理等与百姓生活质量、生活秩序密切相关的问题继续成为社会关注的热点，与上一年相比只是热点排序的差异而已。而且，网络热点与有关机构对社会热点话题的抽样调查结果基本一致。北京美兰德信息公司就"2010年北京居民最关心的十大社会话题"进行了调查[①]，受访

---

① http://bj.fangjia.com/districtnewsinfo-223362-0-1-1.

对象包括本市年龄在 20～65 岁之间的 600 余名常住居民，采用随机抽样调查方式进行，结果显示的社会话题关注率排名如表 8 所示。

表 8　社会话题关注率排名

单位：%

排名	话题	关注率	排名	话题	关注率
1	物价	78.7	6	社保/养老	18.4
2	房价/住房	57.3	7	就业、收入分配	16.6
3	食品安全	28.5	8	子女教育	12.9
4	医疗改革	24.6	9	交通	11.2
5	就医难、看病贵	21.6	10	反腐倡廉	9.4

资料来源：http://bj.fangjia.com/districtnewsinfo-223362-0-1-1。

这组调查的数据进一步显示，相对于年轻家庭，中老年家庭对于物价上涨的压力更为敏感。"80 后"群体对物价的关注率为 60.3%，而"50 后"被访者的关注率则高达 79.6%。中高收入人群对房价的关注度比低收入群体更高。本次调查数据显示，中高收入人群对房价的关注率接近 60%，低收入人群的关注率为 52.5%。中高收入人群拥有更强的购买实力，不少高收入被访者表示自己还有再置住房的需求，对房价走势更加关注。而很多低收入被访者表示"房价现在高得无法承受，买房成为遥不可及的事情"，对房价的关注略低于中高收入者。

尽管草根舆论在网络空间的表达与主流媒体的表达在语言运用上存在形式差异，如面对物价的上涨，"豆你玩"、"蒜你狠"、"姜你军"等名词涌现，这些出位而容易吸引眼球的网络语言表现出调侃、戏谑的风格，但特有草根性表达的背后是与主流传媒等相同的社会关注和价值追问。

（二）互联网舆情诉求表达的理性化取向日益突出

北京互联网舆情热点有来自网友诉求表达的爆料，有基于普遍社会关注之上的各方互动的发酵，也有政府主导下的社会参与互动。不同舆情热点对现象背后体制等深层次问题的关注升温，诉求表达的理性化取向也日益突出。

2010 年北京的住房问题吸引了全国甚至全世界人们的目光。在反映住房问题的舆情事件中，"限价房成某些部门的福利"、"公务员买房内部价"、"政府官员低价内部认购"等都属于网友曝光类事件；"胶囊公寓"、"蛋形小屋"可以看

做基于对特殊社会群体（蚁族）住房难持续关注的热点事件；市场空置房问题在政府调查进行后引发更为热切的关注；而系列的房价调控政策，经济适用房和限价房摇号等热点的出现则展示出市场、政府与网民互动的迹象。

在喧嚣的热点舆情讨论中，尽管有的语焉不详，或者围观者众，但可以看到舆情对现象背后深层次拷问和反思迹象的增强。

（三）在北京互联网舆情场域中，多元话语的互动协商机制正在形成，政府与社会良性互动局面的有序推进尤其值得关注

当前北京的互联网舆情场域不仅包括公共的社交网站、BBS等，而且政府网站、主流新闻媒体的网站等也都成为互联网舆情的展示场。

2010年，北京市政府网站"首都之窗"在省级政府网站绩效排名中蝉联第一，"首都之窗"被公众誉为"不下班的政府网站"。围绕"十二五"规划的制定开门问计、针对北京交通拥堵状况征集治堵方案等都是2010年北京政府网站搭建官民互动平台的重要举措和舆情亮点。此外，政府还与一些有影响力的社区网站合作，拓宽网络问政的渠道。如通州政协就在北京最大的生活社区网站、通州门户——八通网上向网民征集提案，"两天六千余人"。[1] 为应对网络时代社会管理的新情况，北京市公安局成立"公共关系领导小组"，实行新闻发言人制度。为及时应对微博客发展的新情况，2010年8月1日北京公安局的微博"平安北京"开通，开通4个月粉丝23万，点击量超过1100万次，网民留言近4.5万条，日增长量达2000条。

借助政府网站、电子政务等信息化建设平台，北京市政府把握了引导网络舆情走向的主动权。通过与各方的互动，政府及时便捷地"听民声、集民智、化民怨、解民困"，网络问政正在成为政府为民解忧的直通车、荟萃民智的信息库、有利于政府创新服务的助推器。

三 对2010年度北京互联网舆情状况的思考与建议

2010年度北京的舆情状况让我们看到了舆情多方互动总体格局下政府积极主导的行动，看到了互联网监管与引导并行的社会治理走向，也看到了同步发生

---

[1] 2010年10月15日《晨报96101》热线新闻。

的网民理性化的发展路径。信息时代如何利用网络问政更好地保障民生、推进社会建设是个重要的议题。笔者的思考与建议如下。

（一）锐意进取，积极探索北京网络信息时代社会建设的新模式

北京社会建设的探索走在全国前列，"政策源头看首都"更使得其示范效应不容忽视。在一种敢于面对现实、求真务实的政治氛围和工作作风的指导下，政府已经在如何应对网络时代的社会建设问题，解决好信息时代的民情收集与矛盾排查和化解问题等方面做了一些卓有成效的探索。但政府网站在信息公开、在线办事、公众参与等方面尚有许多工作需要加强和改进。北京市需要对已有的互联网实践经验进行系统总结，要在现有数字化建设和电子政务等的基础上，从用户需求的角度整合资源。在加强对互联网舆情监测、管理的同时，增强对网民的服务意识，探索出具有北京特色的互联网建设新模式。

（二）搭建多元互动的网络平台，积极推进网络时代的社会建设与社会管理

在网络舆情多元互动的格局下，草根舆论尽管有争取眼球的浮躁和恣意表达的狂欢成分，但抛去变形的外表，互联网已然成为社会下层发声的重要场域，"信法不如信访，信访不如信网"的观念越来越流行。不仅草根对于互联网舆情的反应极为敏感，而且市场经济对于舆情的反应也异常迅速。如在北京市有关部门确认调查住房空置率的信息之后，仅4天的工夫就有"空房管家"服务的信息在网上流传。比较而言，政府主导的舆情应对往往不够迅捷和到位。

面对迅速反应而又常常缺失道德规范的市场行为，面对渴求信息和活跃表达的网民主体，政府如何应对、如何增强政府治理效果刻不容缓。在政府主导下，健全官、民、商的多元互动渠道和常态处理机制，提高公众的社会参与能力和水平，促进有序而充满活力的虚拟社会建设是社会管理的重要课题，也是社会建设的系统工程之一。

（三）正视多元选择时代的新情况新任务，合理规范理性引导网络文化建设

卡斯·桑斯坦的网络论坛"回声室"理论认为：网络论坛低质量的互动损

害了民主，因为"我们在网络世界中更愿意寻找、支持有相同思想的人们，从而强化我们的观点，而不是通过选择不同的观点来挑战自己。"① 所以，政府要顺应民意，更要引导民意。顺应不是顺从，尤其对有成见的民意必须给予适当的引导。要警惕"围观"现象，增强政府与网民的双向良性互动，通过改变刻板印象，重塑政府的亲民性与公信力。

网络文化的合理规范和理性引导要依托组织的建设、制度和机制的建设，需要人力、物力和财力的支撑，还要依靠规范与价值观念的内化。不仅需要真诚沟通的平台和理性务实的能力，更要有勇气和智慧去应对。

Analysis Report on Beijing Internet Public Discourse, 2010

Ju Chuanyan

Abstract: The Internet public discourse on Beijing in 2010 continue to focus on the livelihood issues, the phenomenon of concern for the reasons behind the attention of the phenomenon is heating up. In the face of the internet, the government leading multiple interactive system is taking shape. How to establish a sound of the internet for public participation in the search for Beijing, the internet era of social development of new model is worth further exploration and study.

Key Words: Internet Public Discourse; Government Leading; Multiple Interactive

---

① 〔英〕安德鲁·查德威克：《互联网政治学》，华夏出版社，2010，第31~32页。

B.17
2010年北京郊区县社会建设评估与分析

王丽珂*

摘　要：社会建设指标体系设计包含了庞大复杂的社会要素，本研究根据新时期中央政策构建的包括基本民生和基本公共服务体系的九大方面涵盖30个指标的评估体系，力求真实、客观地对北京主要郊区县社会建设情况作出综合评价。

关键词：北京郊区县　社会建设　评估

引　言

党的"十七大"使北京的社会建设站在了新的历史起点上，北京市社会工作委员会和社会建设工作办公室的成立标志着北京的社会建设已经进入了一个新的历史性阶段，截止到2009年底，全市各个郊区县的社会工作机构和社会建设工作领导小组及其办公室已相继全部成立，北京的社会建设走在全国的前列，基本形成社会建设统筹协调的新格局。

一　北京郊区县社会建设评估内容的界定

自2004年中央十六届四中全会首次提出"社会建设"的概念至今，有关社会建设的内容经历了一个逐渐清晰和明朗化的演变过程。在党的"十七大"报告中第

---
* 王丽珂，博士，毕业于北京工业大学，华北水利水电学院讲师；研究方向：社会管理。

八个专题以"加快推进以改善民生为重点的社会建设"的表述，对社会建设的内容主要从教育、就业、收入分配、社会保障、医疗卫生、社会管理这六个方面来阐述，为此，笔者曾以这六个方面为基础建立了一套评价北京郊区县社会建设状况的评价指标体系并进行了评估分析。2011年，温家宝总理所作的政府工作报告和"十二五"规划纲要中，社会建设的内容主要涵盖了包括改善民生、建立健全基本公共服务体系的诸多方面，主要包括涉及基本民生的就业、社会保障与社会救助、收入分配，涉及基本公共服务的公共事业、公益性基础服务和社会管理。这也使得我们对社会建设所囊括内容的理解更加趋于完善。鉴于此，笔者以当前民生和基本公共服务体系所涵盖的内容为基础，尝试建立一套更为完善的评价指标体系以丰富北京郊区县社会建设的评估内容，这些指标体系主要包括教育、医疗卫生、就业、社会保障与社会救助、收入分配、交通、住房、环境保护与美化、社会治安管理九个主要的方面（见图1）。

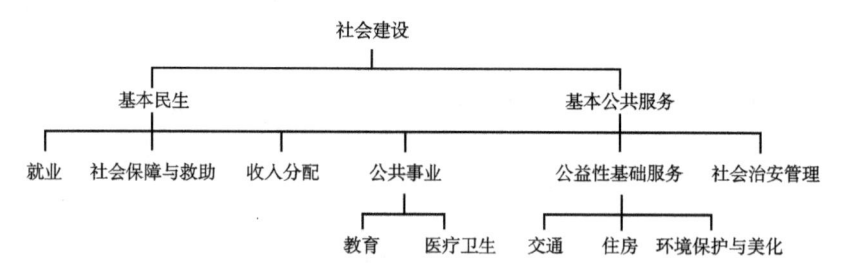

图1　北京郊区县社会建设指标体系的初级建构

二　2009年北京郊区县社会建设状况

根据《北京区域统计年鉴2010》和《北京统计年鉴2010》，笔者将以上九大方面二级指标所涉及的主要代表性三级指标加以整理计算，显示出2009年北京9个郊区县社会建设的主要指标统计概览。

与城市中心区相比，表1中数据显示：2009年，在体现民生的社会保障与社会救助方面，郊区县人均社会保障支出额小于全市的1.88千元/每人；优抚救济对象人数所占比例高于全市平均水平2.05%。在就业方面，各区县人均从业人员劳动报酬与全市平均水平5.73万元有一定差距，与东城区和西城区的7.46万元和8.58万元差距更大；除了顺义、昌平和大兴外，其他郊区县的失业率高于全市平均失业率。在收入分配方面，各区县的城乡收入差距小于全市的平均水平（2.23∶1）。

表1 2009年北京郊区县社会建设情况

项目\地区	房山	通州	顺义	昌平	大兴	怀柔	平谷	密云	延庆
小学每一位专任教师负担学生数(人)	12.04	14.13	12.54	11.11	13.28	9.17	8.93	11.95	9.80
中学每一位专任教师负担学生数(人)	9.76	10.24	10.40	8.99	8.74	9.67	9.21	10.33	9.54
每千人医护人员(人)	4.66	3.73	5.03	5.67	4.15	4.84	5.21	4.42	4.67
每千人床位(张)	5.31	1.70	3.11	6.51	3.06	3.12	3.73	1.84	2.99
城市农村收入比(倍)	1.94	1.98	1.99	1.99	2.03	1.96	2.00	2.02	2.06
商品房价格(千元/平方米)	7.09	8.68	11.74	9.50	10.34	9.41	5.13	5.39	5.21
经营性停车场车位总数(个)	15935	25066	11681	86453	30930	5447	5677	8060	5594
人均环保支出(元)	381.78	71.91	164.03	165.29	75.83	304.90	668.69	525.11	788.82
林木绿化率(%)	53.3	23.4	26.6	60.6	25.5	75.4	66.1	64.0	62.8
每万人刑事案件立案数(件)	41.61	56.64	63.32	59.87	46.29	23.84	39.65	21.94	24.48
当年刑事案件破案率(%)	39.61	65.48	79.53	60.97	66.58	111.70	69.64	82.09	85.25
人均社会保障支出额(千元)	1.29	1.28	1.56	1.69	1.19	1.58	1.47	1.33	1.36
优抚救济对象人数所占比例(%)	3.56	1.92	1.96	1.21	1.23	4.92	4.19	2.75	4.29
人均从业劳动人员报酬(万元)	3.55	3.33	4.83	3.76	5.02	4.04	2.84	3.00	3.20
失业率(%)	4.26	1.74	0.76	1.20	0.68	1.86	1.76	2.24	1.99

数据来源：根据2010年《北京统计年鉴》、《北京区域统计年鉴》数据计算整理所得。

在基本公共服务体系方面，涉及基本公共事业的教育事业中，北京9个郊区县小学每一位专任教师负担学生数与中学每一位专任教师负担学生数平均分别为11.44人和9.65人，分别低于全市平均水平13.14人和10.40人。医疗卫生事业中，各郊区县每千人医护人员数低于全市平均水平（7.06人），其中更低于东城区的22.47人和西城区的20.06人；部分区县每千人床位数高于全市平均床位4.70张，但与东城区的13.97张和西城区的12.99张仍存在着一定差距。涉及公益性基础服务的交通方面，相对于民用汽车拥有量的增长而言，经营性停车场车位总数的建设与2.91辆/车位的全市平均水平相比，除昌平之外的各郊区县均存在较大差距。在住房建设上，商品房价格低于全市平均价格（1.38万元/平方米）。在环境保护与美化方面，由于郊区的自然环境优势，2/3的郊区县林木绿化率高于全市平均52.6%的林木绿化率水平。

在社会治安管理方面，人口稠密的通州、顺义和昌平每万人刑事案件立案数与全市平均水平（56.27件）差别不大，其他区县均低于全市平均水平；各区县当年刑事案件破案率平均为73.42%，稍高于全市平均水平（72.86%）。

三 对北京郊区县经济发展和社会建设的评估

（一）对经济发展的评估

由于社会建设需要经济发展的规模和速度作为支撑，因此，这里首先对各郊区县的经济发展情况作出标准化处理以便进行评价，对各指标的分层采用层次分析法，权重的确定采用层次分析与德尔菲专家评估相结合的方法，并对原始数据进行0~1标准化处理之后，得到各级指标体系与权重和表3北京主要郊区县经济发展情况的排名（见表2、表3）。

表2 北京郊区县经济发展评价指标体系各级指标及权重

一级指标	二级指标	权重	三级指标	权重	指标性质
北京郊县经济发展	经济总量指标	0.667	GDP（亿元）	0.2	正指标
			人均GDP（元/人）	0.2	正指标
			地方财政收入（亿元）	0.267	正指标
	经济增速指标	0.333	第三产业增长率（%）	0.067	正指标
			GDP增长率（%）	0.133	正指标
			地方财政收入增速（%）	0.133	正指标

数据来源：北京市统计局：《2010北京区域统计年鉴》，中国统计出版社，2010。

表3 2009年北京郊区县经济发展评估排名

项目	房山	通州	顺义	昌平	大兴	怀柔	平谷	密云	延庆
经济总量	0.296	0.2823	0.6670	0.2763	0.3377	0.1040	0.0475	0.0586	0.0000*
排 名	5	3	1	4	2	6	8	7	9
经济增速	0.2903	0.2076	0.1248	0.0418	0.2124	0.0150	0.1254	0.0368	0.0296
排 名	1	3	5	6	2	9	4	7	8
综合得分	0.2698	0.2574	0.4863	0.1981	0.2959	0.0743	0.0734	0.0513	0.0099
排 名	3	4	1	5	2	6	7	8	9

*由于延庆的经济总量指标中三级指标均为最小，在0~1标准化数据处理中为0，导致经济总量标准化综合值为0。这是个比较数值，和延庆实际的经济总量无关。

（二）对社会建设的评估

1. 指标体系设计

指标体系作为一种标准和尺度，可以让人们对于研究对象的形态与性质有一个比较准确的把握。社会建设指标体系设计包含了庞大复杂的社会要素，涉及层次多、覆盖面广，且包容量大、动态性强，要认识和把握这些庞大复杂的社会要素，只进行定性分析而不做定量评价是远远不够的。在此，需要对北京郊区县社会建设综合情况先进行定量分析，然后根据定量分析的研究结果得出定性分析的结论，这需要建立一个科学的指标体系为客观、准确的研究和评估奠定基础。

由于图 1 中所建立的二级指标体系在北京郊区县社会建设综合评价中并不是一个基础性指标，而是一个处于承上启下位置的合成性指标，鉴于 9 个二级指标体系所涵盖的范围仍然较大，涉及的领域较多，对进行更加深入准确的评价和分析造成不便，因此，需要在二级指标之下再设置 30 个三级指标，用以反映社会建设的性质和作用，并直接决定社会建设综合评价的真实性和准确性（见图 2）。

图中主要指标：

社会治安管理 U_9：万人刑事案件立案数 U_{91}、刑事案件立案增长率 U_{92}、当年刑事案件破案率 U_{93}

环境保护与美化 U_8：人均环保支出 U_{81}、生活垃圾无害化处理率 U_{82}、树木绿化率 U_{83}

住房 U_7：商品房价格 U_{71}、住宅价格 U_{72}、房价收入比 U_{73}

交通 U_6：人均汽车拥有量 U_{61}、人均公路里程 U_{62}、经营性停车场车位总数 U_{63}

医疗卫生 U_5：人均医疗卫生支出 U_{51}、每千人拥有床位数 U_{52}、每千人拥有医护人员数 U_{53}

就业 U_1：从业人员 U_{11}、城镇居民平均每一就业者负担人数 U_{12}、从业人员劳动报酬 U_{13}、失业率 U_{14}

社会保障与社会救助 U_2：优抚救济对象人数所占比例 U_{21}、城乡最低生活保障人数 U_{22}、社会救济总人数 U_{23}、人均社会保障支出额 U_{24}

收入分配 U_3：居民收入占GDP比重 U_{31}、城镇居民人均可支配收入 U_{32}、农村居民人均纯收入 U_{33}、城市农村收入比 U_{34}

教育 U_4：人均教育事业费 U_{41}、中学每一专职教师负担学生数 U_{42}、小学每一专职教师负担学生数 U_{43}

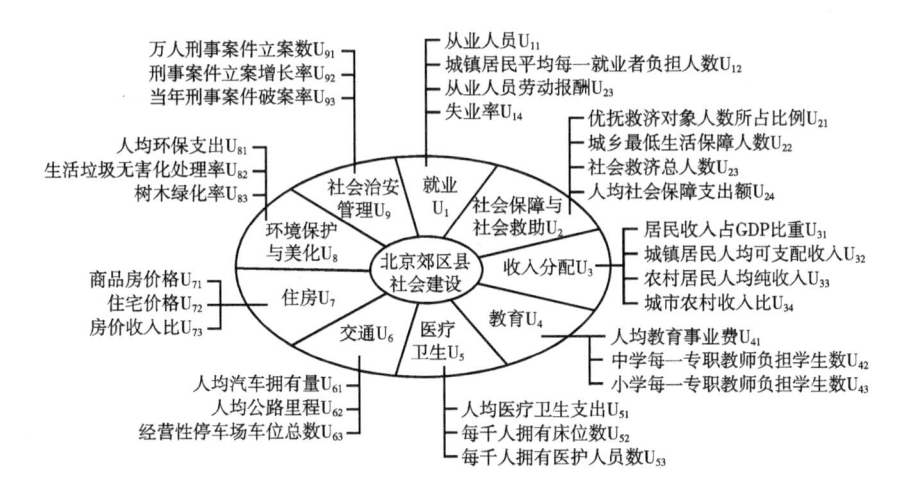

图 2　北京郊区县社会建设综合评价指标体系

2. 权重的确定

在北京郊区县社会建设综合评价三个层级的指标中，有些属于同一级别的指标在指标体系中的作用和地位并不完全相同，也就是说，同级指标的重要性存在差异，有些是起主导作用的指标，有的则是处于次要地位且不完整的辅助性指标，因此需要在数学模型中赋予不同的权重。在权重调查中，笔者本着严谨负责的态度向学术界、理论界专家学者和政府相关部门负责人发出了《社会建设综合评价指标的权重体系》的专家意见调查表，本研究采用在德尔菲专家调查的基础上构造出各级指标层的判别矩阵，计算出其对应的特征根和特征向量，得出各指标层在北京郊区县社会建设绩效评判中的权重水平。指标原始数据均根据2010年《北京统计年鉴》、《北京区域统计年鉴》数据计算整理得出，各级指标及其对应的权重见表4。

表4　北京郊区县社会建设评价指标体系各级指标及权重

一级指标	二级指标	权重	三级指标	权重	指标性质
北京郊区县社会建设 U	就业 U_1	0.143	从业人员(人)U_11	0.0215	正指标
			城镇居民平均每一就业者负担人数(人)U_12	0.0358	逆指标
			从业人员人均劳动报酬(万元/人)U_13	0.0358	正指标
			失业率(%)U_14	0.0501	逆指标
	社会保障与社会救助 U_2	0.143	优抚、救济对象人数所占比例(%)U_{21}	0.0357	适度指标
			城乡最低生活保障人数(人)U_{22}	0.0214	适度指标
			社会救济总人数(人)U_{23}	0.0214	适度指标
			人均社会保障支出额(元)U_{24}	0.0643	正指标
	收入分配 U_3	0.143	居民收入占GDP比重(%)U_{31}	0.0429	正指标
			城镇居民人均可支配收入(元)U_{32}	0.0286	正指标
			农村居民人均纯收入(元)U_{33}	0.0286	正指标
			城市农村收入比(倍)U_{34}	0.0429	适度指标
	教育 U_4	0.143	人均教育事业费(元)U_{41}	0.0572	正指标
			中学每一专职教师负担学生数(人)U_{42}	0.0429	适度指标
			小学每一专职教师负担学生数(人)U_{43}	0.0429	适度指标
	医疗卫生 U_5	0.143	人均医疗卫生支出(元)U_{51}	0.0572	正指标
			每千人拥有医院床位数(张)U_{52}	0.0429	正指标
			每千人拥有医护人员数(人)U_{53}	0.0429	正指标
	交通 U_6	0.047	人均汽车拥有量(辆)U_{61}	0.0094	适度指标
			人均公路里程(米)U_{62}	0.0188	正指标
			经营性停车场车位总数(个)U_{63}	0.0188	正指标
	住房 U_7	0.047	商品房价格(元/平方米)U_{71}	0.0141	适度指标
			住宅价格(元/平方米)U_{72}	0.0141	适度指标
			房价收入比(倍)U_{73}	0.0188	逆指标
	环境保护与美化 U_8	0.048	人均环保支出(元)U_{81}	0.0168	正指标
			生活垃圾无害化处理率(%)U_{82}	0.0168	正指标
			林木绿化率(%)U_{83}	0.0144	正指标
	社会治安管理 U_9	0.143	万人刑事案件立案数(件)U_{91}	0.0357	逆指标
			刑事案件立案增长率(%)U_{92}	0.0358	逆指标
			当年刑事案件破案率(%)U_{93}	0.0715	正指标

在对指标体系进行标准化处理并确定了逐级指标的权重之后，我们可以利用加权平均法得到2009年北京9个郊区县社会建设二级指标的排名以及综合的排名情况（见表5）。

表5 2009年北京郊区县社会建设评估排名

	房山	通州	顺义	昌平	大兴	怀柔	平谷	密云	延庆
就业排名	0.02079	0.05647	0.13811	0.07223	0.1262	0.05945	0.05994	0.04918	0.05856
社保救助排名	0.07853	0.03158	0.06295	0.06434	0.00249	0.10011	0.08532	0.04317	0.06236
收入分配排名	0.09752	0.10741	0.08225	0.09133	0.08874	0.07426	0.06711	0.05188	0.03929
教育排名	0.05826	0.00429	0.04188	0.06914	0.05995	0.09893	0.11032	0.05556	0.11501
医疗排名	0.08135	0.00009	0.08394	0.08643	0.02558	0.09011	0.07866	0.07377	0.08892
交通排名	0.01186	0.00955	0.01793	0.02821	0.01524	0.01375	0.00879	0.01167	0.01982
住房排名	0.03254	0.02135	0.00009	0.01566	0.00978	0.01467	0.04741	0.04493	0.04622
环境排名	0.02076	0.00009	0.01387	0.02934	0.00948	0.03153	0.03622	0.02195	0.03432
社会治安排名	0.01879	0.05277	0.05976	0.04878	0.06035	0.13561	0.07344	0.11372	0.10973
综合得分排名	0.05387	0.03759	0.06854	0.06525	0.05358	0.08271	0.07223	0.05906	0.07252

注：在三级指标原始数据的计算中：①居民收入占GDP比重=（城镇居民人均可支配收入*城镇人口+农村居民人均纯收入*农村人口）/GDP；②房价收入比=商品房价格/城镇居民人均可支配收入。

四 对评价结果的分析

通过对北京郊区县经济发展和社会建设的评估可以发现，与2008年相比，各地区2009年的经济发展与社会建设均取得较大进展，经济发展排名前五的顺义、大兴、房山、通州和昌平GDP都在200亿元以上，其中顺义和昌平分别达到了690.18亿元和342.38亿元；在经济发展排名后四位的地区中，怀柔、平谷和密云的GDP也超过了100亿元，延庆由于区位和人口关系经济排名位列第九。

总体上看，从经济发展排名情况的变化而言，在2008～2009年底，房山、通州、顺义、昌平和大兴的经济发展都在前五名内变化，而怀柔、平谷、密云和延庆的经济发展则在后四位排名中变化。具体来说：顺义和延庆的经济发展这两年分别一直保持在第一名和第九名的位置不变，大兴和房山分别由2008年的第四名、第五名上升至2009年的第二名、第三名，通州和昌平则分别由2008年的第二名、第三名下降至2009年的第四名、第五名。经济发展排名靠后的地区中，怀柔和平谷分别由2008年的第七名、第八名上升至2009年的第六名和第七名，密云则由2008年的第六名下降至2009年的第八名（见图3）。

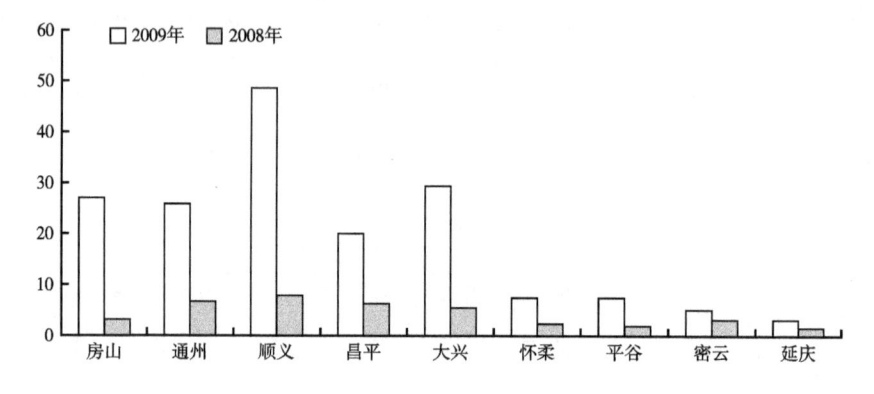

图3　北京郊区县2008年与2009年经济发展比较

在社会建设方面，由于数据的可获得性，在对2009年北京郊区县社会建设评价指标体系中30个三级指标的原始数据进行部分简化处理之后，与2008年北京郊区县社会建设综合评价结果进行比较分析得知：与2008年相比，2009年怀柔的社会建设排名位于第一的位置不变，比2008年排名上升了的有3个地区，即延庆、平谷和密云，分别由2008年的第五名、第七名和第九名上升至2009年的第二名、第三名和第六名；比2008年排名下降了的有5个地区，即顺义、昌平、房山、大兴和通州，分别由2008年的第二名、第四名、第六名、第三名和第八名下降至2009年的第四名、第五名、第七名、第八名和第九名（见图4）。这里需要说明的是，社会建设综合评价值的总量指标只是一个经过了无量纲化处理的数据，目的是对不同单位的原始数据进行统一的处理，用以定量地分析各地区社会建设的综合情况，并用来比较地区之间的排名，那些排名靠后的地区其社会建设的实际总量投入其实并不低。

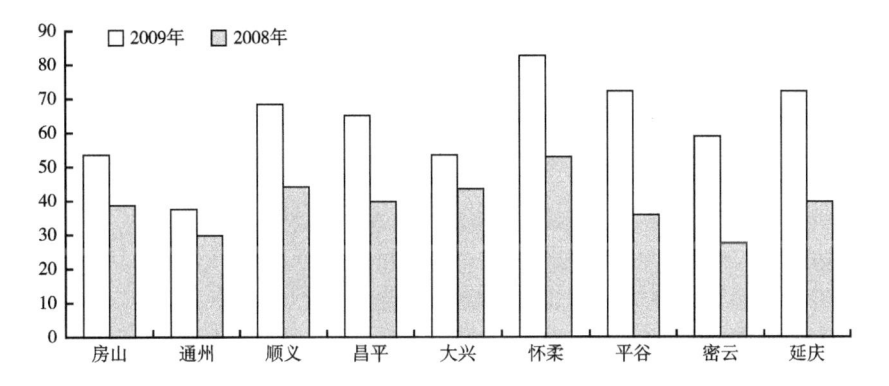

图4 北京郊区县2008年与2009年社会建设比较

截止到2009年底,虽然北京郊区县的经济发展和社会建设较上一年相比均取得了长足的进步,但是,就2009年当年北京郊区县的经济发展情况和社会建设情况而论,各地区的经济发展与社会建设出现了不协调的现象。在经济发展前五名的地区中,排名前四的地区即顺义、大兴、房山和通州的社会建设分别位居第四、第八、第七和第九,昌平的经济发展和社会建设均位居第五;在经济发展排名后四位的地区中,怀柔、平谷、密云和延庆的社会建设则分别位居第一、第三、第六和第二。换句话说,总体而言,2009年北京经济发展程度较好的郊区县其社会建设评价综合得分则排名落后于经济发展程度较差的地区;而那些经济发展情况排名靠后的地区,其社会建设评价综合得分却位居前列,各地区经济发展与社会建设具体分布情况见图5。

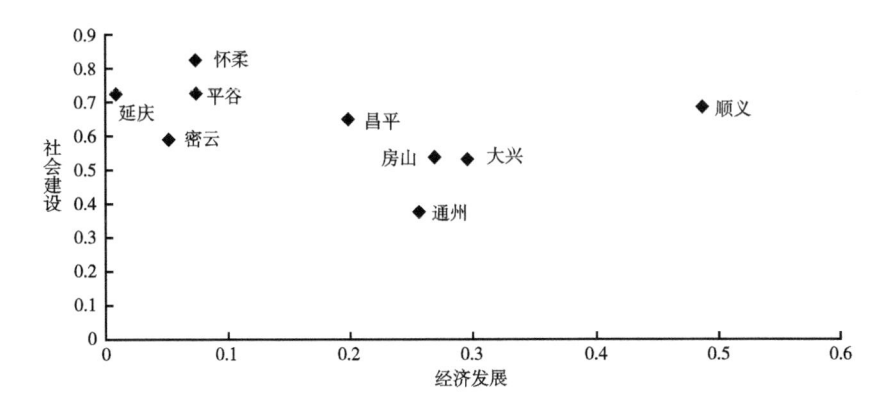

图5 2009年北京郊区县经济发展与社会建设分布图

主要参考文献

北京统计局:《2010 年北京区域统计年鉴》,中国统计出版社,2010。
北京统计局:《2010 年北京统计年鉴》,中国统计出版社,2010。
北京统计局:《2007~2008 年北京区域统计年鉴》,同心出版社。
北京市地方志编纂委员会:《2009~2010 年北京年鉴》,方志出版社。

Evaluations and Analysis on Social Development of Outskirt Counties in Beijing, 2010

Wang Like

Abstract: Lots of social indicates are in the system of that of social development. The report gives a general evaluation to the social development for the main counties of outskirts of Beijing according to fundamental livelihood and public services: 9 fields and 30 indicates which are given by center government.

Key Words: Outskirt Countries in Beijing; Social Development Evaluation

中国皮书网

发布皮书研创资讯，传播皮书精彩内容
引领皮书出版潮流，打造皮书服务平台

栏目设置

关于皮书：何谓皮书、皮书分类、皮书大事记、皮书荣誉、
皮书出版第一人、皮书编辑部

最新资讯：通知公告、新闻动态、媒体聚焦、网站专题、视频直播、下载专区

皮书研创：皮书规范、皮书选题、皮书出版、皮书研究、研创团队

皮书评奖评价：指标体系、皮书评价、皮书评奖

互动专区：皮书说、皮书智库、皮书微博、数据库微博

所获荣誉

2008年、2011年，中国皮书网均在全国新闻出版业网站荣誉评选中获得"最具商业价值网站"称号；

2012年，获得"出版业网站百强"称号。

网库合一

2014年，中国皮书网与皮书数据库端口合一，实现资源共享。更多详情请登录www.pishu.cn。

社会科学文献出版社　　　**皮书系列**

❖ 皮书起源 ❖

"皮书"起源于十七、十八世纪的英国，主要指官方或社会组织正式发表的重要文件或报告，多以"白皮书"命名。在中国，"皮书"这一概念被社会广泛接受，并被成功运作、发展成为一种全新的出版形态，则源于中国社会科学院社会科学文献出版社。

❖ 皮书定义 ❖

皮书是对中国与世界发展状况和热点问题进行年度监测，以专业的角度、专家的视野和实证研究方法，针对某一领域或区域现状与发展态势展开分析和预测，具备原创性、实证性、专业性、连续性、前沿性、时效性等特点的公开出版物，由一系列权威研究报告组成。

❖ 皮书作者 ❖

皮书系列的作者以中国社会科学院、著名高校、地方社会科学院的研究人员为主，多为国内一流研究机构的权威专家学者，他们的看法和观点代表了学界对中国与世界的现实和未来最高水平的解读与分析。

❖ 皮书荣誉 ❖

皮书系列已成为社会科学文献出版社的著名图书品牌和中国社会科学院的知名学术品牌。2016年，皮书系列正式列入"十三五"国家重点出版规划项目；2012~2016年，重点皮书列入中国社会科学院承担的国家哲学社会科学创新工程项目；2017年，55种院外皮书使用"中国社会科学院创新工程学术出版项目"标识。

权威报告·热点资讯·特色资源

皮书数据库
ANNUAL REPORT(YEARBOOK) DATABASE

当代中国与世界发展高端智库平台

所获荣誉

- 2016年，入选"国家'十三五'电子出版物出版规划骨干工程"
- 2015年，荣获"搜索中国正能量 点赞2015""创新中国科技创新奖"
- 2013年，荣获"中国出版政府奖·网络出版物奖"提名奖
- 连续多年荣获中国数字出版博览会"数字出版·优秀品牌"奖

成为会员

通过网址www.pishu.com.cn或使用手机扫描二维码进入皮书数据库网站，进行手机号码验证或邮箱验证即可成为皮书数据库会员（建议通过手机号码快速验证注册）。

会员福利

- 使用手机号码首次注册会员可直接获得100元体验金，不需充值即可购买和查看数据库内容（仅限使用手机号码快速注册）。
- 已注册用户购书后可免费获赠100元皮书数据库充值卡。刮开充值卡涂层取充值密码，登录并进入"会员中心"—"在线充值"—"充值卡充值"，充值成功后即可购买和查看数据库内容。

数据库服务热线：400-008-6695
数据库服务QQ：2475522410
数据库服务邮箱：database@ssap.cn
图书销售热线：010-59367070/7028
图书服务QQ：1265056568
图书服务邮箱：duzhe@ssap.cn

社会科学文献出版社 皮书系列
卡号：923462755462
密码：

S 子库介绍
Sub-Database Introduction

中国经济发展数据库

涵盖宏观经济、农业经济、工业经济、产业经济、财政金融、交通旅游、商业贸易、劳动经济、企业经济、房地产经济、城市经济、区域经济等领域，为用户实时了解经济运行态势、把握经济发展规律、洞察经济形势、做出经济决策提供参考和依据。

中国社会发展数据库

全面整合国内外有关中国社会发展的统计数据、深度分析报告、专家解读和热点资讯构建而成的专业学术数据库。涉及宗教、社会、人口、政治、外交、法律、文化、教育、体育、文学艺术、医药卫生、资源环境等多个领域。

中国行业发展数据库

以中国国民经济行业分类为依据，跟踪分析国民经济各行业市场运行状况和政策导向，提供行业发展最前沿的资讯，为用户投资、从业及各种经济决策提供理论基础和实践指导。内容涵盖农业，能源与矿产业，交通运输业，制造业，金融业，房地产业，租赁和商务服务业，科学研究，环境和公共设施管理，居民服务业，教育，卫生和社会保障，文化、体育和娱乐等100余个行业。

中国区域发展数据库

对特定区域内的经济、社会、文化、法治、资源环境等领域的现状与发展情况进行分析和预测。涵盖中部、西部、东北、西北等地区，长三角、珠三角、黄三角、京津冀、环渤海、合肥经济圈、长株潭城市群、关中一天水经济区、海峡经济区等区域经济体和城市圈，北京、上海、浙江、河南、陕西等34个省份及中国台湾地区。

中国文化传媒数据库

包括文化事业、文化产业、宗教、群众文化、图书馆事业、博物馆事业、档案事业、语言文字、文学、历史地理、新闻传播、广播电视、出版事业、艺术、电影、娱乐等多个子库。

世界经济与国际关系数据库

以皮书系列中涉及世界经济与国际关系的研究成果为基础，全面整合国内外有关世界经济与国际关系的统计数据、深度分析报告、专家解读和热点资讯构建而成的专业学术数据库。包括世界经济、国际政治、世界文化与科技、全球性问题、国际组织与国际法、区域研究等多个子库。

法 律 声 明

"皮书系列"(含蓝皮书、绿皮书、黄皮书)之品牌由社会科学文献出版社最早使用并持续至今,现已被中国图书市场所熟知。"皮书系列"的LOGO( )与"经济蓝皮书""社会蓝皮书"均已在中华人民共和国国家工商行政管理总局商标局登记注册。"皮书系列"图书的注册商标专用权及封面设计、版式设计的著作权均为社会科学文献出版社所有。未经社会科学文献出版社书面授权许可,任何使用与"皮书系列"图书注册商标、封面设计、版式设计相同或者近似的文字、图形或其组合的行为均系侵权行为。

经作者授权,本书的专有出版权及信息网络传播权为社会科学文献出版社享有。未经社会科学文献出版社书面授权许可,任何就本书内容的复制、发行或以数字形式进行网络传播的行为均系侵权行为。

社会科学文献出版社将通过法律途径追究上述侵权行为的法律责任,维护自身合法权益。

欢迎社会各界人士对侵犯社会科学文献出版社上述权利的侵权行为进行举报。电话:010-59367121,电子邮箱:fawubu@ssap.cn。

社会科学文献出版社